U0902850

乾坤正道

冰火 著

九州出版社 JIUZHOUPRESS | 全国百佳图书出版单位

图书在版编目（CIP）数据

乾坤正道 / 冰火著. -- 北京 : 九州出版社,
2018.11
ISBN 978-7-5108-7592-2

Ⅰ. ①乾… Ⅱ. ①冰… Ⅲ. ①《周易》—研究 Ⅳ.
①B221.5

中国版本图书馆CIP数据核字(2018)第251994号

乾坤正道

作　　者	冰　火　著
出版发行	九州出版社
地　　址	北京市西城区阜外大街甲 35 号 (100037)
发行电话	(010)68992190/3/5/6
网　　址	www.jiuzhoupress.com
电子信箱	jiuzhou@jiuzhoupress.com
印　　刷	廊坊市海翔印刷有限公司
开　　本	880 毫米 ×1230 毫米　32 开
印　　张	10.5
字　　数	206 千字
版　　次	2018 年 11 月第 1 版
印　　次	2018 年 11 月第 1 次印刷
书　　号	ISBN 978-7-5108-7592-2
定　　价	56.00 元

伏羲圣像图

《伏羲女娲图》绢画（藏新疆维吾尔自治区博物馆）

不丹国旗上的雷龙图案

龙马负河图

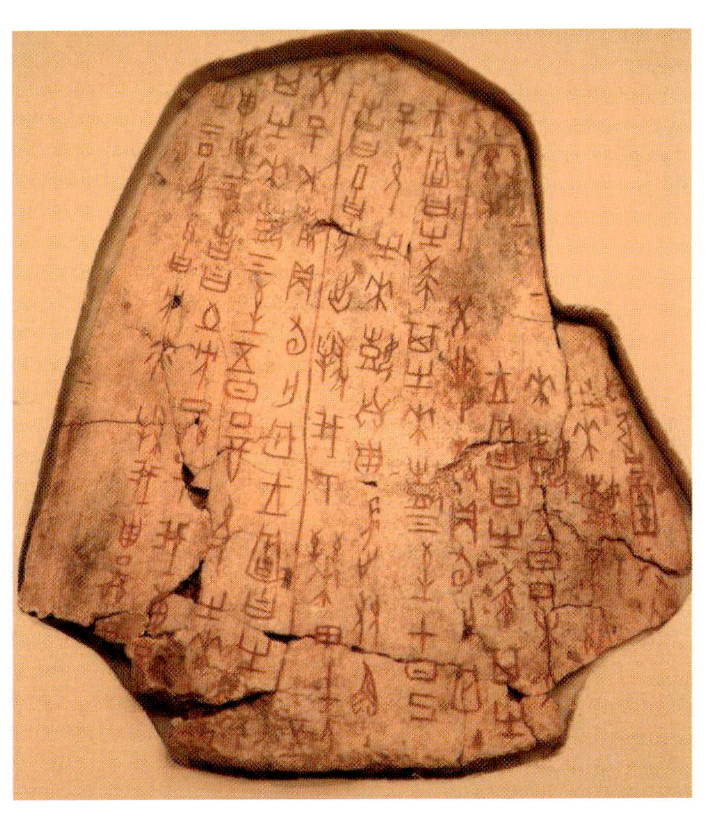

记录占卜文字的甲骨文图片

伏羲观象图

代　序

万有始生，开物成务

余治平

易道广大，奥义幽微，于《乾》《坤》二卦可见一斑。《周易》之《乾》《坤》二卦，《帛书易》分别称为“键”“川”。《系辞下》曰：“《乾》《坤》，其《易》之门耶？乾，阳物也；坤，阴物也。阴阳合德而刚柔有体，以体天地之撰，以通神明之德。”天地、神明的特征、性格皆可以在《乾》《坤》二卦中找到印证。北宋程颐《易程传》说：“卦之变，皆自《乾》《坤》”，“《乾》《坤》而为六子，八卦重而为六十四，皆由《乾》《坤》之变也。”六十四卦的卦变，皆可以由《乾》《坤》二卦而组合、析出。明儒来知德《周易集注》称：“乾坤者，万物之男女也；男女者，一物之乾坤也。故《上经》首乾坤，下经首男女。乾坤男女相为对待，气行乎其间，有往有来。有进有退。有常有变。有吉有凶，不可为典要，此《易》所由名也。盈天地间莫非男女，则盈天地间莫非《易》矣。”别男女、合男女，是人道之始、价值基础和社会初阶。可见，《乾》《坤》二卦也是人之为人的根本所在。

《周易》哲学的全部秘密都源发于《乾》《坤》两卦。《易传·象》解《乾》《坤》分别说："大哉乾‘元’，万物资始，乃统天。""至哉坤‘元’，万物资生，乃顺承天。"天与地，都是万物的根源，都是万物生发的基础，但在化生成物的生生过程中，天地之间似乎也有不同的分工，天创造万物，使万物化生，物在本质上是属于天的；而地则因为顺承天道而能够生长、生养万物，是生命物质的最直接载体，因而也现实地构成了一切物的存在基础。所以《易传·说卦》曰："乾，天也，故称乎父。坤，地也，故称乎母。"天与地直接被比之为具有生养能力的父和母。实际上，天、地、物是绝对的统一体，天与地都只是物自身，物只不过是物自身呈现在现象世界之中的不同表现形式。天、地是物的表象，尊重天地，无异于尊重物；同样，尊重物，也就是尊重天地。所以，《系辞》才提出人类应该像爱护亲生父母那样爱护每一个存在物。

《系辞上》说："夫乾，其静也专，其动也直，是以大生焉。夫坤，其静也翕，其动也辟，是以广生焉。广大配天地，变通配四时"。这里，《乾》《坤》都有动、静的性质与功能，也都能够有所动、有所静，但两卦之所长仍有所不同。乾之道，天静而澄明，圆润而清澈，表现出物自身在自己之中的存在境况。"专"，为"团"，反映了中国古人对天的浑圆式的理解。天动，即物生。天一旦有所动，则标志着物已经出离自己，而开始了属于自己的生发、生成、生化的历程。从自然现象上看，凡雨、雪、风、雹、雾、雷、电之类，从天而降，气势磅礴直下；而从本体论上看，其更深刻地说明，物之出生并不脆弱，而且始终充满旺盛的创造力、生存力与生命力。否则，它就不可能自己生出自己。物之生生，直接奉献自己而让事物呈现，因而成为现象世界最源始、最真实的基础。只有能够使自己生生、生存、存在的物自身，才能够叫作“大生”。“大生”是天地万物及其存在于其中的世界的根据。

坤之道，是地静，地之静又不是绝对的静止乃至死亡，而是物有意要让自身获得一丝安顿，停息而滞留，幽闭而自存。地有静的状态，说明物已经跳出了“生而不有”的生生阶段，而走上了现实的道路。生而能有，在生之后才能够有所积攒，有所蓄存，在现象世界中使自己的生机与生性有所落实，找到了它感性化的物质载体。“乾知大始，坤作成物”，天之所为是创造万物，而地之所作则是养成万物。“成性存存，道义之门”，地道博大，所以能够承载万物之存，成就万物之生机与生性，而不被伤灭坏毁，这才是泱泱大地所具有的盛美之德。地之动，则意味着物自身已经在现象世界中开始了自己的生长、生养历程，于是乎，物展开了它丰富多彩的生物样式与生命形态，显示出大千世界的缤纷与繁复。万事万物的生成，才是物自身生生过程中的“广生”。所以在《系辞》看来，“广生”“大生”是天地宇宙最基本的一种德行。所有的现象事物都因为“广生”“大生”的作用，才能够真实地成为它自己。

《象》曰:“天行健，君子以自强不息”，“地势坤，君子以厚德载物”。天地一体，同归于物自身，所以作为其存在的最基本特点的“自强不息”与“厚德载物”，便不仅仅属于天与地，而成为一切物自身的共同生性，具有大道的普遍意义。天、地、自强不息、厚德载物、君子，并不是可以独立发生意义的存在论概念，所以便不应该被拆散和分离，而应该视为绝对的统一体。而所谓的“君子”，实际上也只是一个譬喻，不应该只限于社会化、伦理化或人格化的理解，而应该指包括人（无论是君子，还是小人）在内的一切存在物。这样，我们就可以发现，物存在始终是它自身的呈现，物把自己主动托付给“外在”的现象世界。物的生存，是物在无数个成为自己与不成为自己的可能性中经历冒险，是物面向自身的一次积极而有为的创造。物要生存，并且必须生存。物不生存就没有价值与意义，也就没有世界与宇宙。所以，生存是物永远无法摆脱的命运。物一旦生存，旋即已经死亡，物出生入死，即生即灭。物的生就是它的死。所以，《象》在解《复卦》时说：“《复》，其见天地之心乎？”生来死往、前赴后继，出生入死、在所不辞，应该是物自身生生与存在的最基本方式，而这才是真正的天道。物，总因为不存在而存在，不存在是因为死亡的逼迫，存在是因为它发自内在的主动追求。因为生存的内在欲望，更因为死亡的步步紧逼，物永无间歇地派生着自己，呈现着自己，尽管它从来就不是同一个物。而这才是存在论意义上的、真正的“自强不息”与“生生不已”。所以，世界是一个永远处于未完成状态之中的世界。物与宇宙的生生、存在是一个永续不断的过程，看不到头，看不到尾，神乎其神。所以，存在论意义上的时间应该是循环往复、原始反终的。

物，既有心有知有德，也有精神和风范。生活于现象世界里的人们，特别是那些不懈追求天人合德之理想境界的人们，一方面，应该取法与学习物自身那种主动生存、冒死生存的精神与风范，另一方面，也应该带着一种关爱于物、利生于物的态度去对待一切物。存在论的道德始终是一种最博大、最无私、最普遍的道德，人对人应该有道德，人对物也应该有道德。《系辞上》说："安土敦乎仁，故能爱。范围天地之化而不过，曲成万物而不遗。"这里的"土"，指涉于物。人仅有对人的道德并不是完整的仁，能够对物也有所关爱，并能够化同于万物、盛载于万物，才可以成就出最全面、最广大的"仁"。生物、成物、负物、载物、存物、迎接于物，都需要一定的存在论道德作为基础，需要有仁民爱物的情怀作为支撑。仁人之人，一定也能仁于物。只有仁人并仁于物的人，才是所谓的"大人"。所以，《文言》才会说："夫大人者，与天地合其德，与日月合其明，与四时合其序，与鬼神合其吉凶。先天而天弗违，后天而奉天时。"原来，天地、日月、四时、鬼神都只是同一个物，并无分别，而始终以绝对统一的形式存在于"未发"之中。因为只有在"未发"之中、之内，才能够实现人与德、明、序、吉凶的统一与应合。物的存在即是人的存在，物的目的也是人的目的。"合德"只有发生在生生、存在的层面，才是可能的，因为它始终是物向自身本体的回归。生生、存在是天地之心，是万物最纯粹的价值。与天地合德，就是与物相统一，就是与物的整体生态相协调。

天道刚健，于穆不已，一切人事行为都应当取法天道，积极向上，开物成务，济事全性，而追求与天地合德。这样看来，易道广大，知周万物，凡六十四卦，但惟独以《未济卦》结束，其意无穷，值得玩味。《未济》之卦象，下坎上离，卦辞曰："亨。小狐汔济，濡其尾，无攸利。"亨，通"享"，意为享祭，指谨慎地进行享祭。狐不善游水，老狐狸冬日过河，听冰下无水之声方才渡河，而小狐狸无知，遇水直渡，长尾濡水沉重，而不堪负担，最终全身淹没。由此可见，《未济》所强调的是一种对待无知之物的谨慎态度，同样，我们也应该以严肃、认真乃至仁爱、宽厚的态度去对待那些尚且不为我们所认识的天地、事物与生、生生，我们没有任何理由可以粗暴而野蛮地将它们肆意糟蹋。"《未济》，事未成也"，此言事尚未成功，而进行则通顺。"事未成"，标志着事情还没有获得最终的完成，还没有真正成物、成体而作为物自身呈现于现象世界之中，生、生生的过程仍在继续，而这一切又并不是偶然、不正常甚至错误的现象，相反，恰恰是宇宙万物是其所是、存在之为存在的一种基本状态。

冰火君，出生并成长于江苏北部的淮沭泗流域。这一片水土，居南北之中，气韵畅和，四时温润，河流密布，草禾肥美，乡人聪慧。楚汉以来，将帅武侯、文学贤良、朝廷栋梁，可谓翘楚辈出，历朝历代都不乏儁拔、卓异之才。我与冰火先生相识于 1990 年，彼时他是一位副县长，年仅三十六岁。而之前他已在一家大型国有企业中担任了五年的厂长、党委书记。虽然年轻得志，却从不张扬，更不轻狂，一味低调做人，谦逊从事。凭借一以贯之的竭心勖励、踏实清廉、谨言慎行而立身仕途，既体现出《〈乾〉卦》之“刚健中正”，又守护了《〈坤〉卦》之“承天而时行”。他在几十年的事业征途中，或为政，或从商，或治学，始终朝乾夕惕，与时偕行，故能一路通达。致仕悬车之后，他又步入黉门。年虽不少，却依然好学精进，倾心国学，主攻君子之学，又兼治《周易》。

近年来，冰火君笔耕不辍，先后撰写《君子乾坤》《乾坤正道》两部学术专著，在学界亦有动静反响，赢得同行专家的赞誉和首肯。这两本专著都聚焦于《乾》《坤》两卦，精耕深挖，梳理有力，于文献，于义理，于象，于辞，于文本解读，于阐释发挥，都有诸多心得。历来治《周易》者，均不能不触碰《乾》《坤》两卦，因为两卦太过重要，太过渊深。冰火君则凭借丰富的社会阅历和人生积淀，数年来都把时间和精力扑在《乾》《坤》两卦上，钻研探赜，揭橥天道与真谛，并有所领悟，覃思超越而精湛，显然是需要足够的学术勇气和治学定力的。其书中云:《〈乾〉卦》为健,《〈坤〉卦》为顺。“健与顺，也可理解为刚与柔。《乾》健《坤》顺，即《乾》刚《坤》柔。《乾》为刚之至,《坤》为柔之至。《乾》健向上而奋发,《坤》柔守下而温顺。”但“《乾》《坤》并非各自只讲健顺，只讲刚柔的，而是讲刚柔有度的”，因为“过刚则亢，过柔则疑，亢则战，疑则战，战必两败俱伤”。故“《乾》《坤》两卦的核心要义是《乾》健《坤》顺、刚柔相济。唯有刚柔相济，才能成就天地生生不息之大德”。这些都是精当、妥帖之论，深得《乾》《坤》两卦之要旨。

而难能可贵的是，作者在本书中还力图把当代领袖人物置于《乾》《坤》体系来审视、考量和诠释。在笔者看来，这不妨看作是把当代的国家治理纳入中华历史谱系的一种有益尝试，因而表现出对中国传统文化乃至儒家价值的认同、趋近或涵摄。这显然具有一定的创新意蕴。

“中华君子学”在当代的发生、形成与兴盛，冰火先生是做出了重要贡献的，功不可没，尤其值得一表。近年来，他积极倡导、呼吁学术界展开对“中华君子”这一重要历史文化现象的关注与研究，得到了广泛的响应和肯定。同时，他致力于整合相关资源，积极为“中华君子学”搭建学术研究和文化推广的平台，产生了良好的效果。截至目前，安徽、江苏、浙江、上海、湖南等地纷纷建立了多家君子文化研究机构，多次召开不同层次、不同规模的君子文化学术会议。通过研讨、交流的形式，延揽海内外儒学研究领域的精英学者和其他有志于儒学传播的人士，有序开展君子学术与文化讲习的实践活动。

《论语·述而》云，孔子曰：“若圣与仁，则吾岂敢？”《论语·宪问》又云，孔子曰：“君子之道者三，我无能焉。”儒门立教一向走“中民”路线，上智下愚，皆不着力，而只聚焦于君子之道。因为圣人理想太过高远，凡人几乎不可企及。但普通人经由礼乐教化的后天传习与熏陶，是可以成为君子的。让古老的君子之道从文本走向现实，从历史走向现代，并且使其在重塑我们民族性格的实践过程中、在中华文明伟大复兴的滚滚洪流中熠熠生辉，彰显魅力，恰恰是冰火君的自觉担当与夙愿期待。

余治平

2018 年 10 月

（余治平，复旦大学哲学系博士、中国社会科学院哲学研究所博士后。上海交通大学哲学系教授，博士生导师。中华孔子学会董仲舒研究会会长，国际易学联合会学术委员会委员。）

目录

正道在乾坤

《易》道至简

乾坤，指的是《周易》中的《乾》卦和《坤》卦。

《周易》是中华文化的元典。在我国的传统文化中，真正称得上广大悉备、博大精深的著作，首推《周易》。

《周易》为智慧之源。它是中华文明智慧的源头，是中国文化思想的渊薮。它最初是古人用来占卜吉凶的筮书，但随着中华文明的积淀和生发，特别是经、传的相继创制而成，则其既是中华文化的肇始之源，而其中所蕴含的系统、深邃的哲理寓意，所揭示的自然法则、社会法则、道德伦理和性命之学，更是中华民族的智慧结晶。

《周易》是群经之首。不论是常说的儒家“四书五经”“十三经”，抑或先秦诸子百家经典，皆根源于《周易》。《周易》成为群经之首，不仅在于其创作年代最早、影响最广，还在于其漫长创作历程中所形成的观察视角、思维范式、结构特征和表达方式为中国文化学术的发展奠定了基础；更在于它所解释的宇宙自然法则和社会运行规律，回答了自然、社会发展的最根本问题，以至先秦百家争鸣的思想理论，乃至医、兵、农、算等各门技艺，都不脱《周易》义理象数的广泛影响。

《周易》立人文之基。所谓人文，就是人之为人的伦理基础、立身处世的基本准则。《周易·贲卦·彖传》曰：“观乎天文，以察时变；观乎人文，以化成天下。”《周易》的作者在创作中仰观俯察，“观乎天文”，探索到阴阳变化、刚柔相推的天地大道；“观乎人文”，阐发出效法天地、进德修业的人生正道。这个人生正道，要求人自强不息、与时偕行；刚柔相济、厚德载物。这个正道，既是人生开物成务的智慧之道，又是提升生命格局的正固之道。

领悟天地大道、坚守人生正道，这正是我们当今学习《周易》的意义所在。

《周易》是一部伟大的著作，它所揭示的天地大道至大至广，指出的人生正道光明通达。但学习《周易》又何其难也！易道广大，包罗万象，旁及天文、地理、乐律、兵法、韵学、算术、医学、农工、方术等。加之成书久远，语言隔膜、文字生涩，不仅神秘难懂而且枯燥无味，往往让人不知所措，望而却步。许多初学者有如手捧天书，非专业者难以登堂入室。至今，《周易》要么是学者、专家的专属领地，要么是民间方士神秘莫测的秘密武器。《易》之大道尘封久矣！

普通大众是否也能进入《周易》之门，践行《周易》大道呢？学《易》无捷径，但是有窍门。这个窍门就是《易》道至简，《易》道在《乾》《坤》。学好《乾》《坤》两卦就可理解《易》理、《易》道。

这就是《易传·系辞》给我们指出的简易之门。

《周易》由经、传两个部分组成。《易经》是《周易》的原文，十分简练，全文不到五千字，但由于创制时间久远，经文晦涩深奥，所以理解经文要靠《易传》的帮助。

《易传》是对《易经》最早亦最具权威性的解释，它是理解《易经》的桥梁。传统观点认为，《易传》的作者是孔子，但目前易学界通行的观点则认为，《易传》并非孔子执笔写成，可能是孔子后学按孔子的传授汇编而成，因而《易传》中的观点与孔子的思想是基本一致的。可见，《易传》是儒家对《易经》解释的经典理论。

《易传》共七篇，包括《系辞》《彖》《象》《文言》《说卦》《序卦》和《杂卦》。其中，《系辞》是《易经》的通论。

《系辞》是这样说的：

> 乾知大始，坤作成物。乾以易知，坤以简能。易则易知，简则易从。易知则有亲，易从则有功。有亲则可久，有功则可大。可久则贤人之德，可大则贤人之业。易简，而天下之理得矣。天下之理得，而成位乎其中矣。

这是说，乾的作用是主管万物的原初创始，坤的作用是使万物生成。乾以平易的方式发挥作用，坤以简约的方式发挥功能。平易就使人容易了解，简约就使人容易跟从。容易了解就会使人来亲近，容易跟从才能成就功业。有人亲近就可立世长久，能成就功业就能发展壮大。立世长久是贤人的美德，立身宏大是贤人的事业。明白乾坤的平易和简约，天下的道理就都懂得了。懂得了天下的道理，就能遵循天地规律而居于适中合宜的地位。

这段话是说明乾坤的易简之理。为了更好地理解《易》道至简的道理，还可以从《周易》的基本含义来加深认识。

“周易”之“周”字，其含义至今仍众说纷纭，主要包含以下三种观点。

一是指周朝。《易经》成于西周时期，该易是周代的《易》，故曰《周易》。

二是指循环往复，周而复始。阴阳消息，变动不居，四季往复。“周”有周天变化的含义。

三是指周至万物。《易》能“周乎万物而道济天下”，《易》对天地万物了解一清二楚，将天地人的关系思考得周到、周全，故有周至万物之义。

“周易”之“易”字，学界普遍认为“《易》一名而含三义，即简易，变易，不易”。

一是简易，也称“易简”，即天地万物的现象非常复杂，如果要描述天地自然万事万物，那么最简单、最平易、最直观的方式，就是概括天地运行的模式。《周易》对天地万物高度归纳、抽象、演绎，由天地、阴阳、刚柔、健顺等本质属性总结出阴阳变化的天地之道和效天法地的天人之道，将宇宙运行的基本模式和人类社会的基本活动及其规律总结得简单精练。是为简易。

二是变易，即阴阳消息，变动不居，变化无穷。《周易》认为，天地万物处于不断变化、永无止境的运动过程中。《易》的六十四卦通过卦与卦之间及卦内六爻之间的变动不居表现了变化的方式。《周易》中处处蕴含变化之道，观察其变化趋势，找到其变化规律，才能理解其转化、把握其变化。是为变易。

三是不易，“万变不离其宗”。《周易》之所以简易，是因为它概括了宇宙天地、阴阳万物变化运行的规律，这些规律就是根本之道，而根本之道是永不变易的，“天不变，道亦不变”。学懂《周易》，就能把握万物变化的根本之道，以不变应万变。是为不易。

“易”之三义，在《乾》《坤》两卦中得到了集中体现。乾阳坤阴，《乾》卦代表阳，《坤》卦代表阴。所谓变易，“一阴一阳之谓道”，一阴一阳的矛盾运动变化的规律就叫作道；“生生之谓易”，阴阳的矛盾发展转化以致万物生生不息就是变易。“乾以大始，坤以成物”，乾阳的作用是创生万物，坤阴的功能就是承顺乾阳而生成万物。“万物负阴而抱阳”，乾阳坤阴的相互作用形成了千变万化、生生不息的大千世界。

所谓不易，“《易》与天地准，故能弥纶天地之道”。乾天坤地，《乾》卦代表天，《坤》卦代表地。“天地定位”，《易》以天地为模拟的基准，所以能涵盖天地之道。天地之道即乾坤之道。

所谓简易，“乾以易知，坤以简能”。《周易》将世间纷繁复杂的万事万物归结为六十四卦，而六十四卦的基本意蕴又集中在《乾》《坤》两卦。通过乾易、坤简，就能化繁为简、以简御繁，从而很好地认识、遵循天地之道。当然，简易并非肤浅的简单容易，而是高深的不简单、不容易，其原因正是由变易见不易、统摄变易、不易之理，秉持不易之大道，应对万变之现象。《系辞》将易、简分属《乾》《坤》两卦，且以“知”“能”释之，可见

"易简"为良知良能，是易学中包含的大智慧。

《周易》大道至简，《易》道在《乾》《坤》，还可以从《易经》产生的历史和其结构来分析，从中可见《乾》《坤》两卦的特殊地位和作用。

《易经》的创制，经历了漫长的历史过程，相传是中华人文始祖伏羲创造了八卦。他"仰则观象于天，俯则观法于地"，观象设卦，创始了八卦。仰观于天，有日月星象，俯察于地，有山川水泽，还有各种动植物。通过长期观察认识到有天地才有万物，天是阳气上升而成，地是阴气下凝而聚。可能当时尚无文字，只能用符号来表示。以一条连线"⚊"代表阳气，称为阳爻；一条断线"⚋"代表阴气，称作阴爻。由三个阳爻组成一个卦，代表纯阳的天，叫作《乾》卦。由三个阴爻组成一个卦，代表纯阴的地，称为《坤》卦。将阳爻、阴爻排列组合成另外六个阴阳相杂的卦，共形成八卦。

八卦创立几百年以后，周文王将八卦相重（八卦自身相重，加之八卦相互间的两两相重），形成了六十四卦。据说商纣王担心周文王的势力日益壮大而危害商王朝的安全，把周文王囚禁在殷商都城之南的羑里。文王被囚期间，既要思考、谋划以周代商的大计，又不能引起商纣王的怀疑，就以卜筮算卦的方式思考大略方针、推演实施方案。商朝后期，社会发展已达较高水平，数学、文化、科学、艺术得以发展，人们对自然、社会及人类自身的认知也不断提升，原有的八卦已不能具体体现当时复杂的社会生活，于是文王对古老的《易经》进行了改造升级。一是重卦，三爻卦两两相重变成了六爻卦。如《乾》由“☰”变成了“䷀”，使《周易》的卦画系统得以定型。二是通过八卦之间相重，形成了六十四卦。这样从三爻到六爻、从八卦到六十四卦，可以表达更复杂、更丰富的内涵，使《易经》认知的深度、演绎的空间大幅度拓展。在演绎的过程中，文王又给每卦系上了占断、解释的辞语，称为卦辞。后来，文王之子周公旦又给六十四卦的每一爻制定了爻辞。至此，《易经》系统得以完善、形成。如此纷繁复杂的系统，不可能是由文王父子独立完成的，而是要经过长时间累积、许多人合力编纂而成。不过，文王夫子的作用是不容置疑的。

这样，《易经》六十四卦，每一卦都具有相同、完整的体例。即卦画、卦名、卦辞、爻序号和爻辞。以《乾》卦为例。

> ䷀乾，元亨利贞。
>
> 初九，潜龙，勿用。
>
> 九二，见龙在田，利见大人。
>
> …………

其中，“䷀”是卦画，即《乾》卦的卦画。由六个阳爻即六条实线组成，阳爻称为“九”，阴爻称为“六”。爻序号从下往上分别称为初、二、三、四、五、上。这样，最下面的阳爻“九”就称为初九，依次为九二、九三、九四、九五、上九。《坤》卦则分别称为初六、六二、六三、六四、六五、上六。

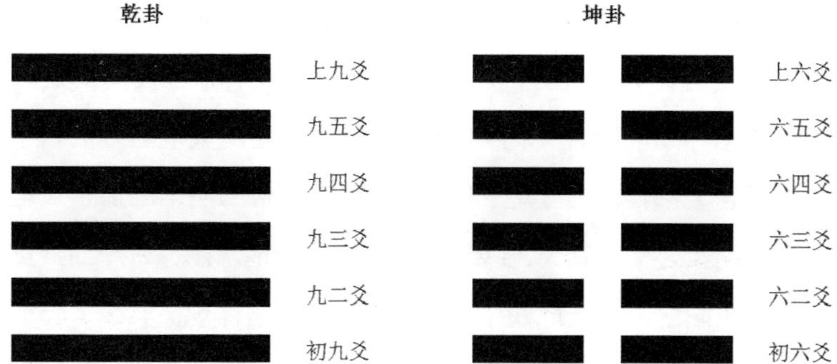

《乾》《坤》两卦的卦画和爻序号

“乾”是卦名。“☰”这一卦名叫作《乾》。

“元亨利贞”是卦辞，是对全卦的断语。

“初九，潜龙，勿用。”其中，“初九”为爻序号，“潜龙，勿用”为爻辞，“潜龙”是爻的取象辞，“勿用”是爻的断辞。

依次同。

《易经》的创制是一个漫长的演进过程，可以推论，伏羲创制八卦，不可能一下子就设计出一个完整的方案。其仰观俯察，认识到天地是万物之父母，先有了代表天地的《乾》《坤》两卦，形成了相应的卦画。在此基础上形成了八卦，继而才有了六十四卦的产生。正因为如此，《乾》《坤》两卦在《周易》的整体结构中具有举足轻重的地位和不可比拟的作用。

《乾》《坤》为《易》之首。《乾》《坤》两卦是《周易》排在最前的两卦，这不仅因为此两卦首先立意成象，更在于《乾》《坤》分别作为天地的象征，是代表天地运行之道的。《周易》六十四卦推演天地万物及人类社会之准则，《乾》《坤》之外的六十二卦主要讨论人类社会的秩序及人生如何发展，主要讲的是人事，讲怎样才能应合《乾》《坤》两卦所阐述的天地之理。六十二卦所言，都体现着《乾》《坤》两卦中蕴含的阴阳之道、天地之法、刚柔之义。其一，《乾》《坤》代表天地阴阳，六十四卦贯通天地阴阳之道，天地秩序在宇宙万物中都有体现。其二，乾坤体现阴阳之象。宇宙万物都是由阴阳两个核心要素组成的，乾阳坤阴，《周易·系辞上》曰："乾道成男，坤道成女。乾知大始，坤作成物。"表达的就是阴阳创生成物之象。其三，乾坤展示了宇宙之法。从乾坤所蕴含的宇宙法则，能够体会到天地运行的大道。乾坤所展示的宇宙运行的范式，既是宇宙万物、也是人类社会应遵循的法则。

《系辞上》还指出，乾坤是《周易》的门户：

> 子曰："乾坤，其《易》之门耶？"乾，阳物也；坤，阴物也。阴阳合德而刚柔有体，以体天地之撰，以通神明之德。

孔子认为，乾坤是《周易》的门户。乾是阳刚之物的象征，坤是阴柔之物的象征，阴阳两种德性配合在一起，而刚与柔都有各自的体性。只要运用阴阳两性的原理，就可体悟会通天地创造万物的神明之德。

那么，《易》之门户是如何运作的呢？《系辞上》进行了形象的描写：

> 阖户谓之坤，辟户谓之乾，一阖一辟谓之变，往来不穷谓之通。

阖即闭合。关闭门户而包藏万物是坤的功能，打开门户创生万物则是乾的作用。一闭一开的交感沟通叫作变化，如此开开关关的往来变化无穷就叫作会通。这种变化会通既是万物生成之理，也是作者用以表现这一宇宙法则、揭示这种神明奥秘而蕴含其中的易理。至此，物理、事理、易理合而为一。

这个易理充分说明了《乾》《坤》两卦与其余六十二卦的关系，即父母与子孙的关系。《乾》父《坤》母，“乳生六子”形成八卦，八卦相杂形成六十四卦。八卦、六十四卦及其所有的变化都源自《乾》《坤》两卦。宋代理学家程颐在《周易·贲卦·彖传》中指出：“卦之变，皆自《乾》《坤》……《乾》《坤》而为六子，八卦重而为六十四，皆由《乾》《坤》之变也。”[①] 苏轼《东坡易传》也说：“凡《易》之所谓刚柔相易者皆本诸《乾》《坤》也。”程颐与苏轼的易学思想虽然有所不同，但对此易理的认识却是高度一致的。

乾坤为《易》之纲。《乾》《坤》与其他六十二卦是纲举目张的关系。正如《系辞》所言：

---

① （宋）程颐：《二程集》，中华书局，2004 年，第 808—809 页。

乾坤，其《易》之蕴邪？乾坤成列，而《易》立乎其中矣。乾坤毁，则无以见《易》。《易》不可见，则乾坤或几乎息矣。

认为《乾》《坤》两卦，是《周易》的精华意蕴所在，乾坤分列上下形成位序，《周易》的基本道理就确立于其中了。要是乾坤的象征毁灭，就不可能形成《周易》之道。《周易》之道不能显现，乾坤化育的道理就会因无人知晓而止息了。

这段话不仅讲了《乾》《坤》两卦与《周易》整体一荣俱荣、一损俱损的关系，同时也说明了《乾》《坤》两卦的纲领性作用和意义。《乾》《坤》不仅代表着天地运行的基本规律和易道的根本哲理，而且成为其他六十二卦运行秩序和变化规则的基本来源；不仅是易卦系统建立的基准，而且成为整个人类社会运行发展变化的法则。如果能够真正掌握两卦中蕴含的哲理，就能真正掌握《周易》中所蕴藏的深奥而丰富的易道。更重要的是，懂得了《乾》《坤》易理，就能找到正确的人生之道。正如新儒家宗师熊十力所言："《乾》《坤》二卦解决宇宙人生根本问题，是广大、丰富、无穷之义海。""《乾》《坤》以下，众卦、众爻，皆自《乾》《坤》出也。""《易经》广大、丰富、无穷之义趣，皆是《乾》《坤》二卦所蕴藏也。"[①]

① 参见熊十力：《新唯识论》，中华书局，2008 年。

人们常以“半部《论语》治天下”来说明掌握经典的意义，现在则有“《乾》《坤》两卦定人生”之说。认为掌握《乾》卦的义理足以成就一番事业，躬行《坤》卦的德义则能展示人格的风采；若能参透会通两卦要义，就会有一个精彩的人生，成为一个受人尊敬的君子。言之有理。

这正是易道广大，大道至简，人生正道在乾坤。

乾坤本义

《易》道至简，道在乾坤。理解乾坤之道，必须从其经文入手，这是绕不过的坎。因为乾坤的本初之义来自经文，先懂得两卦经文的含义，再理解《易传》就不难了。

尽管《周易》经文文字冷僻深奥，含义曲隐幽晦，但《乾》《坤》两卦经文总共一百多字，只要静下心来、逐字逐句、亦步亦趋，读懂并不很难。并且，《易经》有很高的文学价值，把两卦经文当作一首古诗来读，还是饶有趣味的。

由于《周易》本来是一本卜筮之书，最初是占卜的记录，其初始之义不可能完全搞清楚。但其占卜的毕竟是人和事，其中必然包含具体的义理。同时，《周易》成书的过程中对卜筮记录整理形成卦爻辞时又由整理者赋予其丰富的人文内涵，使其在一定程度上成为一部哲理之书。我们现在理解《乾》《坤》两卦经文，也是从这个角度展开的。

《乾》卦译释[①]

䷀乾：元、亨、利、贞。

① 本书对《乾》《坤》两卦的解释，主要采用高亨、黄寿祺、张善文、杨天才等当代易学家的观点。

译文:《乾》，象征天。元始，亨通，和谐有利，正直坚固。

初九，潜龙，勿用。

译文：初九，巨龙潜伏在水中，暂不有所作为。

九二，见龙在田，利见大人。

译文：九二，巨龙出现在田野，利于出现大人。

九三，君子终日乾乾，夕惕若厉，无咎。

译文：九三，君子整天勤勉健进，直至夜间还保持警惕，如同面临险境，这样能免遭咎害。

九四，或跃在渊，无咎。

译文：九四，巨龙或腾跃飞起，或退处在渊，均无咎害。

九五，飞龙在天，利见大人。

译文：九五，巨龙高飞上天，利于出现大人。

上九，亢龙有悔。

译文：上九，巨龙穷飞至极，就会出现悔恨。

用九，见群龙无首，吉。

译文：用九，群龙相聚，均不抢先居首，吉祥。

《乾》卦解释

“☰”是《乾》卦的卦画符号，称作卦画，由六个阳爻组成。“乾”是“☰”这一卦的卦名。

“元、亨、利、贞”是《乾》卦的卦辞。卦辞的原义是：筮遇此卦，可举行大享之祭，乃有利之占问。对此卦辞的解释，说法众多，意蕴宏深。有的解释为春夏秋冬之四时，有的解释为东西南北之四方，以《子夏传》的“四德”说较为通行。“四德”说认为，“元”是创始，“亨”是亨通、通达，“利”是适宜、有利，“贞”即正，为正固。认为此卦之德，有纯阳之性，自然能以阳气始生万物，而得元始、亨通，能使物性和谐，各得其利，又能使物坚固贞正得终。

“初九，潜龙，勿用”。“初九”是爻的符号，爻题。每卦最下面的一爻是初位，称“初”；阳爻称“九”（下同），故称初九。“潜龙，勿用”是初九爻的爻辞（下同）。“潜龙”是爻的取象辞；“勿用”是爻的断辞。“龙”是古代神话中神奇刚健的动物。

《乾》卦以龙为全卦六爻的象征物，龙能飞能潜。“天地之气有升降，君子之道有行藏”，此处以龙喻天、喻君子之德。“潜龙勿用”，即时机未到，暂行潜藏，不要发挥作用。潜龙比喻人隐居不出、静处不动，故筮遇此爻，不可有所作为。

“九二，见龙在田，利见大人”。“九二”是指处于第二爻位的阳爻。“见”读“现”，“现”的古字。“见龙”是九二爻的取象辞。“见龙在田”是指龙从水中出现在田间野地。“出潜离隐，故曰见龙。处于地上，故曰田间”。“利见大人”是此爻的断辞。在《周易》中，“大人”是贵族的通称，此处是指有道德修养并身居高位的人。龙出现于田野，比喻大人活动于民间，人见之则有利，故筮遇此爻，利见大人。

“九三，君子终日乾乾，夕惕若厉，无咎”。“九三”是指处于第三爻位的阳爻。君子，《易经》中是指贵族与读书的士人的通称，指有德有才的人。“终口”是指 整天。“乾”，健；“乾乾”，健而又健。“君子终日乾乾”，是讲君子终日精进不已，自强不息。“惕”，指戒惧警省；“厉”，指危险；“夕惕若厉”，是讲到了晚间仍戒惧谨慎，如同身临险境。“咎”，过错、咎害；“无咎”是断辞，指没有咎害。

“九四，或跃在渊，无咎”。“九四”是指处于第四爻位的阳爻。“或跃在渊”是爻的取象辞，但承上文省略了龙字。“或”，表示疑惑，不确定之义，亦有审时度势、慎重抉择之义。或者腾跃上进，或者退处在渊，均无咎害。“无咎”是断辞。龙或跃在渊，喻人可进可退，自无咎灾，故筮遇此爻无咎。

"九五，飞龙在天，利见大人"。"九五"是指处于第五爻位的阳爻。《周易》讲求爻位的正与中。阳爻居一、三、五位为正，阴爻居二、四、六位为正，下卦二爻为中，上卦五爻为中。得正且中，是事物发展的最理想阶段。此九五爻处于既中且正之高位，为最尊之位，即平常所说的"九五至尊"。"飞龙在天"，比喻大人有道德并居于王位，可大有作为，人见之则有利，故筮遇此爻，利见大人。

"上九，亢龙有悔"。"上"为爻序号，一卦最上面的一爻称为"上"。"上九"即一卦最上位的阳爻。"亢龙"是爻的取象辞，"有悔"是此爻的断辞。"亢"，唐李鼎祚《周易集解》引王肃曰："穷高曰亢。知进忘退，故悔也。""亢龙"即指飞到极高处的龙。"悔"，忧悔、悔恨、悔吝，此处指出了过错而后悔。这一爻的位置到了最高点，物极必反，因此"有悔之象"，故筮遇此爻有悔。

"用九，见群龙无首，吉"。《周易》六十四卦中，唯《乾》《坤》分别有"用九""用六"。"用九"是《乾》卦特有之爻题。"用九"即通九，指六爻纯九（阳爻），以"用九"爻辞断事，也可理解为对六爻的总结。"用九"体现了《周易》哲学以"变"为主的特点。此卦皆阳爻，因而六爻皆变，由阳变阴。"见群龙无首"中的"群龙"，是指六爻皆龙，均为阳爻；而六爻皆变，则由阳刚变为阴柔，所以群龙都不以首领自居，故称为"无首"。无首则能以柔济刚，故吉祥。也可理解为天空中祥云缭绕，群龙自由翱翔，见尾不见首，比喻众人俱得志腾飞而不自大，故吉祥。

《坤》卦译释

☷ 坤：元，亨，利牝马之贞。君子有攸往，先迷，后得主，利。西南得朋，东北丧朋。安贞吉。

译文：坤，象征地。元始，亨通，利于像母马一样守持正道。君子有所前往，若抢先居首则迷失方向，若随从人后就会找到可依托的主人，因而有利。往西南将得到朋友，往东北则会失去朋友。安分守正顺从就会吉祥。

初六，履霜，坚冰至。

译文：初六，踩上了微霜，严寒的坚冰就将随之而来。

六二，直方大，不习，无不利。

译文：六二，本性正直、端方、宏大，虽不熟悉其事，也不会不利。

六三，含章，可贞，或从王事，无成有终。

译文：六三，蕴含阳刚美德，所占之事可行；或者跟随君王做事，成功而不把功劳归己，谨守为臣之道，这样就有善终。

六四，括囊，无咎无誉。

译文：六四，束紧口袋，没有咎害，不求赞誉。

六五，黄裳，元吉。

译文：六五，身穿黄色裙裳，十分吉祥。

上六，龙战于野，其血玄黄。

译文：上六，龙在原野上交战，流出青黄交杂的血。

用六，利永贞。

译文：用六，利于长久守持正固。

《坤》卦解释

“䷁”是《坤》卦的卦画符号，由六个阴爻组成。

“坤”是“䷁”这一卦的卦名。

“元，亨，利牝马之贞”。“元，亨”，始生，亨通；“牝马”，母马，这里代表阴类事物。卦辞的原义是：筮遇此卦，可举行大享之祭；利于乘驾牝马以远行或出征，乃有利之占问；引申义为有利于阴类事物守持正固。和《乾》卦一样,《坤》卦的卦辞也有“元”“亨”“利贞”,但不同的是,《坤》卦的“利贞”有“利牝马之贞”的限制。坤象征大地,大地有元始之生,亨通之利。乾阳坤阴,阴阳交感而化生万物。乾为万物之父,坤为万物之母,二者对立统一。乾阳是主动的,因而它的“元”是创生;坤阴是顺承乾阳而从动的,它的“元”是“始生”。天地相配,乾坤合德,所以亨通。天健地顺,“利牝马之贞”就是强调地顺承天而化生万物。

“君子有攸往,先迷,后得主,利”。“攸往”,所往之地。“迷”,迷失方向。“得主”,找到可依托的主人。这几句是从坤阴从动的性质而言,说明坤德在于柔顺、居后。阴类动物的方向感不强,如自作主张则容易迷失方向,跟随人后则有利,实际上是指君子的为臣之道。

“西南得朋,东北丧朋,安贞吉”。《坤》在《文王八卦图》中居西南方位,这几句意为西南阴方,东北阳方。坤为阴,向西南即遇阴得朋,向东北则遇阳丧朋。但是阴从于阳,唯有离其朋类,乃能成化育之功,有安贞之吉。

“初六,履霜,坚冰至”。“初六”是爻序号。“初”为最下位,阴爻称“六”,故称“初六”,即《坤》卦中处于初爻位的阴爻。“履霜,坚冰至”,是初六爻的爻辞。“履”,脚下踩踏为履。爻辞的原义为,已经踩上了霜,坚冰不久就会到来;以此比喻人事之吉凶皆由渐而来,君子应有见微知著、审时度势的能力。

“六二,直方大,不习无不利”。“六二”是指处于第二爻位的阴爻。“习”，熟悉、学习；“不习”指顺其自然、本性。六二爻处阴爻之正位，且居下卦之中，是《坤》卦的主爻。其处中正之位，有端方之体，具宏大之德。《周易》中有“三极之道”的说法，即把六爻的五、上两爻称为天道，三、四两爻称为人道，初、二两爻称为地道，分别代表天、地、人。初、二两爻处于地之道，按其爻位顺序，初爻为地下，二爻为地表，故以大地的特性命辞。古人认为，天圆地方，地的特征是直的、方的、大的。在广阔的大地上，万物顺其本性生长，无所不利。也可理解为牝马在大地上自由驰骋，因大地宽广宏大，即使它不熟悉地形，也无不利。

“六三，含章，可贞，或从王事，无成有终”。“六三”是指处于第三爻位的阴爻。“含章，可贞”，“含”，包含；“章”，美也。六三为阴爻居阳位，犹如内含阳刚之美德，外柔内刚，因而可以守持正固之道。“或从王事，无成有终”，“或”，不定，此处有抉择时机之义；“无成”，指不居功为己。筮遇此爻，所占之事可行；或辅佐君王行事，功成而不居，亦会有好结果。

“六四，括囊，无咎无誉”。“六四”是指处于第四爻位的阴爻。“括”，束扎；“囊”，口袋；“括囊”即为扎紧口袋，既可使内无所出，也可使外无所入；以此比喻人在不当之时要缄口不言，塞耳不闻，不求有功赞誉，但求无过无咎。六四处位不中，其时不利施用，故隐而不出，谨言慎行，明哲保身。

“六五，黄裳，元吉”。“六五”是指处于第五爻位的阴爻。“黄裳”，黄色下衣。古代，衣为上衣，裳为下衣。五行学说中，中央之位为土，黄色，故黄为中色。六五在上卦中位，故为黄色。黄是中之色，裳是下之饰，“黄裳”具有居中处下、中正而美的品德。元吉，是最大最好的吉祥。

“上六，龙战于野，其血玄黄”。“上六”是指处于最上爻位的阴爻。“龙战于野”，指龙在郊野交战。“玄”，青色，“其血玄黄”，其血青黄混杂。上六爻是《坤》卦之顶，六爻皆阴，物极必反，阴盛至极则与阳争夺势力，因而交战。双方势均力敌，必有损伤。阳为天，天是玄色；阴为地，地是黄色，故“其血玄黄”。也有把“龙战”理解为二龙交接，即阴阳交合，是指上六阴气至盛，阴极阳来，二气交互和合，故有“龙战”之象。阴阳二气交合，流出青黄交杂之血，此血为天地所和合，故能生万物。

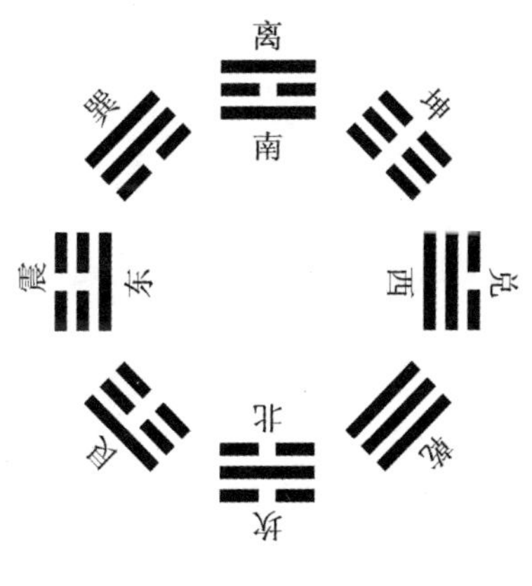

文王八卦图

“用六，利永贞”。《乾》卦“用九”，《坤》卦“用六”，“用六”也体现了《周易》哲学以变为主的特色。“用六”也可理解为对《坤》卦六爻的总结。《坤》卦六爻纯阴，因而六爻皆变，由阴变阳。“利永贞”，“永”，永久，含“健”义，意能永久守持正固，指柔极能济之以刚则利。《乾》卦“用九”，称“无首”，是刚而能柔;《坤》卦“用六”，称“永贞”，是柔而能刚，体现了阴阳互变、刚柔相济的哲理。

乾坤合体

我们通过对《乾》《坤》两卦的具体译释，掌握了两卦的基本含义。如果再进一步，把两卦打通合为一体，则可以从整体上认识两卦，把握其中蕴含的乾坤之道。

《乾》《坤》讲什么？

讲天地，乾天坤地

《乾》卦，象征天，讲天道、天德、天则。虽然经文里只有九五爻“飞龙在天”讲明了天，但其他五爻的爻辞无不与天有关。初九的“潜龙”处于地下，九二的“见龙”行于地上，九五、上九和用九讲的都是天上。“飞龙在天”的“九五之尊”点明了此卦的主旨——奋发有为。上九的亢龙是飞至天之极，用九的群龙处于云天之中，“神龙见尾不见首”。而九三和九四的“或跃在渊”则处于天地之间，二爻综合，显现了强健不息的天之道。卦辞的“元、亨、利、贞”表达了天的元始、亨通、有利、正固的德性。“天之德莫大于四时”，“元、亨、利、贞”还可理解为春、夏、秋、冬四季，以表示天时。用九爻讲“天德不可为首”，乃见天则。这里天道、天德、天则是一致的，即自强不息，美利天下，不可为首。

《坤》卦，象征地。“坤，地也”。《坤》卦讲地，主要体现在卦辞和初爻、二爻的爻辞中。“利牝马之贞”，牝马与大地关系密切，二者同为阴类。马是行走在大地之上的，并且还要行于正道，表明了地为坤之体，牝马为坤之用。卦辞的后半部分也是阐释“利牝马之贞”的，不论迷与得、得与丧，都与行走于大地有关。初六爻的“履霜，坚冰至”，则是从大地上寒风吹起，微霜初降到冰冻三尺的非一日之寒，阐述大地的自然法则。六二爻的“直、方、大”，彰明大地具有正直无私的品质、端方宁静的秉性和宏伟阔大的胸怀。实际上，六三爻的“含章可贞”，特别是六五爻的“黄裳元吉”也是在进一步赞美大地，“含章可贞”是讲大地的柔中有刚、顺柔承天、化育万物。“黄裳”的“黄”是指土地中黄，也是喻指大地的黄中通理、和美至德。

乾天坤地，二者是紧密相连的，也是对应互动的。天地分别是《乾》《坤》的卦象。《乾》卦以天为象，来喻指其刚健中正的秉性;《坤》卦则以地为象，来颂扬其端方宏阔的品格。讲天地，不仅要讲天高地厚、万物皆处于天地之间的自然特性，也要阐发天体自强不息、大地承载万物的本有品性，更要彰显天地创造万物的生生大德。“有天地然后有万物”，“天地之大德曰生”。但赋予天地创生万物的禀性中，天与地既有共同性又有差异性。天与地不可分割，共同创造万物，缺一不可，但二者的地位、作用均有所不同。《周易》之所以以《乾》先《坤》后的顺序排列，就是根据天高地低的客观现象，蕴含着天尊地卑、地以承天的意旨。天地共同创生万物，但天是创始，统摄万物，而地是创生，顺承天时而化育万物；天是主动的，地是顺随的，这一主一从是互动互促的，所以才有宇宙万物的品物流形、各正性命。《乾》《坤》两卦正是由于塑造了天地创造生命、化育万物的宏大格局，才揭示了乾坤正道宏大深邃的内涵和意义。

讲阴阳，乾阳坤阴

《乾》卦讲天，天的本质是什么？《易经》认为，天的本质元素是沛然刚健的阳气，这种阳气运行不息、变化无穷，随着春、夏、秋、冬四季的变化而循环往复，制约、主宰着宇宙的一切。《乾》卦六画皆为阳爻（☰），上下皆乾，是为阳之纯。《乾》卦表达阳气变化，一是以卦辞“元、亨、利、贞”来表达。此卦有纯阳之性，以阳气始生万物，而得元始、亨通，万物和谐，各得其利，并且各正性命，正固得终。一是以六爻表示不同的时位来表达。初九爻“一阳在下”，阳气潜藏，故曰“潜龙”；九二爻阳气发见，故曰“在田”；九三爻阳气渐聚而升，草木与时俱长，以具阳刚之气的君子相喻；九四爻阳气渐进旺盛，热气腾腾，似龙体欲飞；九五爻阳气大盛，至于天成，草木果实成熟，故曰“飞龙在天”；上九爻阳气极盛而不可长久，草木亦由盛而衰；用九则是对六个阳爻之综合，由阳变阴，进入下一个循环。

《坤》卦讲阴，卦辞中首先以行走在大地上的牝马为物象，来表明它与大地都是阴类的事物；接着，以“先迷，后得主”来说明阴必须随从阳、不得为先的道理，“得朋”“丧朋”“安贞吉”

则作出了阴必从阳而永正大吉的结论。在爻辞中，初六爻的“履霜，坚冰至”，揭示阴气积微见著的自然规律；六二爻的“直、方、大”，表现了坤阴的品质特征；六三爻的“含章可贞”，赞美了坤阴柔中有刚的美好品德；上六爻和用六则体现了阴气积蓄、盛极返阳的辩证思想。

乾阳坤阴，二者是对立统一的。有阳才有阴，有阴才有阳。阴阳互相对立，相互依存，统一于客观事物中。乾为天，天始生万物靠的是沛然刚健的阳气运行不已；坤为地，地化育万物靠的是含弘光大、顺承乾阳的坤阴之气的作用。无阳不生，无阴不长，正是阴阳互动，才成就了天地的创生万物。阴与阳二者又是相互转化的，乾为阳之纯，坤为阴之纯，纯阴不生，纯阳不长，《乾》卦的用九、《坤》卦的用六共同实现了阴阳的盛极而反、互相转化。而这种转化实现了“一阴一阳之谓道”，体现了乾坤对立统一、互相矛盾、互相作用的阴阳之道，充满了辩证统一的哲理。

讲健顺，乾健坤顺

《乾》卦为健。“乾”，《说文解字》说：“上出也。”意为植物向上生长的样子。“乾”之所以象征天，是因为其具有刚强劲健的品格，既体现了阳性元素的本质属性，又体现了天体自强不息的运动规律。此卦六画皆阳爻，上乾下亦乾，是为“健之至”。从初九爻的“潜龙勿用”、九二爻的见之初用、九三爻的与时俱进、九四爻的或跃上进，直至九五爻的高歌猛进，都体现了天体自强不息的运动规律。天为乾之体，健为乾之用。由此可知，天、阳、乾、健的内在含义和根本属性是一致的。

《坤》卦为顺。《坤》卦以地为卦象，主要阐述的是承天顺随的义理。卦辞中的“利牝马之贞”，随人而“得主”，“安贞”而获吉，都明示了顺柔之义。六爻进一步阐发了坤阴顺从之理，初六爻由霜而致坚冰的“驯致其道”；六二爻处下守中的本分；六三爻“无成有终”的为臣奉君；六四爻“括囊”的退处策略；六五爻居尊守中而谦下的美德，均体现了坤顺之道。而上六爻的疑阳而战，“其血玄黄”，则从反面论证了阴不从阳则战则伤的思想。要之，《坤》卦的核心观点是顺从柔和。

健与顺，也可理解为刚与柔。乾健坤顺，即乾刚坤柔。乾为刚之至，坤为柔之至。乾健向上而奋发，坤柔守下而温顺。统之而论，乾坤并非各自只讲健顺，只讲刚柔，而是讲刚柔有度。过刚则亢，过柔则疑，亢则战，疑则战，战必两败俱伤。《乾》《坤》两卦的核心要义是乾健坤顺、刚柔相济。唯有刚柔相济，才能成就天地生生不息之大德。

讲龙（牝）马，乾龙坤（牝）马

“行天莫若龙”。《乾》卦给人印象最深刻的莫过于那条阳刚、智慧、生机、活力无穷的“中国龙”。《乾》之七爻（含用九），“龙”五见，九四爻虽未见龙身，却有龙影，实际上是句句讲龙。龙是最能表现天之阳刚劲健特质的物象。因为龙具有无比强大的力量，可以象征阳刚劲健、自强不息的天体运动；龙具有变化莫测的灵通之性，可以体现天道变化的神秘性格；龙具有适应变化、能屈能伸的智慧，可以表达阴阳消长、循环往复的天时变化。《乾》卦中的龙，形象生动、个性突出。从潜龙、见龙、"跃"龙、飞龙一直到亢龙，层层递进，形象地展示了阳气萌生、进长、盛壮乃至衰竭的变化过程。"时乘六龙以御天"，六条巨龙上下飞腾，持续显示阳刚之气的变化和发展，天道阳刚健进、自强不息的精神正显现于六龙潜、见、跃、飞的变化之中。而用九的"见群龙无首"，描绘了一幅祥云密布、神龙见首不见尾的和谐景象，表现了天道美利天下、不言其利的中正纯粹的美德。

"行地莫若马"。《周易》成书于商末周初，当时马与人类的关系十分密切，选择母马作为坤地的物象是十分自然的。但《坤》卦取牝马为象，还有以下几个方面的考虑：一是因为牝马与大地同属阴类，可以形象地体现大地顺承天的特性；二是因为牝马勤劳、务实、忠厚、善良的品格，体现了大地的厚德精神；三是因为牝马具有既忠贞不二又桀骜不驯的独特品质，具体表现为它是有原则地顺从公马，而非盲目地顺从。因此，牝马与坤地的柔顺特征十分吻合。大地顺承天，是为了承载万物、化育万物。六二爻的"直、方、大"，"坤至柔而动也刚"，就讲得极为形象、深刻。"牝马地类，行地无疆；柔顺利贞""应地无疆"，充分说明了"利牝马之贞"有着丰富的内涵和深刻的含义。

《坤》卦以牝马为物象，与《乾》卦以龙为物象是相对应的。

《乾》卦中，天为乾之体，龙为乾之用。同样，《坤》卦中，地为坤之体，牝马为坤之用。龙在天上翱翔，牝马在地上驰骋；龙象征天之阳刚健进、自强不息；牝马则象征地之顺应承天、厚德载物，二者在卦中的地位、作用和意义是一致的。两者相比，物莫神于龙，龙的或潜或跃、若隐若现，总有一种神秘的色彩；而牝马则体现着一种脚踏实地、坚韧不拔的精神。两者相得益彰，完美地体现了《乾》《坤》两卦阴阳合德、刚柔有体的思想。

讲君子，乾坤君子

《乾》《坤》都讲君子。《周易》古经全文仅五千余字，而论及君子者，凡二十处。《乾》《坤》为《周易》之前两卦，《乾》卦之九三爻讲“君子终日乾乾”，《坤》卦卦辞论及“君子有攸往”，虽然都是具体描述君子，但把君子作为全卦的核心位置则是显而易见的。这是因为《周易》本为古代的卜筮之书，而当时卜筮的对象，都是国家和天下、祭祀和战争之类的宏观要事，而能有资格卜筮的必然是大人、君子之类的贵族，《周易》要阐发的道理和能够指导的事件也必然与君子、大人之类的显贵之人相关了。《乾》《坤》两卦经文中出现的人物，有君子、大人、王，而主要指导的对象则是君子。《乾》之九二、九五都有“利见大人”，而等待大人之见的则是君子；《坤》之六三的“或从王事”，从王事者正是“有攸往”的君子。《乾》卦九三爻之外的各爻都讲龙，但讲君子的九三爻则是全卦的主旨，以龙喻君子，指导君子成为“飞龙在天”的大人;《坤》卦只在卦辞中提及君子，但是各爻的爻辞所言，正是指导君子之所为。所以，两卦立卦的旨义是一致的。但从内容上看，各自描述的君子则是不同的。这既可理解为两种不同的君子，亦可理解为君子的不同方面。从前者的角度来看,《乾》卦讲的君子要从潜龙、见龙、“跃龙”成长为飞升在天的飞龙，或者说是描述了君子由士人而至圣人的发展历程;《坤》卦则着墨于“或从王事”，谨守为臣之道的君子，定位于君子的所作所为。而从后者的角度来看,《乾》卦所阐发的是君子阳刚劲健、奋发有为、终日乾乾、与时俱进的自强不息;《坤》卦所描述的则是君子柔顺利正、含弘光大、黄中通理、正位居体的厚德载物，两卦所展现的是君子人格素养的不同侧面。唯有两者相加，才是完整的自强不息、厚德载物的君子形象。

《周易》广大悉备,《乾》《坤》意蕴万千，乾天坤地，天地之间无所不包。从《乾》《坤》两卦，还可以引申出许多自然、社会和人生的道理。

讲主从之理

《乾》《坤》两卦中蕴含了乾主坤从、天尊地卑的观点。乾阳资始，坤阴顺承乾阳而资生万物，体现了乾为主、坤为从的主从之理。实际上，这是通过天高地低的自然现象来体现天地定位、万物相错的客观规律，再以此表达上下尊卑的社会秩序观，从而奠定了我国古代礼仪文化的理论基础。当然，这种主从既是相对的，也是缺一不可的。有主从、上下之分，社会才能井然有序地发展。

讲男女之别

乾男坤女，这是乾阳刚、坤阴柔不同秉性的具体体现。人为万物之灵，男性是阳类事物的代表，女性是阴类事物的代表。一般而言，女性的方向感是比较弱的，故《坤》卦才会说“先迷，后得”。阳刚、阴柔，分别是男性和女性的突出特征。由乾男坤女，又进一步引申出乾夫坤妻的夫妻之道、乾父坤母的家庭之道。需要指出的是，男尊女卑、夫为妻纲的思想虽然现在看来是不可取的，但其作为特定历史时期的产物，对我国的古代社会产生了深远的影响。

讲君臣之道

乾君坤臣，在《乾》《坤》两卦中表现得尤为突出。《乾》卦九五爻的大人、飞天的真龙天子，乃至整个《乾》卦本质上讲的都是为君之道；而《坤》卦六三爻的“或从王事，无成有终”，阐述的则是为臣之道。

> 有天地然后有万物，有万物然后有男女，有男女然后有夫妇，有夫妇然后有父子，有父子然后有君臣，有君臣然后

有上下，有上下然后礼义有所错。

《序卦》的这段话包含有三层意思：天地为万物之源；乾坤所体现的天地之道是宇宙万物的根本规律；之所以“有天地然后有万物”，是因为天地并列，对立统一，共同创生了宇宙万物。

需要特别注意的是，对立统一，不仅体现在天地之间，也体现在宇宙万物之间。《乾》《坤》两卦所表达的阴与阳、健与顺、刚与柔、龙与牝马、主与从、男与女、夫与妻、父与子、君与臣等，都体现了这种对立统一的关系，二者缺一不可，共同发生作用。因此，理解《乾》《坤》两卦，既要厘清其各自的独特内涵，更要将二者视为一个整体；既要认清它们的区别，又要理解它们的联系和互相作用。

正如熊十力所言：“《易》有乾坤互含之义，不是两物。言乾变即含坤化，变化即乾坤合一……乾坤一体，实则当作一卦。”[①]

熊先生的论述可谓十分精辟。为什么说乾坤一体，实为一卦呢？从基本形态上看，《乾》卦纯阳，《坤》卦纯阴，而按孤阴不长，独阳不生的原理，很难理解作易者将《乾》《坤》两卦各自为卦的缘由，唯有从乾坤互含、阴阳合德，再辅之以《乾》之“用九”、《坤》之“用六”，从而阴阳互变的角度，才能理解作易者的深刻用意。

具体来看，“乾坤一体，实为一卦”主要体现在以下三个

① 参见熊十力：《乾坤衍》，上海书店，2008年。

方面。

首先，乾坤互含。《乾》卦纯阳，《坤》卦纯阴，是相对意义上而言的，世界上没有绝对单纯的阴或阳，每一事物的产生都是阴阳共同作用的结果，每一事物的存在及其发展，都是阴阳互相矛盾、转化的表现。从《乾》《坤》各自为卦的角度来看，乾坤互相包含、互相转化也是客观的存在。如《乾》卦的潜龙，龙的能潜能飞就是其能阴能阳、有阴有阳的表现，龙之潜，水中即阴处，或跃在渊，“在渊”即在阴。“终日乾乾”的终日即包括阴时阳时，“夕惕”之夕，亦是阴时。“用九”的“见群龙无首”，则是有阴有阳，阴阳和谐的写照。所以说，乾之纯阳并不是绝对的，《乾》卦并不是只有阳没有阴，只讲阳不讲阴的。

《坤》卦同样如此。“履霜”是讲阴，而“坚冰至”则是阴极阳生。“乾”的其中一个含义就是寒冰。“直、方、大”是讲大地的秉性，而大地也含有明显的阳刚特征。“含章”是讲阴中包含着阳。“龙战于野”则纯粹是阳刚之战了。“用六”，纯阴变阳，得永贞。而卦辞中提出的牝马，虽与地同属于阴类，而其本质仍是马，“乾为马”，说明马是具有阳性特征的，这里只是突出牝马之“牝”的性质罢了。所以说，坤之纯阴也不是绝对的。《坤》卦也不是只有阴没有阳，只讲阴不讲阳的。

还需提及的是，《乾》之“用九”，“言乾变即含坤化”；《坤》之“用六”，阴即变阳，二者皆变，这种变化即乾坤合一。

其次，乾坤呼应。从《乾》《坤》两卦所表征的物象来看，二者具有密切的关系，是遥相呼应的。《乾》卦塑造了一个龙的形象，其刚健、灵活、趋时、善变的品格形象地反映了天道刚健中正的特征;《坤》卦则塑造了一个牝马的形象，其奋进、顺从、正直、大方的秉性则形象地反映了地道厚广载物的特征。实际上，龙与牝马之间也有密切的联系。《易经》的创制就与“龙马负图”的神话传说有关。所谓龙马，在古代是专指八尺以上的马。传说伏羲在黄河边见到一匹生有河图斑纹的龙马，泅水而来，受河图花纹的启发，画出了八卦。周文王在写作《乾》《坤》两卦的爻辞时，想必也联想到了“龙马负图”的神话传说，所以才会使得两卦中龙、马的形象更为突出。

尤其需要指出的是,《坤》卦对《乾》卦的呼应倡和正是通过龙的形象来表达的。《乾》卦爻辞中“龙”字五见,《坤》卦上六爻则有“龙战于野”之辞，从而与《乾》卦上九爻之“亢龙”相连接了。纵观《周易》六十四卦，独有《乾》《坤》两卦讲龙，而《坤》卦的上六爻突然提到龙，看起来似乎十分突兀，但若把两卦视为一体、一卦，就不难理解了。《乾》之用九的“群龙无首”，讲的正是《坤》卦的核心义理。可见,《坤》卦实际上也是讲龙的。

最后，乾坤合一。将《乾》《坤》两卦的卦辞和爻辞合成一个整体来解析，更能证明乾坤一体的判断。

先看卦辞。两卦的卦辞都有“元、亨、利、贞”,《乾》卦的卦辞仅此四字，而《坤》卦则单独强调了“利牝马之贞”。随后的“君子有攸往”等，则是对“利牝马之贞”的解释和说明。而“元”“亨”的含义，在《乾》《坤》两卦中是相同的，说明两卦都是大吉大利的。

若是将两卦的爻辞联系起来看，则更有意思。

从形式上看，两卦都具有以下三个特点：一是精练。各自包括七个爻题，《乾》卦爻辞只有六十二个字，《坤》卦爻辞仅有六十个字。二是工整。两卦都是以四字词组为基本表达形式，特别是二、三、四、五爻，不仅对仗工整，还具有诗歌的语言特色。三是独特。《乾》之“用九”、《坤》之“用六”，为《周易》六十四卦中所独有，使两卦成为独特的存在。

从内容上看，如果将两卦的卦爻辞打通分析，即可见其或叙事，或议论，或判断，互相呼应倡和，简直是珠联璧合，浑然一体。

初爻：初六，履霜，坚冰至。初九，潜龙勿用。

可译为：降霜了，冰雪将随之而来；巨龙潜入水中，静处不动。

可见，二者是因果关系。龙具有见微知著、适应变化的灵性，从天降初霜、阴气始凝而知，冰雪必将随之而来，应当顺其变化，早作准备，潜入深渊，以度寒冬。初九阳气在下，时为夏历十一、十二月，此时为严寒季节，百丈之冰，龙若此时方欲潜渊，不仅无法潜入，恐早已成僵龙。那么，何为潜隐的最佳时机呢？答案则是：履霜之际。

二爻：六二，直、方、大，不习，无不利。九二，见龙在田，利见大人。

可译为：龙出现在广阔的田野上，大地广阔无际，平直方正，可任其纵横驰骋，即使龙不熟悉地形，也无不利。龙之驰行犹如大人活动在民间。

这里，大地正直、端方、宏大的秉性与君子正中、信谨、诚谦、善世化人的品德是一致的。在田之龙犹如身在民间的大人，虽未处人君之位，已具人君之德，且其德能感化四方。

三爻：九三，君子终日乾乾，夕惕若厉，无咎。六三，含章可贞。或从王事，无成有终。

可译为：身从王事的君子具有守正之美德和文章之美才，含此二美且终日勤勉奋进，朝乾夕惕，毫不懈怠，虽然身处危险仍能安然无恙，得以善终。

此时的君子是从王行事的大臣，君子之道即为臣之道。其要点有三，一是忠诚不二，二是勤勉努力，三是谨慎谦下。六三的“含章可贞”就是君子的忠诚守正之德，也是君子终日乾乾、与时俱进的前提条件。君子只要恪守臣道，竭忠尽智，功成不居，就能得到君王的信任，终得善终。这里，“含章”与“乾乾”是内在与外在的关系，“有终”与“无咎”也是相同的结局。

四爻：六四，括囊，无咎无誉。九四，或跃在渊，无咎。

可译为：龙有腾跃飞天的机会或退处在渊的风险，具有很大的不确定性。以此比喻君子面临着重大而艰难的抉择。此时，君子只要慎重行事，慎言不语，不求赞誉，那么，不论跃进或退处，就都不会有过失。

这里，面临的处境是相同的，谨慎行事的态度也是一致的。“括囊”谨于言，“或跃”慎于行，因而最终的结果都是“无咎”。

五爻：九五，飞龙在天，利见大人。六五，黄裳元吉。

可译为：龙腾飞升天，天高云淡，任其翱翔。犹如大人身居至尊高位，大有作为，美利天下，成天德之功。大人与天地合其德，外具美利万物之能，内含“黄裳元吉”之德。

“黄裳元吉”指大人身居九五至尊之位，但能居高谦下，正位居体，心有中正平和之美德，才能有美利天下之功业。

九五与六五还可理解为君王与王后，二者都身处至尊之位，一个刚健中正，一个顺柔德方；一个大有作为，一个美在其中；二者阴阳和合，刚柔相济，故在天翱翔，长飞不止。

上爻：上六，龙战于野，其血玄黄。上九，亢龙有悔。

可译为：龙与时偕极，自逞其强，高飞至极，处于穷困之境。

亢而战，战而伤（其血玄黄），伤而悔。

这里，上九与上六都处于至尊之位，都怀着极端心态，一个亢奋不已，一个疑心十足；一个因亢而战，一个因疑而战，都面临着流血、有悔的结局，从反面论证了守正的意义。两者相互呼应，使龙的故事具有了完整的结局。

用爻：用九，见群龙无首，吉。用六，利永贞。

可译为：龙因亢、因疑而战，战而受伤，伤而有所悔悟，总结了经验教训。从此，群龙和谐相处，不再相争为首，终得永贞之吉，同和之美。

用九与用六，至此《乾》《坤》同步而变，《乾》由阳变阴，《坤》由阴变阳，而变的结果是你中有我、我中有你，互变而互含，阴阳平衡谐调、中和合德，达到永贞之境。

要之，《乾》《坤》分列并立，各有其体；乾坤阴阳合德，合为一体。两卦的结构是相同的，两卦的卦辞和爻辞是相联的，更为重要的是，两卦的主旨是一致的，即通过阴阳之理、天地之道来体现天人合一的哲理，指出为人处世的正道，即做人要做君子。

正道世范

本书之所以反复强调“正道在乾坤”，是因为《乾》《坤》两卦中所蕴含的义理对我们的人生具有很大的指导作用。换句话来说，我们可以运用两卦的义理和思维方式，分别从历史和现实两个维度，明晰人生的正确道路，实现开物成务的人生价值。

从历史的角度来看，周文王和周公旦是《周易》成书的两位关键人物。因此，许多易学家将《乾》《坤》两卦看作是文王父子对自己人生和事业的总结和提炼。如东晋易学家干宝就对《乾》卦的爻辞作了如下的阐释：

> （初九爻）位始，故称初；阳重，故称九。阳在初九，十一月之时，自复来也。初九，甲子，天正之位，而乾元所始也。阳处三泉之下，圣德在愚俗之中，此文王在羑里之爻也。虽有圣明之德，未被时用，故曰“勿用”。①

公元前 1074 年，西伯昌被殷纣王帝辛囚于羑里（今河南省安阳市汤阴县内）。传说在此期间，他演绎八卦，使之重卦为六十四卦，并撰写了卦辞，使《周易》初具规模。通过演习六十四

① （唐）李鼎祚撰：《周易集解》，九州出版社，2003 年，第 2—4 页。本节以下之引文，均出自该书，不再另作注释。

卦，他制定了以周代殷的方略。但因失去自由，犹如困于深渊之龙，只能采取“勿用”之策。

（九二爻）阳在九二，十二月之时，自临来也。二为地上，田在地之表，而有人功者也。阳气将施，圣人将显，此文王免于羑里之日也。故曰“利见大人”。

被囚七年之后，西伯昌终于走出羑里，回到周地，犹如羁鸟出笼，潜龙脱渊。他励精图治，广施善德，受到百姓拥戴，邻国发生冲突时也都找他调解。如虞、芮两国的国君因争一块田地而闹得不可开交，遂到周地请文王来裁定。他们到了周国边境，看到周人互让田界、谦让长者，感到十分惭愧，于是返回协调，最后让出所争之地作为间原。这正是西伯昌虽未居君位，但已具君德，且其德能使四方感化。

（九三爻）阳在九三，正月之时，自泰来也。阳气始出地上，而接动物。人为灵，故以人事成天地之功者，在于此爻也。故君子以之忧深思远，乾夕匪懈。仰忧嘉会之不序，俯惧义和之不逮。反复天道，谋始反终。故曰“终日乾乾”。此盖文王反国大釐其政之日也。凡“无咎”者，忧中之喜，善补过者也。文恨早耀文明之德，以蒙大难，增修柔顺，以怀多福，故曰“无咎”矣。

西伯昌返回周国后，深刻反思自身，认为之前因早耀其文明之德，才蒙此大难，故采取姜太公的策略，表面上更加尊重帝辛，主动献出洛西之地，得到帝辛的信任，获得了征伐之权；暗中则修德尚治，施行仁政，河东地区的众多小国纷纷归附，周国的势力范围也由河东延伸至河南和河内。但文王即使得了天下的三分之二，仍然向帝辛称臣。

（九四爻）阳在九四，二月之时，自大壮来也。四，虚中也。跃者，暂起之言，既不安于地，而未能飞于天也。四以初为应，“渊”谓初九，甲子，龙之所由升也。“或”之者，疑之也。此武王举兵，孟津观衅而退之爻也。

西伯昌在位五十一年，于公元前 1050 年病逝。经过他的乾乾奋斗，周国拥有了三分天下有其二的实力，为灭商奠定了基础。公元前 1048 年，武王为了解自己的号召力和军事实力，决定举行一次会师演习。他载着文王的木主，带领大军从镐京（今西安市长安区西北）出发，进入古渡孟津（今河南境内）。据说，前来孟津助战的诸侯就有八百之多，众诸侯均力劝武王立即向朝歌进军，讨伐昏庸无道的帝辛。武王发现几个大诸侯国未来响应，认为灭商的时机还不成熟，虽然发表了著名的《泰誓》，但毅然决定退师而归。

（九五爻）阳在九五，三月之时，自夬来也。五在天位，故曰“飞龙”。此武王克纣正位之爻也。圣功既就，万物既睹，故曰“利见大人”。

观兵孟津两年之后，帝辛更加昏庸暴虐，商王朝内部矛盾更加激化，百姓皆侧目而视，缄口不言。武王认为灭商的条件已完全成熟，果断出兵伐商，通告各诸侯国向朝歌进军。公元前1046年正月，武王亲率大军从孟津渡过黄河，抵达朝歌七十里外的牧野（今河南淇县），发表了义正辞严的《牧誓》，进行灭商的最后决战。商军士兵阵前纷纷倒戈起义，周朝大军长驱直入，不费吹灰之力地攻下了朝歌。帝辛逃回朝歌后，登鹿台自焚，商朝宣告灭亡，周朝建立。

（上九爻）阳在上九，四月之时也。亢，过也。乾体既备，上位既终。天之鼓物，寒暑相报，圣人治世，威德和济；武功既成，义在止戈。盈而不反，必陷于“悔”。

这是讲人君骄盈过亢，必有丧亡。商纣王招致牧野之灾，正是其骄奢淫逸，丧尽人心，咎由自取。武王建立周朝后，认真吸取商亡的教训，时刻警惧戒惕，勤政保民。公元前1043年，武王驾崩，传位于成王。因成王年幼，由周公辅政。周公施行了一系列敬天保民、明德慎罚的措施，为周王朝数百年的发展奠定了坚实的基础。

无独有偶，还有易学家从《坤》卦的角度，总结了周朝的建国史，以作为《乾》卦的补充。可以说，《乾》《坤》两卦就是一部浓缩的周朝建国史。

虽然历史不可能重演，但往往惊人的相似。如果我们以《乾》《坤》两卦来领悟新中国的历史性人物，就会得到更多启迪，亦很有趣味。

“人间正道是沧桑”。几千年来，中国最剧烈的变故就是中国共产党浴血奋斗几十年，建立了代表人民大众的政权。当代著名学者金一南是这样总结其中的奥秘的：“中共历经艰难，但是中国共产党最大的幸运就是：毛泽东、周恩来、朱德三人达成近乎完美的历史和谐”，“他们三人不是同一年出生，却是1976年同一年去世”，“他们三人凭借强烈的历史自觉，达成了近乎完美的历史和谐”。[①] 而这种和谐形成的过程，就巧妙印证了刚柔相济、阴阳和合的乾坤正道。

《乾》卦最能生动、恰当地体现毛泽东的传奇人生。

1915年，毛泽东在给黎锦熙的信中写有“龙潜不见”几个字，说明他年轻时已对《周易》很熟悉，而《乾》之龙的潜、见、跃、飞（或许还有“亢”），正是他一生奋斗的真实写照。

乾：元，亨，利，贞。乾，天也。天有善（元）、美（亨）、利物（利）、贞正（贞）之德，故曰“元，亨，利，贞”。“东方红，太阳升，中国出了个毛泽东”，可见在中国人民的心中，毛泽东就像东方升起的太阳，照亮中华大地，照暖中国人心。人民

① 金一南：《党旗为什么这样红》，《红旗文摘》，2018年第2期，第143页。

群众把毛泽东比作天上的太阳，与《周易·乾·象》所说的“大明始终，六位时成，时乘六龙以御天”的描述很相似。毛泽东的一生也与中国命运之天紧密相连，他不同时期的诗句就反映了他“改天换地”的心路历程。

问天

怅寥廓，问苍茫大地，谁主沉浮？（1925 年，《沁园春·长沙》）

比天

欲与天公试比高。（1936 年，《沁园春·雪》）

刺破青天锷未残。（1934—1935 年，《十六字令·山》）

翻天

天翻地覆慨而慷。（1949 年，《七律·人民解放军占领南京》）

试看天地翻覆。（1965 年秋，《念奴娇·鸟儿问答》）

换天

为有牺牲多壮志，敢教日月换新天。（1959 年，《七律·到韶山》）

所谓“问天”“比天”“翻天”“换天”，揭示的是“天若有情天亦老，人间正道是沧桑”的天地之道，彰显的是毛泽东自强不息、美利天下的天地之德。

《乾》卦以天、龙为物象，毛泽东犹如一条巨龙，翻江倒海，

"搅得周天寒彻","环球同此凉热"。《乾》卦六爻,或许可以成为毛泽东"龙行天下"的形象诠释。

初九,潜龙勿用(1893—1921)

年轻时期的毛泽东,可谓是一条深潜不见的潜龙。其二十八岁以前的人生,就可以用读书、立志、探索来概括。

读书。他说自己读了六年孔夫子的书,又读了七年资本主义的书,到 1918 年,才读马列主义。

立志。一方面是立读书有成的志:1910 年秋天,即毛泽东就读高等小学前,改写了一首诗《七绝·呈父亲》:"孩儿立志出乡关,学不成名誓不还。埋骨何须桑梓地,人生无处不青山。"表达了一心向学和志在四方的决心。另一方面是立改造社会的志:1918 年,毛泽东和蔡和森等人创建了新民学会;1921 年,把其宗旨由"革新学术,砥砺品行,改良人心风俗"改为"改造中国与世界",自此,这也成为他毕生的追求。

探索。为了实现宏图大志,他进行了十几年的不懈探索。他立奇志、交奇友、读奇书、创奇事。他曾务农两年,辛亥革命后当了半年兵,也曾想走实业救国的道路,长期参加学生运动,最后信仰了马克思主义。他深知做大事要有坚强的基础和充分的准备,从自身来说,他推崇孔子"文而兼武"的思想,提出了"文明其精神,野蛮其体魄"。从行动来说,他在认真读书的同时,注重分析研究中国社会的实际问题,并迈开双脚,以游学的方式广泛接触城乡社会各阶层。在十多年中,他积极参加各种学校和社会组织,做了大量事务性工作,开展繁杂的社会活动和组织工作。

从时机把握上看，他“就良图，立远志”，不急于求成。1915 年 11 月，他致信黎锦熙，对当时的局势作出如下判断：“方今恶声日高，正义蒙塞，士人丁此大厄，正当龙潜不见，以待有为，不可急图进取。”[①]1920 年，他放弃了留法勤工俭学，坚持“在国内研究各种学问的纲要”。正如毛泽东自己的总结，“凡事不可不注重基础”，“可大可久的事业，其基础即筑在这种潜在的态度之上。”[②]

九二，见龙在田，利见大人（1921—1935）

1921 年，毛泽东参加了中共一大，成为中国共产党的创始人之一。自此，他脱潜入显，正式开始了长达半个世纪的革命生涯。当然，“见龙在田”的十四年间，不管是对于毛泽东、还是对于中国共产党来说，都是十分艰难的。这种艰难首先表现为脱渊在田的巨龙如何才能生存，其集中体现在走一条什么样的道路才能“利见大人”。毛泽东多次说过，他心目中的“上帝”是人民，还说过“我的上帝是马克思”。“马克思”加“人民”，或许就是毛泽东和中国共产党的“大人”。中国共产党一创立就定位于马克思主义政党，这是毋庸置疑的。但是如何找到一条让马克思主义在中国落地生根的道路，却是十分困难的。中共成立后，经历了北伐战争、国共合作乃至合作的破裂，经历了依赖共产国际的指挥和照搬苏联道路的失败，经历了城市工人运动高潮

① 毛泽东：《致黎锦熙的信》，1915 年 11 月 9 日，载逄先知主编：《毛泽东年谱（1893—1949）》，中央文献出版社，1993 年，第 20 页。

② 逄先知主编：《毛泽东年谱（1893—1949）》，中央文献出版社，1993 年，第 70 页。

和城市武装起义的失败，均未能找到一条成功的道路。而毛泽东却与中共上层领导不同，他的工作重心始终在地方，他的目光始终在研究农村革命，他深入工人农民之中，分析中国国情，考察农民运动，解决了“中国红色政权为什么能够存在”这个根本的问题，提出了“工农武装割据”“农村包围城市”的正确革命路线，创建了中华苏维埃政权，提出了“星星之火，可以燎原”的著名论断。毛泽东将马克思主义与中国革命实际相结合，找到了一条经济的、政治的、军事的、富有完整中国特色的革命道路。为了坚持这条道路，毛泽东三次被撤销中央委员，八次受到严重警告，但他仍然坚持不懈，终于从政治舞台的边缘走到中心。1935 年的遵义会议，使毛泽东创立的道路在党内得以承认。毛泽东“见龙在田”的成功，在于他志向坚定，脚踏实地，坚忍不拔；在于他站在中国这块广博的田地上；更在于他通过解决土地问题，赢得了人民这亿万“大人”的拥护和支持。

九三，君子终日乾乾，夕惕若厉，无咎（1935—1945）

虽然遵义会议确立了毛泽东的领导地位，但中共和红军仍处于危急状态。毛泽东确实也是朝乾夕惕、如临深渊、如履薄冰、战战兢兢、终日乾乾的。首先，面对国民党军队的围追堵截，毛泽东带领红军四渡赤水，神奇地摆脱了敌人，摆脱了困境。其次，面对张国焘以实力优势的胁迫挟持，沉着冷静，带领中央红军冒险穿过草地，到达陕北，避免了红军队伍的分裂，脱离了险境，结束了二万五千里长征，创建了延安根据地，实现了根本性的转折。再次，根据国际国内形势的变化，及时提出了建立抗日民族统一战线的重大战略思想，妥善处理了“西安事变”，促进了全国统一抗日局势的形成；面对严峻的战争形势，撰写《论持久战》，对抗日战争作出了战略防御、相持、反攻三个阶段的重大判断，被历史证明了正确和伟大。最后，在长达十多年的抗日战争时期，面对十分复杂的局势和严重的困难，倾力于统一战线建设，致力于发动人民群众，在中共内部开展思想整风运动和大生产运动，解决思想和物质两方面的问题；积极领导敌后抗日，在抗击日军侵略的同时壮大了自我力量，真正是自强不息，终日乾乾，虽危无咎。

九四，或跃在渊，无咎（1945—1949）

1945 年 8 月，抗日战争取得胜利，国民党与共产党的矛盾又成为主要矛盾。1946 年，毛泽东亲自到重庆与蒋介石谈判，并发表了《沁园春·雪》一诗，产生了巨大影响。国共谈判破裂后，双方展开战争。毛泽东审时度势，不失时机地作出了辽沈战役、平津战役、淮海战役的战略决策，用短短两年多的时间就全歼长江以北的蒋介石军队。此刻，毛泽东没有听从斯大林划江而治的劝告，发出了“解放全中国”的号令；1949 年 3 月，人民解放军占领南京，国民党残余势力败退台湾海岛；1949 年 10 月 1 日，中华人民共和国宣告成立。从 1921 年到 1949 年，中国共产党用了短短二十八年的时间建立了新政权，五十六岁的毛泽东实现了脱渊而跃，“飞龙在天”。

九五，飞龙在天，利见大人（1949—1966）

飞龙在天，风云际会，神龙祥云缭绕，见首不见尾，正是大展宏图、大有作为之际，毛泽东开展了大手笔的大作为。经济上，毛泽东用“利见大人”的老办法，发动人民，相信人民，依靠人民，用三年的时间恢复了国民经济体系，开展土地改革，完成了社会主义改造，并集中力量开展了工业化的布局，积极探索社会主义经济建设的路径和方法，撰写了《论十大关系》。军事上，面对美国对朝鲜的侵略，毅然作出抗美援朝的历史性抉择，五次战役迫使美国签订停战协定，打破了美军不可战胜的神话，大大提高了新中国的国际地位。政治上，在国内开展了镇压反革命运动，在党内开展了“三反”运动（反贪污、反浪费、反官僚主义），在城市开展了“五反”运动（反行贿、反偷税漏税、反盗骗国家财产、反偷工减料、反盗窃国家经济情报），在农村从1956年起开展农业合作化运动，1958年起开展人民公社化运动，同时发起“大跃进”运动，提出了“关于正确处理人民内部矛盾的问题”。在思想文化领域，先是提出“百家齐放，百家争鸣”的方针，又于1957年开展整风反右运动，于1964年开展社会主义教育运动。国际关系上，高举反帝反修反霸权的大旗，自20世纪60年代初，开展了国际共产主义运动大论战，对苏共中央“九评”，中苏两党、两国关系恶化。国家安全领域，在经济十分困难、科技十分落后的情况下，加快国防科技工业的发展，成功爆炸原子弹、氢弹，人造卫星上天，并且顶住苏联的重重压力，保持了民族尊严和国家独立自主的地位，对国家安全至关重要。总之，毛泽东的“飞龙在天”使国家的实力和地位有了极大的提高，使中华民族能够自立于世界民族之林，使中国人民真正强有力地站立了起来。

上九，亢龙有悔（1966—1976）

毛泽东总结自己一生干了两件大事：建立了新中国，发动了“文化大革命”。前者举世公认、居功至伟，后者则被称为一场“浩劫”，也成为他一生中的严重错误。毛泽东生前也知晓，对“文化大革命”来说，“拥护的人不多，反对的人不少”，“这笔‘遗产’得交给下一代”。[①]根据他身边的工作人员回忆，他晚年常写的一副联句是：“时来天地皆同力，运去英雄不自由。”这既体现出他无力回天的无奈，也显现出他“与时偕极”的境况。“亢龙有悔”，正是晚年毛泽东的真实写照。

而以《坤》卦的卦辞和爻辞来分析周恩来的传奇人生，也是非常有意思的。

周恩来与历史上的周公旦有很多相似的地方。周公旦辅佐武王建立周朝，武王离世后又摄政数年，最后还权于成王。周恩来一生忠于革命，早期一直是中共中央的主要领导人之一，并且是十分重要的军事指挥者。但后来他主动由主角变为副角，辅佐、支持毛泽东的领导，这是中国革命成功的一个关键因素。当然，这是一个复杂曲折的过程，正是这种曲折、复杂印证了《坤》卦卦辞“元亨，利牝马之贞。君子有攸往，先迷，后得主”的结论。

从欧洲留学归国后，周恩来一直是负责军事行动的中央最高领导人之一，但一直未能明确中国革命的方向和道路。他领导的

① 逄先知、金冲及主编：《毛泽东传（1949—1976）》下卷，中央文献出版社，1996年，第1782页。

上海工人第三次武装起义、武昌起义、南昌起义、反国民党军事“围剿”等，都相继失败，革命力量受到严重损失，红军被迫长征。这固然是由于几任中央主要领导人的路线性错误，但与周恩来对形势的判断和方向的把握也有重要的关系。长征途中，周恩来进行了深刻的反思，终于认识到毛泽东坚持的军事、政治路线的正确，积极支持、拥戴毛泽东担任军事指挥，继而进一步确立毛泽东的领导地位。自此，他衷心拥护、积极辅佐毛泽东，甘当配角（只当三、四把手），有主有从，琴瑟和鸣，相得益彰，不仅很快使红军摆脱了危机，扭转了被动局面，而且革命力量迅速发展壮大，直至建立了新中国。周恩来的角色转变，彰显了他光明磊落、大公无私、鞠躬尽瘁的美德，也证明了《坤·彖》所言的“柔顺利贞，君子攸行，先迷失道，后顺得常”的深刻道理。

《坤》卦爻辞也同样说明了周恩来“顺柔承天”“厚德载物”的优秀品质。

初六，履霜，坚冰至

革命初期，形势十分严峻，行动相继失败，周恩来始终保持革命的坚定性，始终坚守革命必胜的信念，始终保持旺盛的斗志。

六二，直，方，大。不习，无不利

周恩来既没有系统学习过军事理论，也没有实际的军事斗争经验，可以说并不熟悉军事工作，直接领导的几次军事行动接连失利，但这种“不习”并未为他带来“不利”，他在党内的领导地位从未动摇，始终得到拥戴，根本原因在于他有坚定的斗争意志、宽阔的革命胸怀和正直、宏大、光明磊落的人格精神。

六三，含章，可贞，或从王事，无成有终

“含章，可贞”的寓意是柔中有刚，持守正固，这正是周恩来的人格特征。他没有因为“不习无不利”而贪恋权位，而是主动让贤，甘当配角，持中守正。他没有一味追求自己的成功，而是为了革命事业（王事）的成功（有终），甘愿自己的“无成”。遵义会议、统一战线、西安事变、八年抗战……周恩来树立了温文尔雅、光彩照人的人格形象，“无成有终”，成为中国人的人格楷模。

六四，括囊，无咎无誉

“文革”期间，周恩来忍辱负重，鞠躬尽瘁，死而后已。他既要执行毛泽东的决定，又要担负起国民经济和社会正常运行的重责；既要尽可能保护广大老干部，自己还面临着被批判的巨大压力。他只能“括囊”而为，明哲保身，谨言慎行，做到了“无咎无誉”。

六五，黄裳，元吉

王弼对此爻的解释是，“坤为臣道，美尽于下”，“以柔顺之德，处于盛位，任夫文理者也，垂黄裳以获元吉”，“以文在中，美之至也”。[①] 新中国成立后，周恩来一直任总理，日理万机，废寝忘食，勤勤恳恳，兢兢业业，以柔顺之道处于盛位，犹如周公旦一沐三握发，深得毛泽东的信任和赞赏。毛泽东曾说过：

① （魏）王弼撰，楼宇烈校释：《周易注校释》，中华书局，2012 年，第 13 页。

“周公确有吐握之劳。”周恩来辅佐毛泽东四十多年，早期曾是毛泽东的领导，后来长期真诚服从毛泽东的领导，从未动摇，受到委屈指责甚至批判时，也从未有半点怨言，确实难能可贵。他全心全意为人民服务，一生大公无私，唯独没有自己，身后没有半点个人遗产，骨灰也撒向了江海。“周公吐哺，天下归心”。周恩来甘居配角，最终则成为全体中国人的道德权威，在中国乃至在国际社会都有崇高的威望。他被党内所敬重，被全国人民所爱戴，被许多国际人士所崇敬，逝世后联合国罕见地降半旗致哀。当时的联合国秘书长给出的解释是：如果哪个国家的政府首脑也能如此为国民服务，也能没有半点个人财产，我们也会如此。周恩来“黄裳元吉”的人格形象，正如《文言》所描述的那样：“君子黄中通理，正位居体；美在其中，而畅于四支，发于事业，美之至也。”

上六，龙战于野，其血玄黄

“龙战于野”指阴阳不和而相争。六爻处于全卦的顶部，“亢龙有悔”也好，“龙战于野”也好，都是指居于领导地位的上层之间的矛盾，而这种矛盾在中共内部具体表现为不同的路线之争。著名学者金一南曾撰文指出：“毛、周、朱三人对于红军的建设思路、革命应该走的道路等，有许多不同看法、不同意见，争论比比皆是。比如，1929 年，红四军七大、八大‘前委’‘军委’之争，朱德取代毛泽东领导；1932 年 10 月，苏区宁都会议‘反倾向斗争’，周恩来取代毛泽东领导。”事实证明毛泽东坚持的是正确路线后，朱德、周恩来都以大局为重，勇于纠正错误。

随着革命的发展，“三人相互补充：毛泽东对党的路线方针的制定；朱德的坚决斗争精神，革命必胜的信念；周恩来大量高超的组织协调工作，他们使中共臻于完善”。[①] 事实证明，这个臻于完善的核心是伟大事业成功的根本保证，而阴阳和合、互补是形成这种核心的哲学基础。

可以说，毛泽东半个多世纪的潜、见、跃、飞、亢、悔的人生经历，显现了乾道的全部意蕴，而周恩来的“先迷后得”“顺柔得常”的人生体悟，以及正直广大、含章可贞、无誉无成、黄中通理、正位居体的至美品质，亦充分体现了坤德的完整内涵。毛、周两人通过近乎珠联璧合的协作而形成的这种历史和谐，既产生了伟大的创造力、生命力，也成就了他们共同的伟大事业，彰显了他们伟大的人格魅力。这种历史和谐中所蕴含的阴阳和合、刚柔相济的乾坤正道，则是上升到哲学高度的理论总结。

① 金一南：《为什么说毛泽东、朱德、周恩来三人组合近乎完美？》，中国军网，2017 年 8 月 4 日。

乾坤意蕴

本文旨在运用《易传》的思想来理解乾坤之道。

众所周知,《周易》主要是由《易经》和《易传》两个部分组成的。经在前,传在后,传是对经文的解释,并且对经文中所蕴含的哲理、思想、观念、精神作进一步的阐述和发挥,已成为《周易》全书不可或缺的重要部分。读《周易》,必须要读懂《易传》。

《易传》对《乾》《坤》两卦给予了同样的重视,《说卦》《序卦》《杂卦》都以《乾》《坤》为中心展开论述,《彖》《象》《系辞》都以浓墨重笔评述《乾》《坤》两卦,《文言传》是对《乾》《坤》两卦的专门论述。全面了解乾坤正道,必须借助于《易传》。《乾》《坤》两卦所含的丰富意涵,正是通过《易传》的阐发才得以彰显的。

总体来看,《乾》《坤》两卦的主要意蕴集中体现为龙马之象、阴阳之理、天地之德、君子之道等方面。下面,笔者将逐一展开论述。

龙马之象

《乾》卦以龙行天，《坤》卦以马行地，《乾》《坤》分别代表天、地，而龙、（牝）马是分别象征乾天、坤地的物象。

天　龙

《乾》卦的最成功之处，就是塑造了一条刚强劲健、灵活变通的巨龙形象。也就是说，七爻（含用九）爻辞用简洁的语言、精练的文字刻画了一条栩栩如生、充满智慧的中国龙。

“天”为乾之体，“龙”为乾之用，天与龙紧密相联。《乾》卦以“天”来喻指巨龙刚健中正的品质，同时又以龙为喻，来宣扬“天”之纯阳刚健的精神，展示天体的运行规律。也就是说，《乾》卦讲天的刚健中正之道，正是通过巨龙潜见跃飞的变化、反复其道来体现的。

《乾》为《周易》的首卦，为何惜字如金的《周易》要如此浓墨重彩地描述一条巨龙呢？历代易学家对此有多种见解。唐李鼎祚在《周易集解》中罗列了三种观点：《子夏传》曰：“龙，所以象阳也。”马融曰：“物莫大于龙，故借龙以喻天之阳气也。”沈麟士曰：“称龙者，假象也，天地之气有升降，君子之道有行藏，龙之为物，能飞能潜，故借龙比君子之德也。”尚秉和先生在《周易尚氏学》中也指出："物莫神于龙，故借龙以喻阳气。"此外，还有人从星象学的角度来论证。总之，各种观点见仁见智，可惜都未能触及作易者本初的创作缘由。

龙是中国古代神话中一种善变化、兴云雨、利万物的神异动物，能够潜水、行地、飞天，海陆空三栖。它力大无比、呼风唤雨，刚强劲健、活力无穷，当行则行、当止则止，能显能潜、能贵能俗，春风时登天，秋雨后潜渊，变化无常，神秘莫测，有一种至高无上的神灵色彩。而《易经》最初作为"以通神明之德，以类万物之情"的占卜筮书，必须要有一个微显阐幽、精义入神的形象，而作为《易经》之肇端的乾之天，龙则成为最适宜的象征。

这里，有必要把易文化与龙文化联系起来考量。幸运的是，现代考古技术的发达已为此提供了适宜的条件。

龙文化是中国传统文化中生发时间最早、延续时间最长、生命力最为旺盛的典型代表。据考古发现，最早之具有传统龙特征的龙形象，是辽宁阜新查海遗址 1994 年发掘的一条距今约八千年的兴隆洼文化石块堆塑龙。此龙由大小均等的红色花岗岩摆塑而成，全长近二十米，龙头部最宽处约两米，龙尾不足一米，昂首弯身，张口弓背。其次是距今六千年的，河南濮阳西水坡遗址的蚌壳龙及与其年代相似的湖北黄梅张城村焦墩遗址的卵石龙。由此可推测，中国龙的起源至少在一万年以上，也就是说龙起源于旧石器时代晚期。其他考古资料还证明，距今五千年前，以红山文化为代表的龙的形象跨越了黄河，到达长江流域；距今四千年前，华夏龙文化光被四表，抵达了珠江流域。《乾》卦中龙作为主体形象的出现也充分说明，在《易经》创作时期龙文化已广为存在，其产生和传播当远远早于《易经》的产生。

中国社会科学院民族学与人类学研究所研究员何星亮先生，在对龙文化进行专门研究后提出，中国龙文化主要经历了四个重要发展阶段：图腾崇拜阶段—神灵崇拜阶段—龙神崇拜与帝王崇拜相结合阶段—印度龙崇拜与中国龙崇拜相结合阶段。

何先生认为，龙崇拜是在蛇崇拜的基础上形成的，龙是蛇的神化。蛇是原始时期，人们普遍崇拜的动物之一。人们对蛇既恐惧又着迷，继而产生崇拜。蛇被奉为神物之后，人们对其不断加工创造，添足增翼长角，逐渐成为龙。在图腾崇拜阶段，远古的某些部落把龙视为图腾，作为本部落的祖先和标志。据史料和相关传说，龙（原型为蛇）原为伏羲氏族、后为太皞部落的图腾，太皞部落是龙图腾崇拜最重要的起源地。《左传·昭公十七年》记郯子语："太皞氏以龙纪，故为龙师而龙名。"杜预注："太皞伏羲氏，风姓之祖也。"史学界一般认为，太皞即伏羲。"太皞帝伏羲氏"，就是说"太皞"这一部落首领由伏羲氏族内选出。伏羲氏族可能是太皞部落中最古老、最强大的氏族。史载伏羲氏"蛇身人首"，意即伏羲氏族的图腾标志或图腾祖先为"蛇身人首"形象。故相传，华夏民族始祖神——伏羲与女娲的本始形象是人首蛇身，而"蛇身"就是龙的原始形象。又传说，伏羲氏族的始祖母——华胥因"感蛇而孕"，而生伏羲，其后裔后来繁衍成一大氏族，即伏羲氏族。伏羲时代尚处于狩猎采集的旧石器时代，此时崇拜的龙是图腾，而不是神。至新石器时代，由伏羲氏族繁衍而来的太皞部落，仍然沿袭本民族古老的名称和标志。

所谓神灵崇拜阶段，即把龙当作神灵来崇拜。此时，农牧业逐渐形成，宗教信仰也得到发展，从较为单一的图腾崇拜过渡到多神崇拜，其中最早、最主要的是自然神崇拜，即把龙视为主宰雨水的雷神、水神、虹神、星神来崇拜，所以龙的重要特征是能够呼风唤雨，从而体现了农牧业对雨水的需求。龙可能是中国历史上最早的雷神形象，史籍中记载的雷神形象往往也是“龙身人首”。《说卦》说“震为雷，为龙”，亦即雷电如龙。受西藏文化影响较深的不丹王国，直到现在还自称为“雷龙之国”。在八卦中，《震》卦为《乾》《坤》长子，在“六子”中为首。实际上，图腾崇拜阶段亦会有神灵崇拜，但主要的还是自然神崇拜。伏羲、女娲的“蛇身人首”形象就是两者结合的产物。

龙神崇拜与帝王崇拜相结合的阶段形成于秦汉集权的大一统政权，但应酝酿于先秦时期，甚至更早。中国自古以农立国，雨水是农业生产的命脉，或风调雨顺，或干旱洪涝，决定着农业的收成，进而直接影响着人们的生活和安全。因而远古时代的占卜，除了祭祀祖先和祈愿战争胜利，就是敬奉天地，求雨祈丰，这是龙神崇拜兴盛的主要原因。龙由于其神秘感、力量感和权威性，因而在古代人心目中占有极其重要的位置。由于龙受到最为普遍、衷心的崇拜，古代许多帝王为了夺取和巩固王权，十分重视利用人们崇敬龙神的心理，通过各种方式借助龙树立权威，巩固权力，甚至成了龙的化身。秦始皇被称为“祖龙”，传说汉高祖刘邦系其母刘媪与蛟龙交合而生，此后的历代帝王也都自称为“真龙天子”。自此，龙文化中帝王崇拜的成分愈发浓重。

相传《易经》为伏羲所创，而龙是伏羲氏族的部落图腾，《乾》卦以龙象立卦，其间有许多可以想象发挥的地方。《系辞》中的一段话，也十分值得玩味。

> 古者包牺氏之王天下也，仰则观象于天，俯则观法于地。观鸟兽之文，与地之宜，近取诸身，远取诸物，于是始作八卦，以通神明之德，以类万物之情。作结绳而为网罟，以佃以渔……
>
> 包牺氏没，神农氏作，斫木为耜，揉木为耒，耒耜之利，以教天下……

包牺氏即伏羲氏。伏羲氏在治理天下的过程中，通过仰观俯察、观物取象而创作八卦，用来沟通领会天地造化神妙高明的用意，用来衡量区分世间万物的情状。伏羲氏发明了编结绳子，并用其编织罗网来打猎捕鱼。伏羲氏死后，神农氏兴起，砍削木头为耜，揉曲木头为耒，创造农业生产工具，并将耕地锄草的方法教给人们。

这段话既讲了伏羲氏是《易经》八卦的创作者，讲了其创造八卦用的是以象立卦、立象尽意的方法，还讲了伏羲时代处于渔猎生产发达的旧石器时代晚期，而伏羲氏以后的神农氏时期则已进入农业社会的历史阶段。这段话既可看作是对龙文化前三个阶段的概括，也可以看作是对《乾》卦为何以龙象立卦的回答。

至此，可以作出这样的推论：龙文化起源于图腾崇拜，发展于神灵崇拜，兴盛于龙神崇拜与帝王崇拜相结合阶段，此后则为成型时期。伏羲处于图腾崇拜时期，是龙图腾的化身，他创作八卦用于占筮。其后经历了多位圣人"随时质文，各繇其事"的创新改造，至西周初年形成了卦形体系完整、卦爻辞富有文采的《周易》，这个漫长的过程就是龙文化由图腾崇拜阶段发展为神灵崇拜的时期。相传文王"重《易》六爻"，撰卦爻辞。《乾》卦六爻爻辞，是伏羲起始此后历代的口口相传，还是文王的自我创新，至今不得而知，但从《乾》卦六爻爻辞中对龙的表述来看，其是系统的、全面的。《乾》之龙是变幻莫测、神秘无比的，各爻占断的结果都以龙的显现方式来表达，具有十分明显的龙神崇拜迹象。而九二爻、九五爻的"利见大人"，则又表明了龙神崇拜与帝王崇拜相结合的端倪。到了《易传》创作时期，帝王崇拜的迹象就更加明显了。客观地说，远古时代的占筮活动本身就起源于贵族统治的需要，统治者的威权需要以某种神秘性来维系。所以，《乾》卦以龙为形象是与其占筮的实际情况相联系的，是与当时的神灵崇拜相联系的，也是与威权崇拜相联系的。

《周易》经、传的作者都不可能想象到的是，当初占筮活动中有关龙神崇拜的记录整理进入《易经》后，特别是经过《易传》的发挥后，《乾》《坤》两卦所记载的龙象不仅成为乾、天的象征，也成为《周易》义理的代表形象，更成为中华民族的文化形象。由于《乾》卦对龙的生动描述，《周易》成为龙文化兴盛发展的重要载体。随着《周易》的传播推广，不仅历代帝王都把“飞龙在天”作为自己“九五至尊”的象征，都以“真龙天子”自居，同时龙的形象也成为中国人的文化形象，所有中国人都是“龙的传人”，对龙的崇敬已成为中国人的文化基础。龙作为《周易》义理的代表形象，是中国文化的创造，也是全体中国人的创造。中国是龙的故乡，龙的形象是中华民族的形象，龙的性格是中华民族的性格，龙的精神是中华民族的精神。总之，龙文化因《周易》而得以长久传承、广泛传播，而《周易》又因龙文化的传播而富有恒久的生命力和无穷的活力。

龙的形象是中国人的文化创造。中国龙不是实物崇拜，而是具有综合性的文化创造。迄今为止，龙的形象也没有一个大家公认的标准。李时珍的《本草纲目》中有“龙有九似”图，即马首、兔眼、蛇身、蜥腿、鹰爪、鬣尾、鹿角、鲤鳞、蜃腹。此外，还有牛耳、虎掌、蛇颈之说。佛教传入我国后，中国龙的形象又吸收了狮子的形象特征，头圆而丰满，脑后披鬣，鼻子似狮鼻。可见，龙的形象是个复合体，是一个综合性的形象，也是一个不断发展变化的形象，更是一种悠久、延续、多元、包容而逐步完善的形象。其固然可以在自然界中找到某种原型，但其本质上并非自然界中的现有实物，亦非几种实物的简单拼凑、嫁接，而是中国人民借助于自然界中的某些物象，经过综合力、想象力、创造力的充分发挥和共同作用，创造出的具有超越性的龙的符号、龙的造型、龙的形象。这种超越性使龙具有丰富的人文内涵，这种特性在《乾》之龙的形象上得以充分体现。

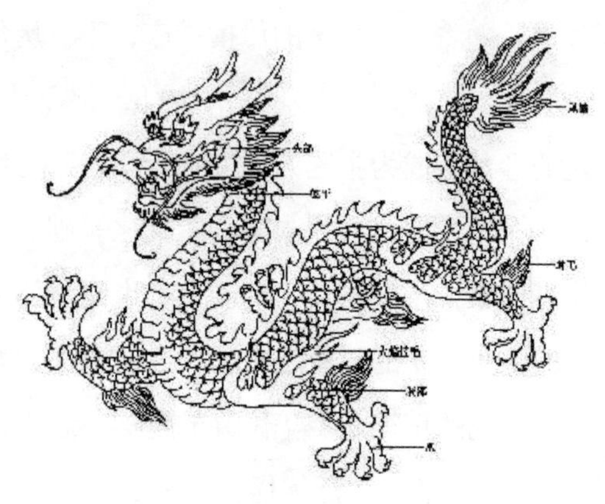

龙有九似图

在《乾》卦中，龙是英雄的形象。龙是阳刚劲健、无所不能的英雄，从《乾》卦天、龙两个形象的关系看，天是《乾》之象，龙则是体现《乾》之本质的物象。天为《乾》之体，龙为《乾》之用，天与龙是体与用的关系，通过龙的所为体现了天之创造、自强、生生不息的品质。天的本质是阳，龙则是“阳”的喻象，龙是阳刚之气的汇聚体。《乾》之刚健，表现为自强不息的精神，而自强不息的英雄气概又是从六爻中巨龙的所作所为中归纳得来的。“大哉乾元”，多么伟大啊！阳刚之气创始万物，巨龙犹如天上的太阳，“六位时成，时乘六龙以御天”，从潜龙、见龙、跃龙、飞龙乃至亢龙，层层推进，形象生动地展示了阳气萌生、进长、盛壮乃至衰竭的过程，持续显示阳刚之气的发展变化。“六龙”就是驾驭大自然的大英雄，“各正性命”“保合太和”“万国咸宁”，这些都是英雄的业绩。“云从龙，风从虎，圣人作而万物睹”。祥云环绕巨龙，伴随龙吟飘浮，谷风随着虎啸聚集，圣人奋发治世而万物昭明显现，巨龙犹如圣人一般腾云驾雾，呼风唤雨，大有作为，这是何种气概的大英雄!

龙是智慧的形象。《乾》之龙不仅有胆识，有勇气，还有大智慧。它见微知著、彰往察来、微显阐幽，“知至至之，知终终之”，具有审时度势、通权达变的大智慧。履霜时节即知坚冰将至，适时潜入深渊而“勿用”，以等待时机的到来与条件的成熟；当阳气升发、气候转暖之际，则潜出水面，显现于原野；“或跃在渊”，既有审时度势之能，又具进退跃升之抉择聪慧；既“自修其功”，又敢于“自试其力”，故臻于进退自如的境地；当处于“九五”之尊时，则“飞龙在天”，刚健中正，大有作为，创造辉煌的业绩，成就天下治平的伟业；而当高亢穷极之时，仍具有悔过自新的心智，汲取教训，“群龙无首”，和谐相处，达到同和之美的境界。可以说，《乾》卦六爻通过对六龙潜、见、跃、飞、亢、和的描述，阐述了中国人坚韧不拔、能屈能伸、灵活变通的智慧心性，展现了中华民族的性格特征。

龙是大德的形象。所谓大德，即天德。《文言》曰“飞龙在天，乃位乎天德”，“与天地合其德”。天与龙是体与用的关系，龙德即为天德，是为大德。《易传》总结为四个方面：一是创生万物。“天地之大德曰生”。王弼解释说：“施生而不为，故能常生，故曰‘大德’也。”《彖》曰：“大哉乾元，万物资始，乃统天。云行雨施，品物流形……乾道变化，各正性命。”天的大德就是创生万物，赋予万物以生命。而《乾》之龙的潜、见、跃、飞，腾云驾雾、呼风唤雨，形象地展示了生生不已的天道。二是美利天下。天德公正元利，普利万物。《乾》之龙亦如此，“见龙在田，德施普也”，“天下文明”；“飞龙在天，乃位乎天德”。在田或在天，都是“利见大人”，此处的“大人”就是普通大众。三是善世不伐，不言所利。有美利天下之大功，却不居功为己，不言其所利，善世而不伐，并且是“群龙无首”，不居人之首，不为先，为而不争，这是何等宽广的胸怀、多么伟大的奉献精神！四是保合太和。让万物保持自己的本性，各正性命之情，相互和顺相合，实现大的和谐。

从以上三点可以得知，《乾》之龙是大勇、大智、大仁的形象。

龙是变化的象征。《周易》实际上是专讲变化的哲学著作，阴阳变化是其核心，全书无处不讲阴阳，无处不讲变化。《乾》卦虽是纯阳之卦，但其通过龙的变化展现了《周易》阴阳变化的主要特征。这种阴阳变化表现为时空两个纬度。时间的纬度是时节、时机的变化，空间的维度则表现为爻位的不同，在时空中表现为阳气的升降盈息，以天道四时之变化解释各爻爻辞。“六位时成，时乘六龙以御天”，即龙乘六阳。《文言》是这样表述的：

> 潜龙勿用，阳气潜藏。见龙在田，天下文明。终日乾乾，与时偕行。或跃在渊，乾道乃革。飞龙在天，乃位乎天德。亢龙有悔，与时偕极。乾元用九，乃见天则。

《乾》卦之六个阳爻循位次而上升，乃象天之阳气循时序而上升，而龙之活动则随阳气上升而变化，故各爻的爻辞又代表天道四时之变化。尚秉和先生对此作了如下解读：

> 初（爻）乘子（时），阳气虽生而未出，故曰潜藏。二（爻）乘寅（时），阳出地上，百物思奋，故曰文明。三（爻）乘辰（时），百果草木，长养兴起，故曰与时偕行。四（爻）乘午（时），阳盈于巳消于午，阴起用事，代有终，故曰乾道乃革……五（爻）乘申（时），百果草木至秋成熟，乾德乃见，故曰位乎天德……上（爻）乘戌（时），阳气将尽矣，故曰与时偕极。阳极反阴，阴极反阳，乃天道之自然，故曰乾元用九，乃见天则。[①]

由此可见，巨龙也是因时循位而变的。

龙是威权的象征。这种权威首先表现为龙的神秘感。潜、见、跃、飞、亢，巨龙变化多端的不同面目，就让人感到神秘莫测；“群龙无首”，隐现于祥云之中，见尾不见首，更令人生畏；而七爻（含用九）“勿用”“利”“无咎”“有悔”“吉”等种种占断也让人匪夷所思。其次表现为龙的力量感。出于对龙的敬畏和迷信，人们赋予可以其支配一切的力量。“元，亨，利，贞”，创造万物并使其生长变化，天龙的力量何其大哉！最后表现为飞龙在

① 尚秉和：《周易尚氏学》，中华书局，2008 年，第 15 页。

天的大人之威。“夫大人者，与天地合其德，与日月合其明，与四时合其序，与鬼神合其吉凶。先天而天弗违，后天而奉天时”。即是说其德能像天地一样覆载万物，像日月一样普照四方，治理天下如四时一样井然有序，把握吉凶像鬼神一样灵验。这种通天地、泣鬼神的造化，使乾龙具有至高无上的威权。

地（牝）马

与《乾》卦相应，《坤》卦也树立了一个类似于《乾》之龙的物象——牝马。

《坤》卦卦辞首先是“元亨，利牝马之贞”的结论。“牝马地类”，牝马即雌马，地上的动物，与地同类。《坤》卦以地为体，大地柔顺承天即《坤》卦的卦德。卦辞的“利牝马之贞”，又是以牝马象征大地，牝马与大地亦是体与用的关系。

《坤》卦卦辞并未直接出现柔、顺二字，但字里行间却形象地体现了大地的柔顺美德。“元亨，利牝马之贞”，这里虽然也有“元、亨、利、贞”，但与《乾》卦不同的是，其有一个明确的限制——“利牝马之贞”，即有利于像牝马一样守持正固。因为牝马是阴类，雄刚雌柔。接下来，《坤》卦的卦辞则由物指向了人，“君子有攸往，先迷，后得主”，讲的是君子之道、为臣之道。

《说卦》先是说“《乾》为马”“《坤》为牛”，后又进一步解释道，《乾》为良马，为瘠马，为驳马；《坤》为子母牛。《坤》卦取牝马为象，主要是出于以下三个方面的考虑：一是牝马与牡马（雄马）相对应，二者亦即地与天、坤与乾相对应的关系。二是母马有一种独特的品质，既忠贞不二，又具有桀骜不驯的气质，即有原则地顺从公马，而这点与坤地顺柔承天的特征十分类似，正如《文言》所描述的："坤至柔而动也刚，至静而德方。"牝马的顺从并不是盲目的，而牛则是盲目地服从，故说牝马为《坤》之物象，而非他物。三是在《周易》成书的商末周初，马在人们的生产生活中十分重要，与人类的关系十分密切。

"牝马地类"，就是以牝马表征大地，代表阴类事物。宇宙万物的正常发展，既要有阳刚之气的主导作用，又不能缺少阴柔之气的辅佐作用。一般来说，自然界中的雄性动物往往因具有强壮、刚大、劲健、奋动的特点而有明显的主动性，雌性动物则往往因具有娇小、柔弱、温和、平顺的特点而有较明显的顺从性，这既是宇宙间的客观存在，也是作易者仰观俯察的总结，更是《周易》义理的哲学依据，《坤》卦"利牝马之贞"的道理即在于此。清李光地《周易折中》引俞琰说："坤顺乾之健，故其占亦为'元、亨'。北地马群，每十牝随一牡而行，不入它群，是为'牝马之贞'。坤道以阴从阳，其贞如牝马之从牡则利，故曰利牝马之贞。"牡马是公马，牡马中壮好者作伊剌马，专管牡马群，余者皆骟。牡马管理牝马，牝马服从牡马；牡马引领牝马，牝马追随牡马。这正与《易传》"乾乃统天""坤乃顺承天"所表达的意思十分吻合。

与龙一样，马也具有丰富的人文内涵，且东西方都有各具特色的马文化。在西方，马文化的一个突出象征就是骑士精神。马象征着骑士的精神和道德，象征着名誉、礼仪、坚毅、谦卑、忠诚、荣耀和虔诚，是贵族文化的精神。它是以个人身份的优越感为基础的道德精神和人格形象，同时也积淀着欧洲人民尚武精神的积极因素。而今天，马文化已成为绅士风度和高雅品格的象征。

中国的马文化同样历史悠久、内涵丰富，呈现出璀璨的文化色彩，在一定程度上代表了中华君子的人文精神。在具有中国特色的十二生肖中，马就名列其中，并被赋予勇敢、机敏、勤奋、忠诚、耐力、坚韧等美好品质。中国的传统文化中，骏马往往与英雄相匹配，骏马助英雄成功、英雄借宝马扬名。早期，君子及贵族子弟必备的“六艺”之中，就包含有丰富的马文化。《周礼·保氏》曰：“养国子以道，乃教之六艺：一曰五礼，二曰六乐，三曰五射，四曰五御，五曰六书，六曰九数。”其中的“五射”“五驭”，都与马密不可分。历史上，众多帝王将相、英雄义士爱马敬马，书写出波澜壮阔的历史传奇；诸多文人名士亦为英雄、宝马吟诵出荡气回肠的千古名篇。战场中的不畏牺牲、英勇机智；草原上的狂奔长嘶、高傲不羁；园林里的快驰缓行、优雅温顺。在我国数千年的文明史中，马早就不是一种单纯的动物了，而被赋予了美好的理想色彩和光辉的人格特征，具有了丰富的人文内涵。

《坤》卦主要从马与大地的关系出发，通过描述牝马在广阔大地上的驰骋，来展示其性格和形象的。与《乾》卦通过六爻的爻辞表达龙的形象有所不同，《坤》卦直接在卦辞中提出了“利牝马之贞”，而牝马的品格和形象则是通过《象》中的内容来展现的。

至哉坤元！万物资生，乃顺承天。坤厚载物，德合无疆。含弘光大，品物咸亨。牝马地类，行地无疆，柔顺利贞。君子攸行，先迷失道，后顺得常……安贞之吉，应地无疆。

这段话中出现了三个“无疆”。“坤厚载物，德合无疆”，地体宽厚而能广载万物，德性广合而久远无疆，包容化育一切的品德发扬光大，万物皆受其滋养而亨通成长，这是讲大地宽厚、广阔、宏大、包容、久远、承载万物的品德。“牝马地类，行地无疆”，则是说牝马是地上的动物，与大地同为阴类事物，它能长久地驰骋在广大无边的大地上，说明其具有与大地同样的品德。“行地无疆”是指牝马既具有健壮的体魄和奔驰的能力，又具有广阔的视野和脚踏实地的精神。“安贞之吉，应地无疆”，则是指牝马因具有柔顺安正、顺从随和的品质，所以能得到祥福吉庆，而其安顺、守持正固的吉祥正应合着大地柔顺的美德永葆无疆。“德合无疆”“行地无疆”“应地无疆”三个“无疆”，与“至哉坤元”相呼应，坤之“至哉”，元为大，大而无疆，方能包容万物，养育万物，承载万物。

“无疆”体现了坤德的至伟至大，那如何才能达到这种“无疆”的境界呢？《彖》给我们指点了迷津，地之无疆在“德合”，“坤厚载物，德合无疆”，即坤要顺承天，与乾相合。乾坤相合，阴阳相合，刚柔相合；乾刚坤柔，乾健坤顺，刚柔相济而保合太和，德合无疆。这样的德合无疆才会有“坤至柔而动也刚”的特性，这样的无疆厚德才能承载万物。“行地无疆”“应地无疆”指牝马与大地的关系。“牝马地类，行地无疆”，讲的是牝马行地，而牝马之所以能行地万里、奔腾不已，因为大地无疆，可任其驰骋。“直，方，大。不习，无不利”，大地宽广无边，牝马即使不熟悉地形，也可任意驰骋；更因为牝马与大地有相同的柔顺品德，能够随从牡马守持正固，而不迷失方向。

正如《乾》卦树立龙的形象是为了讲天道和人道，《坤》卦讲牝马也是为了讲地道与人道，其核心都是讲人。《乾》卦讲飞天的圣人、大人之道，《坤》卦讲行地的君子之道、为臣之道。在“牝马地类，行地无疆”之后，其接着提出了君子之行。“柔顺利贞，君子攸行”，柔和温顺利于守持正固，君子的所作所为也应如牝马之行地无疆。“先迷失道，后顺得常”，讲的正是君子的行为准则。还可作这样的理解，于坤则是顺从天，不顺则迷；于牝马则是顺从牡马而守正，不顺则迷失方向；于君子则是顺从天地之道，遵从仁义之道，不顺则失道。所以《象》在最后总结道：“安贞之吉，应地无疆。”即君子要像牝马守正那样，保有随顺而安的品性，安于处下，安于随后，顺道而行，如同应合着大地柔顺的美德永葆“无疆”。

龙马精神

由牝马的“行地无疆”，再联系《乾》之“飞龙在天”，可以体悟到《乾》《坤》以天龙、牝马为物象，并不是就事论事，更不是为了谈天论地，而是因为天龙和牝马的形象中蕴含了一种精神，即天地精神，亦可称之为“龙马精神”。龙马形象蕴含了龙马精神，这正是《乾》《坤》义理的精华之所在。

《乾》卦以龙行天，《坤》卦以（牝）马行地。行天者莫若龙，行地者莫若马，行天者是为阳，凭的是意志和能力，凭的是本领和智慧；行地者是为阴，凭的是勤奋和务实，凭的是道义和敬业，而两者的结合就构成了龙马精神的基本内涵。

“龙马精神”，若从字面上理解，是指像龙马一样精神抖擞，形容健旺非凡的精气神。唐李郢的《上裴晋公》诗说：“四朝忧国鬓如丝，龙马精神海鹤姿。”现在引申为指中华民族自古以来所崇尚的自强不息、厚德载物、积极进取、奋发向上的精神。

龙马，是指古代传说中的一种似龙似马的动物。《说卦》指出“乾为马”。在古代，龙与马的关系非常密切，龙首像马，龙身的一部分也取自马体。古人认为，龙与马是可以互变的。《周礼》云：“马八尺以上为龙。”《山海经》曰：“马实龙精。”关于《易经》的创作，也有龙马背负河图冲出水面，伏羲见而创制八卦的传说。这里所讲的龙马精神，即现代社会所理解的自强不息、奋发创造、勇于担当、积极向上的民族精神，其在《乾》《坤》两卦中集中表现为“自强不息”“厚德载物”的精神。其既是中华君子的人格精神，也是中华民族的文化精神。

《乾》《坤》两卦所蕴含的龙马精神，具体表现为以下几个方面：

图强守正的精神

图强向上是《乾》卦的突出品质，持中守正则是《乾》《坤》的共同美德。《乾》卦六爻皆阳，“刚健中正，纯粹精也”，巨龙不论是潜隐在渊，是初现在田，还是终日乾乾，“或跃在渊”，都是为了高飞在天，大有作为。从《乾》卦六爻可见，巨龙不论在水中游、地上行，还是天上飞，所展示的都是昂首挺胸、瞠目振鳞、精神抖擞、奋发向上的形象。平常所说的“二月二，龙抬头”，显示了巨龙的自信和自强，“五月五，赛龙舟”，千舟竞发、战鼓齐擂，更是体现了巨龙奋发向上、一往无前的精神。同样，《坤》之马的行地无疆、万马奔腾也有同样的精神风貌。中华民族长盛不衰，伟大祖国兴旺发达，靠的正是这种精神。当然，图强与守正并不矛盾，而是紧密相连的，《周易》明天理、论人事的核心观点就是持中守正，这个观点在《乾》《坤》两卦深刻显现，《乾》卦六爻皆阳，“纯粹精也”；《坤》卦六爻皆阴，“美之至也”。《乾》卦是以“刚健中正”的纯粹来体现和张扬“自强不息”的君子精神的，《坤》卦则是以“柔顺利贞”的宁静来彰显“厚德载物”的君子之美的。同样讲守正，《乾》卦的主旨是讲进德修业，避免重刚而亢；《坤》卦的主旨则是讲守正，“利牝马之贞”，即要像牝马一样守正而行。“柔顺利贞”“正位居体”“安贞吉”“利永贞”，以柔顺的性情安分守正，如能保持自己的本性之正，就能坚守正道，得到吉祥福庆。既要图强，又要守正，是《乾》《坤》两卦的核心精神。

合德创造的精神

中华民族生生不息，正是因为我们这个民族具有创造、创生、创新的精神和传统。这种精神正是源于《周易》的精辟总结，特别是《乾》《坤》两卦的精彩描述。首先，天地创生万物。《序卦》曰："有天地，然后万物生焉。盈天地之间者唯万物。"天地是如何创生万物的呢？"大哉乾元，万物资始"；"至哉坤元，万物资生"，赞美的是天地的崇高至伟，天是所有事物的统领，万物依赖天的阳气而生息，万物的滋生则依赖大地。其次，天与地在创生万物中有不同的作用。天始生万物，世间万物都统属于天道，地顺承天道而生成万物，"云行雨施，品物流形"，"坤厚载物"，天空中云朵飘荡，雨水降落在大地，各类事物随地成形，厚实的大地承载着万物。可见，天地犹如父母，正如《系辞》所说："天地氤氲，万物化醇。男女构精，万物化生。"最后，天地合德方创生了万物。《坤》之《象》赞扬"坤厚载物，德合无疆"，指坤地能顺柔承天，与天配合，化育万物，承载万物；《乾》之《文言》九五爻的"夫大人者，与天地合其德"，则是进一步把天地人联系在一起了。天地合德，天健地顺，天主地从，天刚地柔。阴阳相合，才有万物的生生不息；天地相合，才能保合太和，而中华民族的和合、创造精神即由此发扬光大。

勤劳勇敢的精神

"勤劳勇敢的中国人"，这是亿万国人从小就熟知的一句话，但绝大多数人并未作过深入的思考。改革开放四十年来，中国发生了天翻地覆的变化，蓦然回首，才知其根本就在于中国人民的勤奋和创造力；再往前推，抗日战争的胜利、新中国的建立，也是这种精神大力发扬的结果。这种精神之源正是乾龙坤（牝）马的形象所体现的龙马精神，而《乾》之龙的自强不息、终日乾乾、反复行道、或跃在渊、自试其功、飞龙在天、大有作为，《坤》之牝马的坤厚载物、德合无疆、柔顺利贞、行地无疆、驯致其道、应地无疆、至柔而动也刚、承天而时行等，都是奋发有为、任劳任怨精神的写照；《乾》之龙的遁世无闷、坚韧不拔、夕惕若厉、与时俱进、审时度势、敢于跃渊、呼风唤雨、高飞翱翔、“时乘六龙以御天”，《坤》之牝马的履霜践冰、不畏严寒、敬以直内、义以方外、含章可贞、智慧光大、天地变化、括囊无誉、黄中通理、正位居体等，表现的则是其勇敢无惧、一往无前的精神。而勇敢和勤奋正是中华民族伟大复兴的精神源泉。

坚韧不拔的精神

“艰难困苦，玉汝于成”。中华民族奋发向上、自强不息的优良传统，正是来源于《乾》之龙的独立不惧、坚韧不拔的意志和精神。巨龙既有潜隐在渊、韬光养晦的智慧心性，又有“不易乎世，不成乎名，遁世无闷，不见是而无闷”的良好心态，还有穷则思变、会通、旁通的通变之能，而其精神基础则是“乐则行之，忧则违之，确乎其不可拔”的坚强意志。《坤》卦也是一样，无论是“履霜”“先迷失道”，还是天地闭塞，都能含章可贞、敬以直内、义以方外、守持正固。这种坚韧不拔的精神，最终化育成中华民族不畏艰险、威武不屈的优异禀赋，保证了中华文明的绵延不绝。

与时偕行的精神

《乾》《坤》两卦都重视时间这一要素，都强调要因时间的变化而调整自己的行动。《坤》卦的“先迷”“后得”，讲的是时序上的先后；“履霜”“坚冰”，指要顺应时节的变化，具有见微知著、审时度势的能力，“含章可贞”“以时发也”，更是强调要按照时机的变化去发挥作用。《乾》卦更是处处强调因时而变，秋风来临时，巨龙入渊潜隐；春分之际，则脱渊而出，显现于田野；“或跃在渊”之时，则抓住“乾道乃革”的机遇，见机行事，作出时进时退的抉择；“六位时成，时乘六龙以御天”的飞龙，则是抓住难得的机会，大有作为。

需要注意的是，《文言》对九三爻和上九爻的分析。九三爻指君子处于险困之时，但能“因其时而惕”，终日乾乾，朝乾夕惕，故虽危而无咎也；而上九爻则是“亢龙有悔，与时偕极”，因亢龙已经在极高的位置上，若不知进退则物极必反，将陷于困厄，难免产生悔恨。按照《周易》卦爻结构的分析方法，三爻与上爻相联系，九三爻的“终日乾乾，因其时而惕”，正是为了避免上九爻“与时偕极”的“亢龙有悔”。这一正一反的经验提醒人们，一定要随着时机和条件的变化而变化。于是，《文言》作出了君子“终日乾乾，与时偕行”的论断。即君子的终日勤勉健进，正是为了变通趋时，当着时机而作出正确的判断和选择。如果说“因其时而惕”还有点就事论事，具有“事相”上的分析，而“与时偕行”则是放眼时代，具有“理则”上的意义，上升到了哲理的高度。“终日乾乾”不仅要“因其时而惕”，更要坚持

"与时偕行"，而从根本上说，"终日乾乾"正是为了"与时偕行"。"与时偕行"，既要求人们随着时代的变化而变化，更要求人们走在时代的前列。从"与时偕行"到"与时俱进"，指导了中华民族数千年的生生不息，已成为中华文明的文化精神。

包容和谐的精神

龙、马形象所代表的天与地，呈现为创造万物、包容万物、和谐万物的精神品格。天地创生万物，品物流形，各正性命；含弘光大，品物咸亨。天创生万物，美利天下，不言其所利；地资生万物，厚载万物，德合无疆。《乾》卦中，龙德正中，德博而化，天下文明;《坤》卦中，牝马"安贞之吉，应地无疆"。这种包容万物的博大胸怀、保合太和的崇高品格，形成了中国特有的和合文化。

可以说，《乾》《坤》两卦中的天龙、牝马形象所展现的龙马精神，全面体现了中国人刚强劲健、厚德载物、生生不已的精神风貌。

阴阳之理

隐藏于龙马之象后面的是阴阳之理。《易传》所揭示的阴阳学说是《周易》全书的理论基础，《周易》所要表达的是天地万物相互联系及其发展变化的基本规律，体现这个规律的易道正是通过阴阳之理来构建和表达的。而作为纯阳、纯阴的《乾》《坤》两卦，即是阴阳之理的滥觞，又是阴阳之理的荟萃。当然，要把《乾》《坤》两卦作为一个整体来分析。

立卦之基

阴阳之理是《周易》立卦的基础，从《乾》《坤》开始，设计和构建了六十四卦的基本符号、基本架构、基本内容和基本方法。它的基本元素是阴阳，基本形式是阴阳元素的对立、统一，根本方法是阴阳元素的矛盾和变化，本质内容是阴阳矛盾的运动发展。这一切都集中体现在其最初的结构形式——《乾》《坤》两卦上。

阴阳概念的产生。传说伏羲在创立八卦的过程中，为了认识自然和人类，仰观俯察，观天察地，远取诸物，近取诸身，逐步认识到天地、日月、男女、昼夜、冷暖、上下等，生活中的一切，往往都是两两对立、相依相成的，从而悟出了“方以类聚”

的道理，把纷繁复杂、千变万化的事物归纳、抽象为对应的两大类，称为阴和阳，并以相对应的符号以代称，阳类事物以一条实线（⚊）来表达，阴类事物以一条断开的虚线（⚋）来表达。

有了阴阳的概念和符号，人们对自然世界和自身世界的认识就逐渐深刻、深入了。比如，用“⚊”代表天，用“⚋”代表地，但天地之间还有许多事物需要表示，每一事物中也有各种变化要表达，于是就以阴、阳符号为“爻”，“⚊”为阳爻，“⚋”为阴爻，每三爻重叠成一“卦”，一卦三爻，可分别代表事物的开始、发展、终局的三个阶段（时），也可分别表示为上、中、下三个层次（位），还可分别表示为天、人、地三大要素，时位与人事的结合就形成了立体性的卦。首先是形成了代表天、地的两卦，《乾》卦代表天（☰），《坤》卦代表地（☷）。在《乾》《坤》两卦的基础上，再通过阴阳爻不同位置和关系的变化，通过分析阴、阳两大类别与三个爻位的不同位次形成了八种排列方式，就形成了八卦，分别代表自然界的八种不同事物或现象。除《乾》《坤》两卦外，☳代表雷，称为《震》卦；☴代表风，称为《巽》卦；☵代表水，称为《坎》卦；☲代表火，称为《离》卦；☶代表山，称为《艮》卦；☱代表泽，称为《兑》卦。这就是通常所说的伏羲仰观俯察后所作的八卦。

八卦表

卦画	☰	☷	☳	☴	☵	☲	☶	☱
卦名	乾	坤	震	巽	坎	离	艮	兑
自然	天	地	雷	风	水	火	山	泽

“八卦成列，象在其中矣”，八卦创成而分列其位，万物的象征都在其中了。从八卦的结构形式来看，乾卦（☰）是三个阳爻，代表纯阳性质的天；坤卦（☷）是三个阴爻，代表纯阴性质的地；其他六卦则是有阴有阳，或是一阳爻二阴爻，或是一阴爻二阳爻，一卦中由于阴、阳爻所起的作用不同，全卦中仅有一阴爻或一阳爻的卦分别称为阴卦或阳卦。从八卦的创作过程来看，先有《乾》《坤》两卦，再有其他六卦。《乾》卦纯阳，象征男性;《坤》卦纯阴，象征女性，故有“乾道成男，坤道成女”之说，乾男坤女，象征夫妻，“天地絪缊，万物化醇；男女构精，万物化生”，故又称《乾》《坤》为父母卦，其他六卦都是《乾》《坤》的子女卦，因而有《乾》《坤》“乳生六子”之说。《说卦》曰：

> 乾，天也，故称乎父；坤，地也，故称乎母；震一索而得男，故谓之长男；巽一索而得女，故谓之长女；坎再索而得男，故谓之中男；离再索而得女，故谓之中女；艮三索而得男，故谓之少男；兑三索而得女，故谓之少女。

这段话十分形象、生动。其中一索、再索、三索分别指三爻中一个阴爻或阳爻所处的下、中、上的爻位，一阳爻则得男，一阴爻则得女（亦分别表示卦的性质为阳卦或阴卦）。

乾天坤地，乾父坤母。父母阴阳相求，耦合生子。震是乾第一次求合所得之子，为长男；巽是坤第一次求合所得之女，为长女；坎是乾第二次求合所得之子，为中男；离是坤第二次求合所得之女，为中女；艮是乾第三次求合所得之子，为少男；兑是坤第三次求合所得之女，为少女。

类似这样的由天地到男女、由父母到六子、由乾坤至八卦，易理不断演绎，易象不断扩展，乾坤八卦成为愈来愈多物象的象征，但随着社会的发展，人们对客观世界的认知更加深化，所感知的各种事物和现象也更加纷繁复杂，为了对这种复杂性作出解释，传说周文王把八卦两两相重叠，如《乾》由☰变成了䷀、《坤》由☷变成了䷁，因而排列成六十四种不同的组合，八卦演绎成了六十四卦，形成了《周易》完整的象征符号系统，并撰写了解说这些卦画所寓含义的卦辞和爻辞，这样，卦与卦之间、卦中六爻之间形成了更加复杂的关系，同时显示出各种事理的形成、发展、变化的规律。特别是卦爻辞的形成，使《周易》成为卦形符号与语言文字相结合的完整体系，使易象从隐晦的符号暗示发展为文字表达的旨趣鲜明、含义明确的形象，标志着《易经》系统的全部形成。

《易经》系统的形成和完善，并未改变阴阳理论作为《周易》立卦基石的地位。相反，随着《易经》系统的完善，阴阳学说之基石作用更加突出。不仅阴爻阳爻的排列组合形成了卦体、卦形的不同，而且由于阴爻阳爻的不同排列表示了不同事物和现象，其不同的变化又代表了不同事物和现象的对立统一、矛盾斗争和运动变化，使《周易》全书具有涵盖宇宙一切事物的巨大容量和解释一切事物、现象的无比丰富内涵。易道博大精深，正是阴阳之理的变化无穷。从纯阳纯阴的《乾》《坤》两卦到八卦、六十四卦，不论体量如何增大，但仍然是阳爻阴爻的不同变化；不论阐述的现象如何复杂，都是阴性、阳性两大元素的对立统一；不论论述的义理如何高深精奥，都是阴阳之道的不同表达。“观变于阴阳而立卦”，不仅是对《乾》《坤》两卦而言，也是对其他六十二卦而言，更是对《周易》全书而言。

阴阳之性

《周易》阴阳理论首先强调的是阴阳的不同特性。《乾》卦纯阳，《坤》卦纯阴，阴阳之性在《乾》《坤》两卦中得以充分显现。

自体性

《乾》阳《坤》阴，各自有着显著的个性特征。从本质上说，《乾》为阳，《坤》为阴，但《乾》阳《坤》阴有具体的表现特征。首先是刚与柔，“阴阳合德而刚柔有体”，指阴阳是万物共有的体性，刚柔则是万物各自的表征。这里，阴与阳讲的是事物的体性，刚与柔侧重的是事物的表征，阴阳为里，刚柔为表，阳与阴分别用刚与柔来表达，阴阳交感相合而生万物，而万物因刚柔交错而别有体形。《周易》是“观变于阴阳而立卦，发挥于刚柔而生爻”的，作易者观察物之阴阳两种性质的变化而立卦象，以表征阴阳两类事物，又发挥物之刚柔两种特征而生成刚爻柔爻，以体现卦的变化过程。《乾》卦六爻皆阳，卦为阳卦，爻皆阳爻，其阳刚的特征特别显著;《坤》卦六爻皆阴，卦为阴卦，爻皆阴爻，其阴柔的特征特别显著。阴阳的这种自体性，除了特征上的刚与柔，还有行为上的动与静、功用上的健与顺、形态上的显与伏，等等。

阴阳属性分类

阳	刚健	运动	外向	显现	上升	温热	明亮	兴奋	功能	推动
阴	柔顺	静止	内守	隐伏	下降	寒冷	晦暗	抑制	物质	凝聚

一元性

乾坤蕴含了阴阳之象，阴阳之象则体现了天地之道，天地间万事万物都由阴阳两种核心要素所组成。《乾》阳《坤》阴，成男成女，表达的就是阴阳创生成物之象。阴阳的自体性是指阴类和阳类事物都具有阴性和阳性的品性，也可理解为阴与阳分别具有刚与柔、动与静、健与顺、显与伏等不同甚至相对的特性。但不能理解为阴阳是完全对立的、绝对不同的，它们是各由自己的特性去创造万物的。恰恰相反，阴与阳这两种显著不同体性的元素不是孤立存在、各自发挥作用，而是共同存在于一个统一体中，互相依存，共同发挥作用的。世间万物，无阴不生，无阳不长，反之亦然，孤阳不能生，孤阴不能长，阴阳都是一个统一体中的两个基本元素。这一点对理解《乾·彖》中的“大哉乾元”与《坤·彖》中的“至哉坤元”都十分重要。乾元坤元，乾资始，坤资生，非乾坤各一元，绝非二元，而是一元，始元即有乾坤，此一元，乾坤共有之。正如熊十力先生所言：“独乾不能变，独坤不能化，乾坤两性交相推动，遂成变化”，“每一物都是乾坤合一之独立体”。①

互根性

阴阳的一元性与其互根性是紧密联系的。阴阳是世间万事万物中共有的核心元素，即阴阳二元素普遍存在于一切事物中，二者对立统一，无时不对立，无时不统一，有此即有彼，有彼即有此，二者互相斗争，阴阳消息虚盈，但谁也消灭不了谁。同时，阴阳互根，这种互根性皆由穷极而返，阳极生阴，阴极生阳，阴阳之道，来往互根。《乾》卦纯阳，用九变阴；《坤》卦纯阴，用六变阳，说的就是这个道理。正如清代易学家胡煦所言：“阴阳之义，彼此互根，原不相离，故其为用，亦相须而见。阴不得阳，则蠢而不灵，无以成生化之功；阳不得阴，则其性发越，飘然散逸，无以定万物之命，而立万物之体。”②

相对性

阴阳是对相关事物或现象的相对属性或同一事物内部对立双方属性的概括。阴阳存在于自然界的一切事物或现象中，这是它的普遍性，而这种普遍性的存在又具有相对性。其一，相互比较。

① 参见熊十力著：《乾坤衍》，上海书店，2008年。

② 参见（清）胡煦著：《周易函书》，中华书局，2008年。

阴阳两性是在同一类事物的相互比较下划分的，如天与地，同属自然界，才能相对划分天阳地阴。若比较的对象发生了改变，那么事物的阴阳属性也会发生变化。如60℃的水与10℃的水相比较，因比较温热而属阳，而与90℃的水相比，则较寒凉而为阴。再如四季之中的春天，与寒冷的冬天比，其气候温和而属阳，而与炎热的夏天比，则其气候凉爽而属阴。其二，相互转化。阴阳在一定条件下可发生转化，阴可转化为阳，阳也可转化为阴。如物质为阴，功能为阳，在一定条件下物质可以转化为功能；反之，功能也可转化为物质，如没有这种转化，生命活动就不可能展开和持续。其三，无限可分。客观世界中，相互关联又相互对立的事物可分为阴阳两类，一事物内部又可分为阴阳两个方面，而每一事物内部的阴或阳的任何一方还可以再分为阴阳，即阴阳互根，阴中有阳，阳中有阴。阴阳之中复有阴阳，不断地一分为二，以至无穷。如昼夜，昼为阳，夜为阴。而上午为阳中之阳，下午则为阳中之阴；前半夜为阴中之阴，后半夜则为阴中之阳。

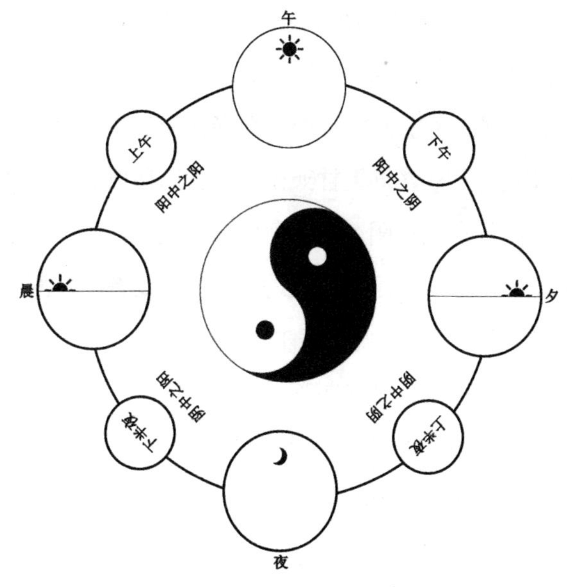

阴阳的相对性

阴阳之变

世间一切事物的产生、发展和变化都是阴阳运动的结果。阴阳之性是从静态上分析阴阳的基本特性，阴阳之变则是讲阴阳矛盾运动和发展变化的基本特点。“一阴一阳之谓道”，阴阳变化之道即天地之道。

一是交感变通。阴阳因相存于一体而相互感应，因感应而交流。《周易》中，一卦的吉凶取决于三个因素：交流、相应、变通，即感而交、交则应、应则变、变则通。八卦中，《乾》与

《坤》都是三画卦，六十四卦中，《乾》与《坤》的相叠就分别形成了《泰》卦与《否》卦，它们从相反的角度反映了乾阳坤阴是否相交的状况。《泰》卦（䷊）卦象为天下地上，内阳外阴，《乾》之三阳爻在下，《坤》之三阴爻在上，阳气轻扬向上，阴气沉浊向下，阳气向上、阴气向下而阴阳相交，阳来而阴去，阴阳二气相互交感而通，就呈现了天地、阴阳相交流感应而呈现的通泰；《否》卦则相反，卦象（䷋）为地下天上，内阴外阳，表现为天在上而阳气向上，地在下而阴气向下，阴阳二气皆背离而不交，不交则无感应。“天地不交而万物不通”，阴阳不交则闭塞不通。天道如此，人道亦如此。故《泰·象》为“君子道长，小人道消”，《否·象》则为“小人道长，君子道消”。《坤·文言》六四爻的“天地变化，草木蕃。天地闭，贤人隐”，也说明了同样的道理。此处天地变化即阴阳相交，比喻君臣同心，上下同力，以草木茂盛比喻事业兴旺；而以天地相闭，阴阳不交，比喻君臣离心，上下隔塞，此时贤人隐居而谨言慎行。

二是互动有序。阴阳互动才有变化，互动又是有序的，互动的过程和结果都体现了有序性。宇宙万物的诞生与成长，均建立在阴阳两种力量相互作用的基础上。阴阳两性的相互交感而产生的运动是事物变化的关键环节。阴阳的互动性在物理上体现为刚柔交错与相摩。“观变于阴阳而立卦，发挥于刚柔而生爻”，这是从卦爻关系论阴阳、刚柔；“刚柔相推，变在其中焉”，这种刚柔相推亦即阴阳的互动，这种互动既是双向的，又是有序的。天地秩序就是阴阳互动有序的根本体现，这种有序性存在于万事万物之中。《乾·彖》所说的“大哉乾元，万物资始，乃统天”，《坤·彖》所说的“至哉坤元，万物资生，乃顺成天”，二者合起来就是既讲阴阳互动，又讲互动的有序。乾元崇高伟大，坤元至善至美；乾元为万物资始、赋予万物以生命力，坤元资生万物；乾元统御万物，坤元承载万物。乾坤互动，万物生生不息。在创生万物的过程中，乾阳和坤阴的作用是不一样的，乾之阳刚，体现了万物的生命力和创造力，坤之阴柔，含弘包容，化育了万物的成长和发展；阴统于阳，阳倡而阴和，阳见而阴伏，乾健坤顺，乾阳开创局面，坤阴顺承天时，紧随其后，成就了万物的生生不息。这种刚柔、健顺的特性，体现了阴阳变化的有序性，也展示了天地秩序。可以说，阴阳之变展现了天地之道。

三是循环往复。“一阴一阳之谓道”，阴阳相互依存、互相交替、循环往复的运动状态才是道的体现。阴阳变化是神秘莫测的。《系辞》曰：

> 显诸仁，藏诸用，鼓万物而不与圣人同忧……生生之谓易，成象之谓乾，效法之谓坤，极数知来之谓占，通变之谓事，阴阳不测之谓神。

阴阳之道往往显示在成就万物的仁爱之心中，隐藏在日常生活之中而不显现，阴阳之道的功能是能鼓动万物，并使之化育。因为它是纯然客观的自然体，所以不像圣人有所忧虑。生生不息就是阴阳相互转化产生的变易，其前死而后生，新陈代谢，变化不已，能呈现天道的就称作“乾”，能效法地道的就称作“坤”，能预知未来、占卜吉凶的就称作“占”，能通晓阴阳变化之道而采取行动的就称作“做事”，阴阳变化莫测、微妙难识的就称作“神”。但这种变化莫测的微妙也是由客观规律支配的，这就是其生生不已、新陈代谢、循环往复、变化无穷。这种变化是绝对的、永无止境的，也是循环不已的。这种循环往复体现在《乾》《坤》两卦中，呈现天道的是《乾》，顺承天时、展现地道的是《坤》。《乾》上九“亢龙有悔，与时偕极”，“乾元用九”，“群龙无首”。至此，六爻皆变，由阳变阴。《坤》上六“龙战于野，其道穷也”，阴疑于阳而称“龙”，“用六，利永贞”。同样，六爻皆变，由阴而变阳。《乾》《坤》的阴阳互变，说明了其间蕴含的穷极而返的道理，穷则必变，极则必返，返即彼进此退。正如胡煦所言，阴阳之义进退相循，“故一进一退即具阴阳之义，所以能穷变通久，进至极处则反而易位，是即《周易》中穷则必变、极则必反之义”。[①] 这种阴阳极变呈现出阴阳消息、循环往复、变化无穷的阴阳变化规律。

阴阳合德

《系辞》在解释《乾》《坤》何以成为《易》之门时说：“《乾》，阳物也；《坤》，阴物也。阴阳合德而刚柔有体，以体天地之撰，

① 参见（清）胡煦著：《周易函书》，中华书局，2008 年。

以通神明之德。”认为《乾》《坤》分别是阳刚之物与阴柔之物的象征，阳刚之物与阴柔之物都有各自的体性，阴阳相合既可呈现其体性，亦可体悟会通天地创造万物的神明之德。

“阴阳合德”之“德”，通“得”，是指得到、成果，这里是指阴阳两种性质配合在一起而发生作用、产生变化。前面所说的阴阳之性的自体性、一元性和互根性，以及阴阳之变的交感变通、互动有序和循环往复讲的就是乾坤一体、阴阳一体的作用和变化，而如何实现阴阳合德以及如何让阴阳相合保持在最佳状态，则是需进一步探讨的深层次问题。

阴阳合德而化生万物的最佳状态，是指阴阳两性的相交相感和阴阳二气的相融相和。“天地絪缊，万物化醇”就是指的这种状态。“絪缊”通“氤氲”，指天之阳气与地之阴气相互交融，则有万物化育醇厚。

阴阳二气的相交融和呈现为三种形态。

一是形成阴阳互补。在化生万物的过程中，阴阳相互作用的最佳效果是阴阳互补、刚柔相济。阴阳存于一体，天生就是互补的性质。“大哉乾元，万物资始，乃统天”，“至哉坤元，万物资生，乃顺成天”。乾阳资始万物，表明阳气是万物生产初始的根本；坤阴资生万物，则表明阴气是万物生长壮大的本质要素。两者不仅缺一不可，而且相济互补，阳资始，阴资生；阳统天，阴顺承天。它们的性质、功能和作用都是互补的，二者相互配合，才使万物得以生长、壮大乃至繁荣昌盛。这种配合、互补体现为阳气是为主的，是主动性、主导性、开创性的力量；阴气是为辅的，是被动性、顺从性、补充性的力量。两者的互补，是阳主阴辅的，如两者都为主，则必然阴阳不合，《坤》卦上六的“龙战于野”就说明了这个道理。阳气以刚健为特点，阴气以柔顺为特点，二者的互补性既不能相互颠倒，也不能相互代替。

二是达到阴阳平衡。阴阳合德的理想状态是二者的协调平衡。阴阳缺一不可，但二者相交配合的程度亦要相当相宜。阳盛阴衰、阴强阳弱都不理想，过刚过柔都会走向极端，物极必反。《乾》卦上九爻是阳气过盛而“亢龙有悔”，《坤》卦上六爻是阴气至极则“龙战于野”。在中国传统医学中，《周易》乾坤一体、阴阳平衡的观念是其最重要的理论基础。追求阴阳表里的平衡与气血脉络的畅通协调，是其辨证施治的基本思想。一个人的身体机能，只有在阴阳协调的状态下才能正常运行，其身体的健康只有在阴阳平衡的基础上才能实现。人的身体如此，自然环境亦如此，过冷过热的极端天气，其根本原因都是阴阳失衡。所以，阴阳平衡是任何事物保持良好状态的核心要素。

三是实现阴阳和合。阴阳交融的最高境界是“保合太和”，阴阳不和则悔吝生，阴阳不和则斗则凶。“阴阳相和而各得相宜”，这是说阴阳相合至中和（即融和会通），你中有我，我中有你，达到适当、适宜、理想的状态，就能实现生成、长发的目标，达到保合太和的境界。乾坤相合、中和而至太和，是由精气的作用实现的。“精气为物，游魂为变”。“精气”是指阴阳聚合着生灵之气，精气不依附于实物则为“神”（即精神）。“游魂”是指精气散去，离开人身而变为鬼，精气聚集成太和之气就会变成人和生物。所以，老子说："万物负阴而抱阳，冲气以为和。"天地万殊，其底蕴则为一气，阴阳一团和气则生万物，而各自本色则冲气而成。乾成阳刚之质，坤为阴柔之美。冯友兰先生根据"道生一，一生二，二生三，三生万物"的原理，提出：

> 所谓冲气就是一，阴阳就是二……在还没有天地的时候，有一种混沌未分的气，后来这种气起了分化，轻清的气上浮为天，重浊的气下沉为地，这就是天地之始。轻清的气就是阳气，重浊的气就是阴气。在阴阳二气开始分化还没有完全分化的时候，在这种状态下的气就叫作"冲气"。"冲"是道的一种性质。[①]

这是从分的角度讲的，而从合的角度看，阴阳相交相合而成的气也可以认为是相冲而成的和气。"保合太和"是《周易》中最重要的哲学思想，"保"即为之长存，"合"即为之长合，"太和"即大的和谐，故"保合太和"即保持长久相合达到大的和谐，指的就是阴阳间长久、高度的和谐。"保合太和"是中国传统哲学重合而不重分、重合不重争的重要观点，是中国"和为贵"传统的重要基础。

① 冯友兰等著：《老子哲学讨论集》，中华书局，1959 年，第 41 页。

阴阳消息

阴阳两性是什么？阴阳之变的形态是什么？阴阳合德的结果是什么？

阴阳两性的实质是气，阴气和阳气。

阴阳之变的形态是阴气和阳气消息盈虚的变化。

阴阳合德的结果是阴气和阳气的和合交融。

阴阳学说集中表现为阴阳二气的对立统一、矛盾斗争、运动变化和消息虚盈。

强调阴阳两气，并非是说世间万物只有气。阴阳，可指阴物、阳物，也可指阴类、阳类，还可分为阴性、阳性，但不论怎么分，都离不开气。阴气阳气，是气给阴性、阳性赋能，二气相动才有生命，才有能；是气给阴类、阳类赋形，二气相交才有品物流形；是气给阴物、阳物赋体，二气相感才能成体。因为气是生命力、创造力和生机活力的集中体现，阴阳是气，通天地者一气也。阴阳学说的基础是气，不仅是古代朴素的对立统一理论，也是宇宙间各种现象的总规律。

"一阴一阳之谓道"，阴阳是气，气的循环才是道，即阳阴二气的互相交替循环、消息虚盈的运动状态才是道的展现。阴阳两个方面、阴阳二气两种力量的相反相成、相互推移构成了事物的本性及其运动变化的法则，这一法则就是阴阳二气的统一体及其相互作用的规律。从一定意义上讲，易道即天地之道，即阴阳消息之道。

所谓消息，“消”是指消退，“息”是指息长。“阴阳消息”就是指阴气和阳气的消退或息长。阴阳消息，基于宇宙天地间原本均衡的阴阳之量，随着一年十二月时节的变化，透过显与隐两种形态，通过此消彼长或彼消此长形成相应的局面和形态，昭示其不同的格局和态势。

关于阴阳消息的学说，在《周易》理论中，最有影响的是“卦气说”以及在此基础上形成的“爻辰说”。但不论是“卦气说”还是“爻辰说”，都是以《乾》《坤》两卦为基础，再推至八卦、六十四卦和三百八十四爻。

“卦气说”为汉代易学家孟喜、虞翻等人创立。所谓卦气说，就是把六十四卦中的阴爻和阳爻的变化与阴阳二气之消息、物候节气之更替、万事万物之生化相联系，从而显示年复一年、月复一月、日复一日的宇宙间的各种变化。卦气之气，显的一面指时令之节气，隐的一面则指引发时令节气交替的阴阳之气。卦气说中，阴爻符示阴气，阳爻符示阳气，六爻纯阳的《乾》卦涵摄符示天地之间的全部阳气，六爻纯阴的《坤》卦涵摄符示天地之间的全部阴气。宇宙间的一切变化皆源乎阴阳二气之消息。透过《乾》《坤》两卦对待旁通互显的方式，以《乾》之六阳爻与《坤》之六阴爻，分别涵摄符示宇宙天地间处于均衡状态中的阴阳二气各自完整之量。但从宇宙变化、阴阳消息过程的角度看，阴阳二气完整之量的显现，都经历了一个动态渐积的过程。阴息则阳消，阳息则阴消。阳息其一则阴消其一，阳息其二则阴消其二，余之类推，反之亦然。一阳之息，乃在六阴全显之后；一阴之息，同样在六阳全显之后。一阳之息，接下来就是阳息阴消渐渐推进的过程，反之亦然。《乾》《坤》共十二爻，各爻之变化产生了十二种形态，分别代表了阴阳消息的十二种状态，亦表示了十二个月（夏历）的节气变化。

䷗	䷒	䷊	䷡	䷪	䷀	䷫	䷠	䷋	䷓	䷖	䷁
十一月	十二月	一月	二月	三月	四月	五月	六月	七月	八月	九月	十月

阴爻阳爻这十二种形态分别是十二个卦（分别为《复》《临》《泰》《大壮》《夬》《乾》《姤》《遁》《否》《观》《剥》《坤》)，这十二个卦称为十二消息卦，分别代表十二个月及其阴阳消息的变化，同时每卦表示所对之月的两个节气，十二消息卦共代表了全年十二个月的二十四个节气，每卦六爻，则分别表示六“候”。每个节气有初、次、末三候，一月两个节气，共六候。

“卦气说”运用阴阳消息的义理，由《乾》《坤》两卦推至十二消息卦，乃至六十四卦。阴阳二气的消长变化，促成了物候节气时序的递次变化，实现了天地对于天人万象的生化。在本天道立人道的理念下，将把握天道的切入点定于阴阳及其变化，使阴阳学说成为《周易》的精蕴所在，《周易》之道的实质就是阴阳消息之道。

“卦气说”虽以阴阳消息之理贯通六十四卦，但其基点仍是

《乾》《坤》两卦。受“卦气说”的启发，晋代易学家干宝在诠释《乾》《坤》两卦六爻之经文时说：[①]

阳在初九，十一月之时，自《复》来也。
阳在九二，十二月之时，自《临》来也。
阳在九三，正月之时，自《泰》来也。
阳在九四，二月之时，自《大壮》来也。
阳在九五，三月之时，自《夬》来也。
阳在上九，四月之时也。

以上为《乾》卦。

阴气在初，五月之时，自《姤》来也。
阴气在二，六月之时，自《遁》来也。
阴气在三，七月之时，自《否》来也。
阴气在四，八月之时，自《观》来也。
阴气在五，九月之时，自《剥》来也。
阴在上六，十月之时也。

以上为《坤》卦。

“爻辰说”是由东汉郑玄在“卦气说”的基础上创立的。“卦

① （唐）李鼎祚撰，王丰先点校：《周易集解》，中华书局，2016年，第2—4、34—38页。

气说”以卦为基本单元，涵示阴阳二气之消息，而“爻辰说”的不同之处在于，以爻为基本单元，以《乾》《坤》两卦为基础，按六十四卦次序每对立的两卦（如《乾》《坤》）共十二爻配以十二（地支）辰。由于十二辰又代表一年十二个月，爻纳辰亦即爻纳月，以此涵示一年十二个月阴阳二气之消息。爻而纳辰，故曰“爻辰”。

“爻辰说”也是以《乾》《坤》两卦为基础而渐次展开的。《乾》《坤》两卦，以对待互显的方式彰显了纯阳有六、纯阴有六的十二辰之全。《乾》卦六爻，自下而上，依次纳子、寅、辰、午、申、戌六阳爻;《坤》卦六爻，自下而上，则依次纳未、酉、亥、丑、卯、巳六阴辰。其他六十二卦各爻所纳之辰，则视纯阳、纯阴的《乾》《坤》两卦十二爻所纳而定，阳爻就《乾》位，阴爻就《坤》位。即与《乾》卦之爻同位的阳爻，所纳与《乾》爻同；与《坤》卦之爻同位的阴爻，所纳与《坤》爻同。在郑玄的爻辰说中，六十四卦的三百八十四爻，以《乾》《坤》为本，合然开放互通为一内在有机一体无隔的卦爻系列。

《乾》《坤》十二爻辰

	《乾》卦			《坤》卦	
上九	戌	九月	上六	巳	四月
九五	申	七月	六五	卯	二月
九四	午	五月	六四	丑	十二月
九三	辰	三月	六三	亥	十月
九二	寅	一月	六二	酉	八月
初九	子	十一月	初六	未	六月

综上，干宝对《乾》《坤》十二爻经文的诠释与“卦气说”有着密切的联系，而与郑玄“爻辰说”的说法并不相同，但“卦气说”“爻辰说”以及干宝诠释的共同之处，则揭示了宇宙天地年复一年的阴阳二气的消息变化，揭示了天地间万物随着阴阳二气消息形成的生长收藏的客观存在，并且由于将阴阳消息与物候节气时序更替相联系，从而使以《乾》《坤》十二爻为基础的《周易》卦爻符号与农耕生产相联系，进而与人们的日常生活相联系，成为农业生产的有益指导和日常生活的服务借鉴，这样，《周易》与二十四节气共同成为中华农耕文明的宝贵遗产。

更有意义的是，郑玄的“爻辰说”源于“十二律吕”（古代音乐理论）及其相生说，使《乾》《坤》十二爻与“十二律吕”产生了联系，因而《乾》《坤》两卦及《周易》全书显现出阴阳和谐的礼乐精神和人文精神，使《周易》彰显出法天地效天道，上而以人文礼乐的秩序化、和谐化平治天下，下而以礼乐的人文精神化育民俗以显人生价值的乾坤正道，《易》的核心精神即萃聚于此。

还需提及的是，“卦气说”“爻辰说”的阴阳消息观点与《乾》《坤》两卦中阴阳功能作用的价值观是一致的，即贵阳崇阳。尽管说由于阴阳二气的消息变化，天地借以依次造出春意、夏意、秋意、冬意而促成万物之春生、夏长、秋收、冬藏，并形成相应的格局和态势，以显隐之两面，昭示出这些格局与态势下的阴阳之均衡，由于这种原本的均衡以及原本均衡下阴阳二气消息之无穷变化，方有此生生不息的万有生命之洪流，但由于阴阳二气的功用不同，人们对阴阳二气的价值观念并非平等待之。阳气是一种生气，它给万物带来生机生意；阴气是一种杀气，它令万物生机闭结，生意消退。阳气息长引发了万物的生机和活力，阴气息长则产生了万物生机生意的消退闭结。因而在“卦气说”“爻辰说”的视域下，阳气与阳息即具有了善的价值，一种终极的天地宇宙之善。这种贵阳崇阳的价值倾向，是对宇宙天地及万物生机生意的肯定与善待，是对包括人在内的天地万物之能充满生机生意的期许，这种善待和期许充满了天人合一的深厚的人文精神和人文关怀。

由于贵阳崇阳的价值观念的广泛存在，人们对《乾》卦六爻的阳气升降显伏、消息盈虚格外重视。“爻辰说”中关于《乾》卦六阳爻的诠释被后来的易学家广泛应用。

潜龙勿用，阳气潜藏。见龙在田，天下文明。终日乾乾，与时偕行。或跃在渊，乾道乃革。飞龙在天，乃位乎天德。亢龙有悔，与时偕极。乾元用九，乃见天则。

对《文言》这一段的阐释，清代易学家胡煦和当代易学家高亨都采用了“爻辰说”的说法。现综合如下，并作适当阐述。（由于此段是对六爻爻辞的阐释，仍以六爻展开。）高亨认为：

以天道四时之变化释各爻爻辞。《文言》似将一年十二个月分配于六爻，每爻占两个月。认为:《乾》卦之六个阳爻循位次而上升，乃象天之阳气循时序而上升。而龙之活动则以阳气之上升为转移，故各爻爻辞又代表天道四时之变化。[①]

初九，潜龙勿用，阳气潜藏

初九是阳爻在下，像阳气藏于地下。此时约当周历之正月、二月，夏历（农历，现亦叫阴历）之十一月、十二月。时令为冬至、小寒、大寒、立春。这是阴气极盛、一年中最为寒冷的季节。“履霜坚冰至”，“阳在下也”，阴盛阳弱，但闭藏至极，阳气萌生，逗出一点生意来，如冬至一阳初动时乎。“阳气虽动，犹在地中，故曰潜”。阳气极弱，但这一点生意的阳气将带来无限生机和活力，这就是万物资始的生命力、创造力。

九二，见龙在田，天下文明

九二是阳爻上升一位，像阳气出于地面。此时约当周历之三月、四月，夏历之正月、二月。时令为雨水、惊蛰、春分、清明。这是大地回春、草木生长的季节。阴阳变化的特征是阳长阴始衰。阳气生长，升到地面，大地回暖，尽管仍会有乍暖还寒、时有反复的情况出现，但阳气快速增长，阴气消退加速，渐呈阴阳和谐，雨水增多，气候逐渐温和，最终呈现为草木茁壮成长、鸟语花香的景象，故大地锦绣，“天下文明”。时势开始舒展，龙亦脱潜而显，出现于大地田野，“见龙在田，时舍也”。

① 参见高亨著：《周易大传今注》，齐鲁书社，2009 年。

九三，终日乾乾，与时偕行

九三是阳爻又上升了一位，像阳气进一步上升。此时约当周历之五月、六月，夏历之三月、四月。时令为谷雨、立夏、小满、芒种。这是万物快速增长、日新月异的季节。阴阳变化的特征是阳气加速进长、阴气消退，阳盛阴衰，阳气占主导地位。天气温暖渐热，雨水进一步增强，万物由元始而亨利，由生机勃勃而渐趋成熟，由成熟收割（夏收）与播种（夏种）（有地域差异），总体上是亨通成长的阶段。万物旺盛，与时俱长，君子终日乾乾，与时俱进，与天运同为不息。

九四，或跃在渊，乾道乃革

乾道即天道。九四是阳爻又上升一位，四爻连阳，像阳气持续上升而极盛。此时约当周历之七月、八月，夏历之五月、六月。时令为夏至、小暑、大暑、立秋。这是气候变化多端的季节。天气炎热，酷暑难当，万物茂盛，但天气往往反复无常，雷鸣电闪，狂风暴雨，气候复杂多变，或洪涝或干旱，自然灾害多发。阴阳变化的特征是阳气处于极盛状态，阴气消伏，阳盛阴微，但阴气亦见些微息长。气候由暖而热，天道乃变，不确定的因素很多，龙有时候跃退入渊，以避暑气。

九五，飞龙在天，乃位乎天德

“位”为立，“德成位之立”。立乎天德即成乎天德。九五是阳爻上升至甚高之位，像阳气持续旺盛。此时约当周历之九月、十月，夏历之七月、八月。时令为处暑、白露、秋分、寒露。暑气至处暑而止，昼夜温差增大，天高气爽，气候宜人，万物有利而成熟，这是收获的季节。阴阳变化的特征是阳气旺盛但阴气渐显，阴阳相当和谐，草木长成，作物成熟，天功大成，天德著显，犹如龙飞升苍穹，自由翱翔。

上九，亢龙有悔，与时偕极

偕极，俱达到最高点。上九是阳爻上升至一卦之最高位，像阳气旺盛渐消。此时约当周历之十一月、十二月，夏历之九月、十月，时令为霜降、立冬、小雪、大雪。这是气候快速变化、明显转折的季节。时值中秋至重阳，阳光充足，气候凉爽，但昼夜温差增大。阴阳变化的特点是阳气白天旺盛，但阴气夜间明显息长，已呈阴息阳消的趋势，但人们往往不易察觉。《坤》之初六爻所言“履霜坚冰至”是最形象的描写。微霜初降，凉意渐起，但人的感觉十分舒适清新。此时作物已收获归藏，落叶知秋，该进入收藏的季节，为严冬到来早做准备，但人们往往贪图眼前的舒适，满足于丰收的喜悦，沉醉于既得的利益，而对即将来临的风雪严寒缺乏敏感。这种亢奋不已的心态犹如阳气由盛转衰，草木由荣而枯一样，都是与时偕极，“亢龙有悔”亦是自然而然了。

用九，乾元用九，乃见天则

乾元即天之元德。天则，天之法则，即天道运行之规律。用九是《乾》六个阳爻之综合，是六爻俱变，由阳变阴，乾坤一体，阴阳和合。阴阳消息即天道运行的规律，阴阳和合即乾元之德的体现。值得注意的是，九二爻的“天下文明”，正是阳气息长加快、阴气消退加速，渐呈阴阳和谐、阳长发挥主导作用的状态；九五爻的“位乎天德”，则是阳气旺盛渐消，阴气渐显息长，总体上处于阴阳平衡协调、阳气发挥主体作用的状态。从全卦六爻来看，以阳气升发渐长为主线，保持阴阳平衡和谐，是乾元用九立乎天德的天则所在。

要之，“一阴一阳之谓道”，了解了阴阳之理，可以由阴阳之道而综示天地之道，进而充分彰显人生的乾坤之道。

天地之德

乾天坤地。《乾》《坤》两卦的卦辞揭示了天地之大德，两卦之《彖》和《文言》则热情赞颂了天地之美德。

《乾》卦的卦辞仅“元、亨、利、贞”四个字。《坤》卦卦辞的主要含义也是这四个字，其他的文字是对此四字有所规范和阐述。这四个字，是古今易学家公认的十分重要的内容，亦正因如此，历代易学家对其阐释仁仁智智，又形成了非常丰富的内涵。

据高亨先生的研究，《周易》卦辞、爻辞中，有元、亨、利、贞四字者共一百八十八条，内涵皆一致。元，皆大义；亨，即享祀之亨，祭也；利，皆利益之利；贞，占问。一般情况下，元亨相连，利贞相连。《乾》卦卦辞“元亨，利贞”的最初意思是：筮遇此卦，可举行大享之祭，为有利之占问。《坤》卦卦辞“元亨，利牝马之贞”的最初意思是：筮遇此卦，可举行大享之祭，利于乘驾牝马以远行或出征之占问。

由于《易传》的发挥，“元亨利贞”有了十分丰富的内涵。《乾》卦卦辞的读法是“乾：元、亨、利、贞”，指出天有善、美、利物、贞正之德。《坤》卦卦辞中的“元亨”，指地有善、美之德，与《乾》卦相同。“利牝马之贞”，意为有益于母马的正固，母马标志阴类事物，故类同于有益于阴类的正固。

“元、亨、利、贞”为乾之四德，即天具有“元、亨、利、贞”这四种功德。《乾》卦六爻皆阳，阳气具有沛然刚健、运行不息的品质，是万物资始的本原，又是主宰万物、统御万物的根本力量。阳气生生不已，体现为元始、亨通、和谐有利、正固持久的基本特征。这四种特征集中起来就是天所具有的刚健中正品质。因此，“元、亨、利、贞”，合之为乾德。

“元、亨、利、贞”分之又为八卦之德，故为六十四卦之根本，也是衡量各卦卦德的基准。《周易》六十四卦，“元、亨、利、贞”四德俱全的仅有《乾》《坤》等七个卦。在这七个卦中，又仅有《乾》卦的“元、亨、利、贞”最纯粹、最完善。它的卦辞仅此四个字，这四字则代表了全卦的全部意义。其他六卦则都有一些限制条件或不足，如《坤》卦就是“元亨、利牝马之贞”，后面还有一些文字，但正是有这样的限制，才把《乾》卦与其他卦的卦德区别开来。对比《乾》《坤》两卦的卦辞，“元、亨”是共同的，其内涵也是一致的。“利、贞”则有不同，《坤》卦是“利牝马之贞”，大地与牝马都是阴类事物，因而其含义是有利于阴类事物的守持正固。与阳类事物刚强劲健的特征不同，阴类事物的基本特征是静柔顺从，所以《坤》卦的内涵是要坚持柔、顺，才能“元、亨、利、贞”。

程颐对《乾》《坤》两卦的四德阐释得十分深刻：

元、亨、利、贞谓之四德。元者万物之始，亨者万物之长，利者万物之遂，贞者万物之成。惟《乾》《坤》有此四德，在他卦则随事而变焉。故元专为善大，利主于正固，亨贞之体，各称其事。四德之义，广矣大矣。[①]

“阴阳合德而刚柔有体”。天德与地德是相通的，也是相合的。天地合德而万物刚柔有体。天地之德就是美善天下之德，《乾》《坤》之《象》歌颂性地赞美了天地的美德。

《乾·彖》曰：大哉乾“元”，万物资始，乃统天。云行雨施，品物流形。大明始终，六位时成，时乘六龙以御天。乾道变化，各正性命，保合大和，乃“利贞”。首出庶物，万国咸宁。

这段话的大意为：崇高而伟大的天啊！万物依赖你的阳气而生息，您是万物的统领，世间万物都统属于天道。云彩在天空飘移，雨水降落于大地，各类事物随地成形。光辉灿烂的太阳周而复始地运转，按照上天、下地和东西南北六个方位形成昼夜变化和春夏秋冬的四时顺序，犹如羲皇驾驭六龙拉着太阳在天空巡游。虽然大自然变化莫测，但阴阳、万物还是以自己的规律保持事物的本性。保全太和之气，以利于守持正固。阳气周流不息，当春天到来时，大地又沐浴春光，万物萌生，天下万方和美安泰。

《坤·彖》曰：至哉坤“元”，万物资生，乃顺承天。坤

① （宋）程颐著，王鹤鸣等编：《周易程氏传》卷一，九州出版社，2010年，第1页。

厚载物，德合无疆，含弘光大，品物咸“亨”。“牝马”地类，行地无疆，柔顺“利贞”。“君子”攸行，“先迷”失道，“后”顺“得”常。“西南得朋”，乃与类行。“东北丧朋”，乃终有庆。“安贞”之“吉”，应地无疆。

这段话的大意为：美德至善的大地啊！你顺承天道，配合天开创万物，万物依赖你而滋生育长，地体深厚而能承载万物，天地相合、阴阳相生的德性广大无边。你化育一切生命并使之发扬光大，使万物都能亨通和顺。雌马是地面动物，永久驰骋在广袤无边的大地上，它性情柔顺温和，利于守持正道。君子若争先前行则会迷失方向，而随顺人后则能得恒久之道。向西南前行就会得到朋友，共赴前程；若向东北方向行进则将失去朋友，但最终仍将福庆吉祥。安心守持正道的吉祥，应和着大地的美德而向无边无际的远方展开。

通观《乾》《坤》两卦的《彖》文，天地之德体现为一大德四美德。

“天地之大德曰生”。《乾》《坤》两卦以“元、亨、利、贞”的简练文字概括了生生不息的天地之德。

世间万物从何而来？人类从何而来？这是哲学的根本问题和原点。《乾》《坤》以天地之大德回答了这个问题，中国人特有的宇宙观遂由此逐渐形成。

《易传》认为，乾坤即天地，天地如男女。“有天地然后有万物，有万物然后有男女”。天地如何生物？其根本在于阴阳互动、阴阳合德。阴阳两性的矛盾对立和变化统一（即阴阳之道）是万物得以产生、发展的根本原因。

天地阴阳是如何生成万物的呢?《乾》《坤》之《彖》说，“大哉乾元，万物资始，乃统天”；“至哉坤元，万物资生，乃顺承天”。这里有三层意思。一是乾元、坤元，是为一元。“大哉乾元”，“大”是对乾元的赞美，伟大崇高；“至”是对坤元的赞美，极至无比，“元”即本原。“大哉”谓天德之善，万物赖以乾元而有始；“至哉”谓地德之善，万物赖以坤元而得生。这里要注意的是，乾元坤元，非二元而为一元。虽然二者作用不同，但二者是一个整体的两个方面。乾阳坤阴，乾元即乾阳，坤元即坤阴，乾坤一体，阴阳两性，乾元、坤元即阴阳两性之别，亦为阴阳合德之合。无阳不生，无阴不长，二者缺一不可，阴阳合德方始生万物。二是资始、资生，方能生物。阴阳合德始生万物。天地化生万物，天地之作用不同。乾元初生，坤元生成。乾元有主动性、放射性，坤元则有接受性、吸收性，有主动又有接受，有放射又有吸收，则万物化醇。三是统天、顺承天。虽然乾元、坤元都为一元，虽然资始、资生才能得生，但天与地的地位是不一样的，阴与阳的作用是不一样的，二者的关系亦非简单的平列关系。乾元至刚至健，为开创性、主导性的力量，坤元至顺至柔，则为承继性、顺从性的品质。“乾道变化，各正性命”，乾元是形成物性的本根，没有它就没有一切，所以天下万物统属于天；但乾元没有坤元则不能成物，有了坤元才有一切。但坤要成物必须顺承天而行，坤承乾而同功。乾元是必要性条件，坤元则是充分性条件。在生物成形的过程中，天地是一个整体而非两物。乾元坤元有互含之义，有互动之能，有共成之功。正如熊十力先生的总结："变化即乾坤合一，万物由是禀乾以成性，禀坤以成形……始万物者，德莫高于乾元，故称大。承乾生物者，德莫厚于坤元，故称至。"

天地之德即生生之德。生生之德可理解为三个层次：生；生生；生生不已。以上对乾元、坤元的创生万物即是第一个层次——生。对"亨"可理解为"生生"，这是第二个层次。

亨之生生："云行雨施，品物流形。""坤厚载物，德合无疆。含弘光大，品物咸亨。"《周易正义》对"云行雨施，品物流形"的解释是："言《乾》能用天之德，使云气流形，雨泽施布，故品类之物，流布成形，各得亨通，无所壅蔽：是其'亨'也。"[①]云行雨施是天德之用，而地承载万物，接受云彩阳光的照射和雨水霜露的施布，因而万物咸亨。有了天德的云行雨施，才有万物的流布成形；而天德是通过地德的配合，德合无疆才使万物咸亨，含弘光大。这是万物在阳光雨露的施布下成长的景象。但万物在生长过程中还有生命繁衍的内涵。"品物流形""品物咸亨"，"品物"二字十分重要，说明万物皆有"品"，有等级、演化、优劣的差别。阴阳变化形成了"云行雨施"，云行雨施而使万物各自有"品"。云行雨施就是万物生生繁衍的过程，就是不同的创造、转化。"阴阳合德而刚柔有体"，"乾道变化，各正性命"，讲

① 参见黄寿祺、张善文撰：《周易译注》，中华书局，2016年。

的是同样的道理。天道有四时、昼夜、风云、雷雨、霜雪、阴晴、寒暖等各种变化，这种天象变化的规律形成了万物各自的内在属性。文天祥的《正气歌》说："天地有正气，杂然赋流形。下则为河岳，上则为日星。""在天成象，在地成形"，山河大地也好，鸟兽鱼虫也罢，宇宙万物都是阴阳和合的正气运行而赋予各自的生命和形体，"杂然"就是指各种各样的变化、各种各样的生命。

乾坤的生生之理，体现在万物有品的"品形"上，也体现在乾"大生"、坤"广生"上。

> 夫乾，其静也专，其动也直，是以大生焉。夫坤，其静也翕，其动也辟，是以广生焉。广大配天地，变通配四时，阴阳之义配日月，易简之善配至德。

这段话的大意是：乾的静态专一安宁，其动态是刚强正直，因此能大生。坤的静态是闭合，其动态则是开放，能开能合故能广生。乾之大、坤之广可分别与天地相配，它的变通与四季相配，阴阳的内涵与日月相配，容易与简单的美善可与至高无上的道德相配。这种"大生"与"广生"的关系，生生即广生，生生之生、之性的衍发，由大生而至广生的境地，大地承天的广生之德，就是"含弘光大，德合无疆"。

天地生生之德的第三个层次是生生不已。

"生生之谓易"，是指生生不已即是易之道。从生到生生再到生生不已，才是天地之德的全部含义。在阐释“元、亨”的基础上，《乾·象》对“利、贞”的发挥体现了生生不已的大德。

“大明终始，六位时成，时乘六龙以御天。乾道变化，各正性命，保合太和，乃利贞”。大明即太阳，太阳是宇宙间最大的光明之物，故称“大明”。始为日出，终为日入，日出日入故为终始。“大明终始”是说太阳从早到晚反复运行，循环往复又始终如一。“六位时成”可理解为白昼的六个不同时段，卦画上的六个爻位就分别反映了这六个时段。“时乘六龙以御天”，是说乾阳如同乘驾不同时段的六个阳爻统御着天体的运行。“乾道变化，各正性命”，是指乾阳运动变化的规律使得万物各自保持自己的特性。“保合大和，乃利贞”，“大和”读为“太和”，指乾元与坤元形成大的和谐，使生命富有生机和活力。这样才能保持正固长久之道。这一段话从“利、贞”的角度提出了万物生生不已的原因和要求。万物之生生不已，首先在于“大明终始”，循环往复、始终如一地运行不已。其次在于“乾道变化”，即阴阳消息虚盈的变化是生生不已的内在动因。再次，“保合太和”实现阴阳和谐、合德是万物生生不已的关键因素和最佳状态。最后，“利贞”（即保持正固）则是天地之德的核心要素。天能呈现保合太和之景象，方能普利万物生生不已，此乃天之正道。不仅乾阳如此，坤阴也要“柔顺利贞”，实现安贞之吉。只有天地均能“利贞”，才有万物的生生不已。

“首出庶物，万国咸宁”，是对乾之元亨利贞四德的总结，也是由天之道推及人类社会意义上的演绎。天有云行雨施，有大明普照始终，有四时昼夜之变化，但皆有其规律。乾阳保合太和乃利万物，人道效法天道，从而使万邦皆得安宁。高亨先生总结为："然则天为善，是天德之元；天为美，是天德之亨；天能利物，是天德之利；天有正道，是天德之贞。四者乃相结合而不可分割。"① 天德如此，地德亦如此，天地之德一也。"天地之德曰生"，曰生生，曰生生不已。

生生不已的天地大德展现为四美德。

一曰创造。天下万物都是天与地创造的成果，万物生长的过程就是天地创造的过程，万物的生生不已就是天地的创造不已。天地创造不已的美德凝聚于乾阳坤阴的伟大合作之中，这种无私同心的成功合作源于四种巨大的天地之力。

"元"，是开始的力量。乾元、坤元，实为一元，这就是创生万物的创造力、生命力。"元"是万物之本，其基本特征是"大""善"。《彖》文所说的"大哉乾元""至哉坤元"就是对这种元始大善的赞美和惊叹。万物从无到有、无中生有，就是开创、创造。创生就是大善，能创造万物就是至善。天地是大格局、大作为、大创造。如前所述，乾元、坤元的合作创生根源于沛然刚健的乾元，活力无穷、蒸腾而上的阳气是万物生命的元始之力。当然，这种合作的完美成功离不开资生万物的坤元，有了它的无私奉献，万物的生命才得以形成，生命的创造才完美成功。

① 高亨：《周易大传今注》，齐鲁书社，1979 年，第 34 页。

“亨”，是发展的力量。亨即亨通、通畅无阻，它秉赋“元”的巨大创造力并将其散发、展开，具有开放性、包容性，因而能化解一切阻力，使万物沟通、和谐相处，开创出亨通的局面。这种和谐亨通，源于“元”的巨大创造力，有创造力就有发展力，成长的障碍、险难就能排除。“元”自然带来“亨”，所以,《易经》的卦辞常常“元”“亨”连用，为“元亨”。

“利”，是成功的力量。利是万物适宜的汇合，春种夏长，随之即是秋收冬藏。万物亨通，生长顺利就会成熟，“亨”自然有“利”，亨通带来成功。“利”就代表成功的力量。亨利，成功的力量巨大。

“贞”，代表守持的力量。这是固守正道的定力。“贞”是针对“利”的，有了利能否真正得到，利益巨大能否守持得住，就要看是否固守正道。如缺乏守正的定力，就会前“利”尽失，前功尽弃。

可见，元亨利贞创造生生不已，这是一个创造的循环，也是几种力量的聚合。

二曰纯粹。《乾》卦六爻皆阳，为健之至;《坤》卦六爻皆阴，为柔之至。这种纯阳纯阴、至健至柔体现了通体不杂、纯粹至精的美德。《文言》分别赞美了《乾》《坤》这种纯粹之至的美德。“大哉乾乎！刚健中正，纯粹精也”，“坤至柔而动也刚，至静而德方。后得主而有常，含万物而化光”，“美之至也”。这种纯粹不杂的美德是天地所蕴含的品性和性情，是其本源性的品质，具体地说体现在三个方面。一是至刚至柔。阳刚劲健、自强不息是天体之本性，也是《乾》卦的基本精神。《乾》卦六爻皆阳，纯阳为天，阳气始生万物。《乾》卦六爻以阳气不断上升来展现天道的运行和天德的纯粹。柔顺利贞、厚德载物则是大地的秉性，也是《坤》卦的主要意蕴。《坤》卦六爻皆阴，纯阴为地，至柔方成万物。《坤》卦以牝马为形象载体，以德合无疆、行地无疆、应地无疆来展现地道至柔动刚的品质和正位居体的美德。乾刚坤柔，至刚至柔，刚柔交错，呈现了刚柔有体的新陈代谢，而刚柔相推、刚柔相济则产生了日新月异的变化和万有生命的欣欣向荣。二是美利天下。“云行雨施，天下平也”，“含弘光大，品物咸亨”，“含万物而化光”，这就是天地的伟大功德。三是为而不争，这是最伟大的天地精神。地道承载万物，“乃顺承天”，“地道无成而代有终”，是地不与天争，而天不与万物争。《乾·文言》曰：“乾始能以美利利天下，不言所利，大矣哉！”创生万物、利益万物而不据为己有，不言其所利。《论语·阳货》也说：“天何言哉？四时行焉，百物生焉，天何言哉？”为而不言、成而不争是最伟大的天地精神，也是至美无比的品德！

三曰守正。在《乾》《坤》两卦中，贞与元有着十分重要的意义，二者也有密切的关系。贞者，元之本也；元者，贞之著。贞，正也，定也，成也。贞固，即固守正道。乾道“刚健中正”，既刚健又中正、守持正固，即不偏不邪。“乾道变化，各正性命”，指大自然变化莫测，但世间万物还是以自己的规律保持正道本性。“龙德而正中者也”，《乾》卦以龙喻天，龙在潜隐之际，处重刚不中之位，于“上不在天，下不在田，中不在人”之时，可慎之、“或”（惑）之、疑之，尽管进退无恒，但都能把持正道，“闲邪存其诚”，虽危无咎。而一旦不能守正，就会出现“亢龙有悔”的情况，所以要“知进退存亡而不失其正”。如何守正？“保合太和，乃利贞”。保合太和，就是要保持阴阳调和，刚柔相济，保育万物和谐共生的勃勃生机。《坤》卦中“贞”的分量更重了，卦辞中强调“利牝马之贞”，并以此作为全卦的主题。《象》中反复强调“柔顺利贞”，强调“安贞之吉”。《文言》中提出“‘直’其正也，‘方’其义也”，保有正直、端方的品性，坚守正义；强调坤阴要“含章可贞”，要“正位居体”。《坤》卦的用六爻更是以“利永贞”对全卦进行了总结，强调永久守持正固之道。可以说，守正是《乾》《坤》两卦的核心旨义。

四曰日新。“天之德莫大于四时”，天地大德通过四时来体现。“元、亨、利、贞”，从时序上讲表现为春夏秋冬。春日为元，阳气上升，一元复始，万象更新，播种的季节；夏时为亨，阳气旺盛，万物亨通，生长的季节；秋日得利，天高气爽，阴气渐长，万物成熟，收获的季节；贞为冬天，阴气旺盛，阳气潜藏，万物凋零，归藏的季节。春来夏往，秋收冬藏，四时有序，循环往复，周而复始，生生不已，成就大业。

《系辞》曰：“盛德大业至矣哉！富有之谓大业，日新之谓盛德，生生之谓易。”这句话的意思是：《乾》《坤》两卦蕴含的阴阳之道，其盛美的德行和宏大的功业是崇高而又博大的，富有万事万物方可称为大事业，每日都能使事物有新变化则是盛大的美德。这富有万物、日新万物的生生不已就是易道的根本含义。古人把富有当作宏大的事业来追求，“崇高莫大于富贵”，大有为富，富有才是大业。富有万物是天地的功德，日新万物则是天地的造化。“日新之谓盛德”，阴阳变化无穷必然使万物日新，日新才能富有，富有才能成就大业。富有是生生的结果，日新是生生的原因，故日新为至盛的美德，盛德与大业就是生生不已，生生不已就是天地之道。

这四种美德，创造之德体现了变易之理，纯粹之德体现了简易之理，守正之德体现了不易之理，日新之德则体现了生生之理。有人主张将“生生之谓易”的生生之易与变易、简易、不易相并列为《周易》的第四个定义，很有道理。这样，四德体现了生生不息之大德，也全面体现了易之道。

《乾·彖》的最后几句“乾道变化，各正性命，保合太和，乃利贞。首出庶物，万国咸宁”，还可以这样理解：乾阳按照规律运动变化不已，赋予万物以各自的本性和生命，从而各得其宜，从而使阴阳和合之气得以保全融合。万物各自特性独立，而又和谐相处，各有其利，因此都能正固持久地生长，这就是天地之正道。天主宰万物，人道效法天道，因而天下万邦和谐安宁。这样，元亨利贞的天地四德就从天道推及人类社会。

由于古代天人合一思想的影响，更由于《易经》立天道、推人事、明事理的立意，人们对《易经》的理解、解释往往从社会角度、人道立场加以引申和发挥。从《易经》到《易传》，这种倾向更加明显。

《易经》在以天道论人道时，常常以某种物象作为载体来表达，《乾》《坤》两卦也是如此。

《乾》卦以龙德表征天德。龙的品德是通过潜、见、跃、飞、亢等不同行为来体现的，而这些不同的行为又是与阳气的消息虚盈相联系的，即是由天道所决定的。“龙为天之用”，龙德即天德，但“勿用”“在田”“或跃”“无咎”“有悔”等则表现了人德的要素，所以《文言》根据这些要素进一步发挥为“龙德而隐者也”，“龙德而正中者也”。九三爻的“君子终日乾乾”、九二、九五爻的“利见大人”更是直接讲人德。从全卦来看，龙德是从天德到人德的纽带。龙既是天的代表，又有人的影子，是二者的综合。天德、龙德、人德是一致的。

《坤》卦以牝马之德表征地德，但更多的是直接讲人德（即君子之德）。卦辞中即点明“君子有攸往”该如何如何；爻辞中，六三爻、六四爻、六五爻都是直接讲人事，“含章可贞”“无咎无誉”“黄裳元吉”，都是赞扬君子的美德。

《乾》《坤》两卦讲人德有大人之德（或为君德）和君子之德。《乾》卦九三爻塑造了一个具有乾乾之德的君子形象，朝乾夕惕，自强不息，其他五爻虽讲龙之所为，但又似乎围绕九三爻君子所讲。而如果把九二爻的“见龙在田，利见大人”和九五爻的“飞龙在天，利见大人”与九三爻的君子联系起来看，则是指出一条由君子修炼、成长而为大人（圣人）的发展路径，《文言》则点明了九二爻体现的是“君德”，九五爻大人“与天地合其德”。所以，《乾》卦既讲君德，也讲君子之德。

《坤》卦主要讲君子之德，卦辞中主要讲君子不为人先的守正之德，六三爻爻辞中的“含章可贞，或从王事，无成有终”，即讲君子既要富含文采，又要守正，跟从君王做事且不以成功自居。六四爻重点讲君子的谨慎之德。六五爻的“黄裳元吉”更是以“居高处下”的道理告诫君子或君主。六五可理解为君王或王后，因为是阴爻居阳位且是中位，恰似阴柔前来文饰阳刚，以柔济刚；或为身居尊位且富有文采，不显威武而施文治，柔性管理，无为而治，这是十分高明的统治艺术，不同于《乾》之九五“飞龙在天”的大有作为。可见，《坤》之六五与《乾》之九五是两种不同的管理模式，也是两种相异的领导品德，两种美德兼具，则修成完美的人格；两种管理模式融会贯通，则成为一个高明的领导者。

以上是《乾》《坤》经文中所蕴含的人德，而《易传》中对人德的发挥就更为显著了。最突出的是《文言》，直接将“元、亨、利、贞”的《乾》之四德变成了仁、义、礼、正的人之四德。《文言》曰：

> “元”者，善之长也；“亨”者，嘉之会也；“利”者，义之和也；“贞”者，事之干也。君子体仁，足以长人；嘉会，足以合礼；利物，足以和义；贞固，足以干事。君子行此四德者，故曰“乾：元、亨、利、贞”。

这段话的大意是：初始的生长，是众善之长；亨通，是美好事物的汇合；有利，是“义”的和谐体；正直，是做事的根本。

君子以仁爱为体，就可以为人们的尊长；会聚美好的事物，就符合礼制的要求；有利于物、有利于人，就足以达到“义”的谐和；坚守正义、正直的品德就能够干成事业，君子就是具备这四种美德的人，所以说他们就像《乾》卦卦象所蕴含的哲理一样，具有“元始、亨通、利人、正直”的美德。

这样，天之四德就完全转化为人之四德了。

有人认为，《文言》中的这段话来源于《左传·襄公九年》中的一个故事。

> 襄公九年，穆姜薨于东宫。始往而筮之，遇《艮》(䷳)之八。史曰：“是谓《艮》之《随》(䷐)。《随》其出也。君必速出！”姜曰：“亡！是于《周易》曰：‘《随》，元亨利贞，无咎。’元，体之长也；亨，嘉之会也；利，义之和也；贞，事之干也。体仁足以长人，嘉德足以合礼，利物足以和义，贞固足以干事。然，故不可诬也，是以虽《随》无咎。今我妇人而与于乱。固在下位而有不仁，不可谓元；不靖国家，不可谓亨；作而害身，不可谓利；弃位而姣，不可谓贞。有四德者，《随》而无咎。我皆无之，岂《随》也哉！我则取恶，能无咎乎？必死于此，弗得出矣！”[①]

这段话的大意是：公元前564年，穆姜死在东宫里。开始住

① 杨伯峻编著：《春秋左传注》，中华书局，2009年，第964页。

进去的时候，占筮算卦，得到《艮》卦变为八（卜筮的方法）。太史说：“这叫作《艮》卦变为《随》卦。“随”，是出走的意思，您一定要赶紧出去。”穆姜说：“不用出去！这卦象在《周易》里说随，元亨利贞，没有灾祸。元，是身体最高的地方；亨，是嘉礼中的主宾相会；利，是道义的总和；贞，是事物的本体。体现了仁就足以领导别人，美好的德行足以协调礼仪，有利于万物足以总括道义，本位坚强足以办好事情。这些，是不能欺骗的。因此虽然占卜得到《随》卦，表示没有灾祸，但我作为一个女人参加了动乱，本来地位低下而又没有仁德，不能说是元；使国家不得安宁，不能说是亨；做了坏事而害自身，不能说是利；丢弃寡妇的本分而修饰爱美，不能说是贞。具有元亨利贞四种德行的，得到《随》卦才可以没有灾祸，而我都没有这些德行，难道合乎《随》卦的卦辞吗？我选取了邪恶，能够没有灾祸吗？一定死在这里，不能出去了。”

据《左传》记载，穆姜是春秋时期齐国女子，是鲁宣公的夫人、鲁成公的母亲。其人特点是比较聪明，但待人不宽容，爱干政，生活作风不正。她与宣伯（叔孙侨如）有奸淫关系，故要求鲁成公除去身边的两个助手，即宣伯的政敌季文子和孟献子。鲁成公以晋国攻鲁为借口，未答应穆姜的要求，穆姜则以废成公为威胁，并和宣伯暗中与晋国勾结，里通外国，失败后被徙居于东宫。在刚被徙时，筮占得《随》卦，卦辞是吉亨的，但穆姜自知罪恶深重，虽占有“四德”的《随》卦，而自己不具“四德”，没有用处。这是就人的行为来论《易》，行为不好，占得吉卦也无用，彰显了《易经》立天道、推人事、明事理的意蕴。

穆姜对《随》卦的理解在《周易》思想发展史上有重要的影响。其一，它是《周易》从宗教筮占向人事行为伦理道德方面转化的标志，不受卦爻辞的束缚。如“元、亨、利、贞”，本是占卜爻辞，贞本为卜问，但《彖》传解释为“贞，正也”，就改变了其含义。“利”本是指利于什么，不能单独使用，元亨利贞如按字面义来解释，则很难解释得通，但如穆姜所言，赋予其人伦道德的意义后就会大不一样。其二，对卦的意义，不说“卦象”，而说“卦义”“卦德”，并以人的思想行为为主说明卦义。其三，是对卦爻辞的解释，不只是根据它原来的意义，而是以人伦思想为基础，作了和原本意义差距甚大的引申发挥。此例中，《随》卦原卦辞是“元亨、利贞、无咎”，是三个吉兆，而穆姜予以全新的解释，把“元亨利贞”分开，列为“元、亨、利、贞”并作为四种德，是“无咎”的前提。具备“四德”才能“无咎”，否则就不可能消灾灭祸。这种按照人的德行来析易，是一种全新的解易方法，具有开创性的意义，无疑深刻地影响了《易传》的解易方法。

《文言》作者截取了穆姜对《随》卦“元、亨、利、贞”的理解，并作了适当的修改，作为对《乾》卦卦辞的解释，即将穆姜所说的“元，体之长也”改为“‘元’者，‘善之长’也”，使原来的元为身体之首变成了具有天之道的万物生长之元与人之道的百善之元的含义。把“体之长”这种具象的比喻变为“善之长”这种抽象的表达，不仅具有哲学的意蕴，更具有道德价值的含义，天道生长万物之善与人的仁爱之善相对应，更为贴切。同时把元亨利贞全面变成了为人之德，元、亨、利分别与仁、礼、义相对应，覆盖了儒家的主要道德德目，彰显了伦理道德的价值意义。

与《乾》卦的“元、亨、利、贞”一样，同样在《左传》中，《坤》卦六五爻的爻辞“黄裳，元吉”也被演绎成一个故事，只是这个故事突出的是作为人臣的道德取向。《左传·昭公十二年》曰：

> 南蒯之将叛也，其乡人或知之，过之而叹，且言曰：“恤恤乎，湫乎，攸乎！深思而浅谋，迩身而远志，家臣而君图，有人矣哉。”南蒯枚筮之，遇《坤》之《比》，曰：“黄裳元吉。”以为大吉也，示子服惠伯，曰：“即欲有事，何如？”惠伯曰：“吾尝学此矣，忠信之事则可，不然必败。外强内温，忠也，和以率贞，信也。故曰：‘黄裳元吉’。黄，中之色也。裳，下之饰也。元，善之长也。中不忠，不得其色。下不共，不得其饰。事不善，不得其极。外内倡和为忠，率事以信为共，供养三德为善，非此三者弗当。且夫《易》，不可以占险，将何事也？且可饰乎？中美能黄，上美为元，下美则裳，参成可筮。犹有阙也，筮虽吉，未也。”[1]

① 杨伯峻编著：《春秋左传注》，中华书局，2009 年，第 1336 页。

这段话的大意是：公元前530年，鲁国的南蒯背叛季平子。南蒯是季平子的家臣，因为季平子对他不够礼貌，他就占据费邑，阴谋驱逐季平子。他筮占得《坤》的六五，爻辞是“黄裳元吉”，自以为是“大吉”之卦，并拿给子服惠伯看，不敢明说占筮目的，只说想办一件大事。惠伯知道其非好事，于是就说：“是忠信之事则可，不然必败。”因为照卦象来说，是坎上坤下的《比》卦（䷇），也就是外强内温，是“忠和”的性质；也可理解为以“和”来率“贞”，是信的表现。爻辞的意义：“黄”是“中之色”，“裳”是“下之饰”（古代裳指下身的衣服），“元”是“善之长”。如果“中不忠，不得其色；下不共（恭），不得其饰；事不善，不得其极”，行为则不含卦义。做人的道理是：“外内倡和为忠，率事以信为共（恭），供养三德为善。”中美就是黄，上美就是元，下美就是裳。没有上、中、下这三种美德，就与这卦不合。况且，以《易》占筮，只能占光明正大的事，不能占阴险恶毒的坏事，具备“元”“黄”“裳”三种美德则吉，否则筮得吉也没有用。

这个案例提出了《坤》卦所代表的地之德亦为臣之德，把“黄裳，元吉”解作“黄、裳、元，吉”，两语解作三美，作为为人、为臣的三种美德。从文法上讲比较生硬，有牵强附会、望文生义之嫌，但其引申出来的道理却精义入微，十分贴切。把爻象说成了爻德，外强内温，和以率贞（正），赋予其深刻的道德含义。同时讲以《易》占筮对坏事无用，人的品德与吉凶相连，有德才配得上吉占，这样就去掉了迷信的成分，彰显了道德伦理的意义。

《易传》也同样体现了这种价值取向。《象》的解释是“黄裳元吉，文在中也。”《文言》更是不吝赞美之辞：“君子黄中通理，正位居体，美在其中而畅于四支，发于事业，美之至也。”“文在中也”指《坤》之六五爻居上卦之中，阴爻居上中，意为六五具有居高谦下的和顺美德。黄为五色之“中”，象征“中道”。阴居上五之位，说明坤阴已发展到鼎盛阶段，升居上卦之中的尊位，但仍保持坤阴柔顺的本性，推行中道，这是大吉之兆，“文在中也”。对具有“文在中”特征的六五爻，可以从居尊谦下的角度理解为以柔济刚、无为而治的君王之德，但更多的还是从道德修养、人格完善的角度来讲的。身穿黄色衣裳，喻为人有美德在身，“黄中通理，正位居体”，因为能“发于事业”，达到“美之至”的境界。

总之，乾坤的天地之德更多强调的是为人之德（为君之德，为臣之德），体现的是“天人合一”之道。

君子之道

从某种角度上讲，《乾》《坤》两卦是专门论述君子的，乾坤之道即君子之道。这样的观点并不为过。

《乾》《坤》两卦的经文中都出现了君子。《乾》卦九三爻是《易经》首次论及君子。三爻居下卦之上，为小成非大成的有为有位之人。《乾》卦虽然只有九三爻言君子，但其他几爻与九三爻都有密切的关系，实际上以龙为象，既表达刚健中正的天之道，又表达乾乾君子的人之道。《乾》卦中的人物有大人和君子，九五爻的“大人”是事业大成的君王，全卦要体现的正是通过潜、见、乾、跃的不同阶段，与时偕行，不断修炼，由君子而成大人的人生发展之路。《坤》卦更为明显，“君子有攸往”，全卦以君子为榜样，讲了“顺柔利贞”的为臣之道。

为什么《乾》《坤》两卦都以君子为中心人物呢？

“易为君子谋”。这是宋代哲学家张载的著名论断。他认为：“易为君子谋，不为小人谋，故撰德于卦，虽爻有小大，及系辞其爻，必谕之以君子之义。”[①]他发现《周易》阐述的人文哲理立意于君子，引德入卦，于卦爻辞中谕以君子之义。从《乾》《坤》两卦的经文来看，确实如此。

---

① 参见（宋）张载撰，林乐昌编校：《张子全书》卷三《正蒙》，西北大学出版社，2015年。

易为君子谋，首先在于君子以上谕人物才能与《易》发生关系。君子是十分古老的人格形象，我国最早的典籍《尚书》《诗经》中，都有君子出现，到周朝，君子已是广泛存在的概念。当时，君子是有位、有为、有德之人的尊称。有位是前提条件，必须是贵族成员及其子弟才能成为君子。也就是说，贵族队伍中的优秀人物被尊称为君子，君子必然是贵族成员。与君子相对应的是小人。《周易》最初是卜筮之书，能够需要卜筮、能够参与卜筮的不可能是小人以及更底层的百姓大众，只有君子以上的人物才能与卜筮发生关系。他们的所行所为，需要通过卜筮来预测结果；卜筮记录与事实相联系，也就成为君子及贵族成员的行为指导。因为在周代，《周易》与普通百姓是没有任何关系的，所以“易不为小人谋”。

易为君子谋，还在于作易者的目的和方法。相传《易经》是由伏羲、周文王和周公所作，《易传》为孔子所作，作易者都是圣人。所以，《系辞》作了形象的描述：

> 圣人设卦观象，系辞焉而明吉凶，刚柔相推而生变化……六爻之动，三极之道也。是故君子所居而安者，《易》之序也；所乐而玩者，爻之辞也。是故君子居则观其象而玩其辞，动则观其变而玩其占，是以自天祐之，吉无不利。

圣人通过仰观俯察总结万物之象而设立了六十四卦，又在各卦、爻下系上其蕴含吉凶征兆的言辞，阴爻和阳爻的相互往来产生了无穷无尽的变化。六爻的变动蕴含着天、地、人三种境界的道理。所以，君子能够安居而稳定的原因就在于遵守《周易》所提示的（天地）次序；君子所喜爱和揣摩的是卦、爻下所系言辞的内在含义。因而君子日常所居就观察卦象且琢磨其卦爻辞的含义，若出门行动就观察六爻变化而把玩占筮所含的吉凶，这样就能得到上天的祐助而获得吉祥。以上说明圣人作易是为君子所谋，君子也通过学易谋易得以指导自己的行为。作《易》者，圣人也；谋易者，君子也。

易为君子谋，更在于易理蕴含了君子之道。《系辞》曰：

> 一阴一阳之谓道，继之者善也，成之者性也。仁者见之谓之仁，知者见之谓之知，百姓日用而不知，故君子之道鲜矣。

一阴一阳的矛盾变化就是事物发展的规律，即易之道。承继这个“道”的就是美善，而成就这个“道”的则是事物的本质及其变化。不同的人对“道”有不同的认识，仁爱之人发现的是仁爱，智慧之人看到的是智慧，平民百姓在日常生活中每天都在遵循此“道”却浑然不知，所以阴阳变化、通达兼容的君子之道就鲜为人知了。

这段话可理解为：易道即阴阳之道，它是客观的、本有的，能把握、承继它就是至善、美好的；易道包含有仁义、智慧等多方面的内涵，易之道即君子之道；唯有君子才能深刻理解、准确把握易之道。

“一阴一阳之谓道”，《乾》阳《坤》阴，《乾》《坤》之道亦可代表易之道。《乾》《坤》之道既揭示了君子之德、之道的内涵，亦指引了一条如何成为君子的道路。

如何修炼成为一名君子呢？《乾》《坤》两卦指出了效天法地、与时偕行和进德修业三个要点。

效天法地

《周易》讲自然亦讲人生，由天道而论人道，明天道而知人事。阴阳之道揭示的是自然规律，也是社会规律，展现了明显的天人合一特色。《周易》有卦象和卦德之分，卦象是卦本来的意义，如《乾》《坤》两卦的卦象分别为天、地，卦德则是从卦象中引申出来的义理，是人看了这个卦而体悟出来的道理，如《乾》《坤》两卦的卦德分别是健、顺。经过《易传》的发挥，《周易》更深刻、更显著地体现了推天道以明人事的特色。

《说卦》通过一卦结构的分析把天、地、人紧密地结合起来：

> 昔者圣人之作易也，将以顺性命之理，是以立天之道曰阴与阳，立地之道曰柔与刚，立人之道曰仁与义。兼三才而两之，故《易》六画而成卦。分阴分阳，迭用柔刚，故《易》六位而成章。

这里把一卦六爻分成三个层次，每个层次以阴爻阳爻表示阴阳或刚柔，下面的初、二两爻象征地，地之道为刚与柔；上面的五、上两爻象征天，天之道为阴与阳；中间的三、四两爻象征人，人之道为仁与义；天、地、人三部分（即“三才”）共同构成了一卦的完整体系。三才之道的提出，标明《周易》的功能从卜筮转变为天地人关系的研究，转变为社会关系和人生义理的阐述，从而使《周易》成为一本人文色采浓厚的哲理之书。

《易传》中，《系辞》《彖》《象》《文言》等都广泛地论及天人之道，特别是《大象》，更是紧密地把天地与人道作以关连、对应，阐述人生哲理。《象》分为《大象》与《小象》，《小象》是对一爻爻象或爻辞的分析，《大象》则是由全卦上下卦的卦象组合推阐全卦所显示的社会伦理和道德修养意义。《周易》讲人事、论人生，涉及圣人、大人、贤人、君子、小人、庶民百姓，但更多的是论及君子，阐释君子最突出的则是《大象》，《大象》很精练，往往仅一句话。六十四卦之《大象》，除了少数描述大人、王、后等，其余五十三卦均有对君子思想行为的指导和评价。其中最精彩、最形象、最深刻及影响最大的当数《乾》《坤》两卦之《大象》。

天行健，君子以自强不息。（《乾》）

地势坤，君子以厚德载物。（《坤》）

《大象》有统一的结构：“……，XX以……。”前半部分主要是对卦象结构、含义的分析，并作出综合判断，后半部分主要是从卦象义理推演出的社会和人生哲理。如《乾》卦，“天行健”，上卦下卦皆乾，两乾相重，全卦仍为天之象，说明“天道”健行周流，永不停歇。“君子以自强不息”，指君子效法天“健行”之象，立身行事自强奋发，永不止息。

《坤》卦也是如此，“地势坤”，上卦下卦皆坤，两坤相重，全卦仍为地之象，地体厚而广，其势是顺于天，故取其顺厚之象，云为“地势坤”，“君子以厚德载物”，指君子效法地厚实和顺之象，增厚其德以承载万物。从“乾健”，引申出自强不息的人生意义；从“坤顺”，引申出“厚德载物”的道德精神，正是典型的《大象》对卦象的推阐发挥。

天体强劲刚健，运行不止，变化无穷；地体宽厚广大，顺承天行，生长万物，此为天地自然之理，具有客观性，蕴含其必然之义。人道效法天地。自强不息，自强者，不自萎靡之意；不息者，无不然之理，所谓鼓舞振作。厚德载物，即进德修业，勇于负责，成德为行，所谓担当包容。此为人之自勉之理，具有意识性，蕴含其应然之义。如把《乾》《坤》之象联系起来看，天行健，地势坤，还有“天尊地卑（低）”“地以承天”的意旨，蕴含阴阳相互依存、对立统一的关系；同样，人道效法天地，既要效法天道的刚健中正、地道的柔顺利贞，还要效法天地的无私合作、美利万物。这是自强不息、厚德载物的完整含义。

君子效天法地，自强不息、厚德载物成为中华君子的标志性品质，效天法地也成为中华君子的重要特点。由于效法天地的人文传统，自强不息、厚德载物的君子精神又得以广泛传播。

1914 年的一天，梁启超在清华大学发表了题为《君子》的演讲。梁氏的演讲围绕君子和《乾》《坤》两卦之《大象》展开，其演讲之震撼、影响经百年之久而不衰。

现录梁氏演讲全文于下：

君子二字其意甚广，欲为之诠注，颇难得其确解。为英人所称“劲德尔门”包罗众义，与我国君子之意差相吻合。证之古史，君子每与小人对待，学善者则为君子，学不善则为小人。君子小人之分，似无定衡。顾习尚沿传类以君子为人格之标准。望治者，每以人人有士君子之心相勖。《论语》云：君子人与？君子人也！明乎君子品高，未易几及也。

英美教育精神，以养成国民之人格为宗旨。国家犹机器也，国民犹轮轴也。转移盘旋，端在国民，必使人人得发展其本能，人人得勉为劲德尔门，即我国所谓君子者。莽莽神州，需用君子人，于今益极，本英美教育大意而更张之。国民之人格，骎骎日上乎。

君子之义，既鲜确诂，欲得其具体的条件，亦非易言。《鲁论》所述，多圣贤学养之渐，君子立品之方，连篇累牍势难胪举。《周易》六十四卦，言君子者凡五十三。《乾》《坤》两卦所云尤为提要钩元。《乾·象》曰：“天行健，君子以自强不息。”《坤·象》曰：“地势坤，君子以厚德载物。”推本乎此，君子之条件庶几近之矣。

《乾·象》言君子自励犹天之运行不息，不得有一曝十寒之弊。才智如董子，犹云勉强学问。《中庸》亦曰，或勉强而行之。人非上圣，其求学之道，非勉强不得入自然。且学者立志，尤须坚韧强毅，虽遇颠沛流离，不屈不挠，若或见利而进，知难而退，非大有为者之事，何足取焉？人之生世，犹舟之航于海。顺风逆风，因时而异，如必风顺而后扬帆，登岸无日矣。

且夫自胜则为强，乍见孺子入水，急欲援手，情之真也。继而思之，往援则己危，趋而避之，私欲之念起，不克自胜故也。孔子曰："克己复礼为仁。"王阳明曰："治山中贼易，治心中贼难。"古来忠臣孝子愤时忧国，奋不欲生，然或念及妻儿，辄有难于一死不能自克者。若能摈私欲，尚果毅，自强不息，则自励之功与天同德，犹英之劲德尔门，见义勇为，不避艰险，非吾辈所谓君子其人哉。

《坤·象》言君子接物，度量宽厚，犹大地之博，无所不载。君子责己甚厚，责人甚轻。孔子曰："躬自厚而薄责于人。"盖惟有容人之量，处世接物坦焉无所芥蒂。然后得以膺重任，非如小有才者，轻佻狂薄，毫无度量，不然小不忍必乱大谋，君子不为也。当其名高任重，气度雍容，望之俨然，即之温然，此其所以为厚也，此其所为君子也。

纵观四万万同胞，得安居乐业，教养其子若弟者几何人？读书子弟能得良师益友之熏陶者几何人？

清华学子，荟中西之鸿儒，集四方之俊秀，为师为友，相蹉相磨，他年遨游海外，吸收新文明，改良我社会，促进我政治。所谓君子人也，非清华学子，行将焉属？虽然君子之德风，小人之德草，今日之清华学子，将来即为社会之表率，语默作止，皆为国民所仿效。设或不慎，坏习惯之传行急如暴雨，则大事偾矣。深愿及此时机，崇德修学，勉为真君子，异日出膺大任，足以挽既倒之狂澜，作中流之底柱，则民国幸甚矣。①

梁氏的演讲，时值辛亥革命后不久，国家处于危亡、混乱之际，“莽莽神州，需用君子人，于今益极”，期待清华学子，人人勉为真君子，做中流之砥柱，以挽既倒之狂澜。梁氏认为，成为君子就要像《乾》《坤》两卦之《大象》所说的那样，效法天道之刚健、地道之厚重，自强不息，厚德载物，为社会做出表率。梁氏对自强不息总结为自励、自胜、自强；对厚德载物则强调厚重、博大、宽容，当代君子要兼具两方面的优秀品质，为国家尽责，为改变社会尽力。梁氏的演讲，使自强不息、厚德载物得以广泛传播，并成为清华大学的校训。

20 世纪 70 年代末，伴随着改革开放的步伐，自强不息、厚德载物又成为鲜明的时代精神，成为推动社会变革的强大动力。四十年过去了，笔者还清晰地记得当初刚听到这八个字时，自我心灵上的震撼和当时社会的强烈反响。今天，社会变化天翻地

① 梁启超 :《君子以厚德载物》,《清华周刊》第 20 期，1914 年 11 月 10 日。

覆，社会问题也积聚日重，但代表天地精神的自强不息、厚德载物精神仍是中国人解决新问题、迈向新时期的精神力量。可以说，历史悠久的“自强不息、厚德载物”是传统君子的人格内涵，也是当代君子的时代标识；是具有人格力量的君子精神，也是代表中华文明与时俱进的民族精神。

与时偕行

中华君子已有数千年历史，君子传统为何能历久不衰？君子精神为何能千年不死？就是因为君子具有与时俱进的品质特征，这个品质的基础是在《周易》《乾》《坤》两卦中打下的。

《乾·文言》：君子“终日乾乾”，与时偕行。

变易是《周易》的三大特征之一。《周易》是讲天地万物变化的书，全书无处不说阴阳，无处不论人事，无处不讲变化。阴阳，是变化中的阴阳；人事，是变动中的人事。阴阳是万物共有的根本元素，变化则是万物相同的本质特征。乾坤之道所论及的君子，其特征也是因时而变、与时偕行的。

时，首先是天时。王夫之说：“言与时偕者，天道不倚于四时，而四时皆与天为体，时之所至，天亦至也。”《乾》卦以龙为物象，“时乘六龙以御天”。初九之所以“潜龙勿用”，是因为阳气处在潜藏之时，阴盛阳微，只能处于隐伏之位。九二之所以

“见龙在田”，是因为时机舒缓了，阳气已升至地面，呈现天下文明的景象。九三之所以要终日乾乾，是因为要随着时势的变化而变化。九四之所以“或跃在渊”，是因为处于“乾道”变革之时，必须审时度势。九五之所以“飞龙在天”，是因为能与“四时合其序”，“先天而天弗违，后天而奉天时”。上九之所以“亢龙有悔”，是因为“与时偕极”，随着时势的发展一同进入了穷极一时之境。《乾》卦六爻皆因时位不同而发生变化，《坤》卦也是如此，“承天而时行”，由于其柔顺的特性顺承天而时行。

巨龙因时而变，君子与时偕行。与时偕行，是指随着时势的变化而变化，不变的则是要继续前行。所以，九三爻的爻辞是：“君子终日乾乾，夕惕若厉，无咎。”意思很明白，君子整天勤勉健进，直至夜深人静之时还像处于危险之中那样保持警惕，就会免于灾祸。

“乾”字有丰富的内涵，有阳光普照义，有旋运不息义，有健行上出义，等等。《说文》曰:“乾，上出也。从乙，物之达也。倝声。”其所从的乙，表示作物的生长，出地向上之形状，如一株树苗茁壮向上成长。乾乾，即《乾》卦上下皆乾，是乾之又乾，由此显示出大明终始之义、运行不止之义、上进不已之义。《乾》卦六爻正是逐级而上，体现了上进不已的内涵。与时偕行，即与时偕进。初九之潜龙、九二之见龙、九四之“跃”龙，都是等待飞龙之时，待时而进、择时而进，是龙求进的不同策略。上九之亢龙有悔，则说明需要与时偕行，而不能与时偕极。与时偕极是不识时务、不懂时势、不知变化。与时偕行即是为了与时俱进，行是为了进，这是十分重要的内涵。

“终日乾乾，夕惕若厉”八个字，体现了时、空、人三者的关系。时，“终日”，整天；夕，晚上和夜间。日、夕皆言时，泛指白天黑夜，可引申为每日、日日、长年累月、长期如此。空，“若厉”，好像是危险的环境。人，“乾乾”“惕”，勤奋、健行、警惕。

君子为什么要终日乾乾呢？《周易》中按三才之道，初、二爻为地之位，三、四爻为人之位，人应立于地上而立功，三爻论人事，“三多凶”，故此爻言君子之道。古时君子是统治阶级的成员，是没有达到最高位但有一定地位、担负相当责任的有位之人。三爻处于下卦之上，重刚而不中，乾乾是健而又健，如行之过健则宜有咎，这与上九“与时偕极”是相似的道理。所以，九三君子意识到这种危险，白天勤勉奋进，晚上则像做过了头处于危险境地，因而反思、检讨自己，是否过于进而不已。君子之德如此谨慎寡过，故能虽危无咎。君子作为一个进取者，既然要建立事功，就要乾乾奋斗，但处境十分微妙，往往动辄得咎，唯有小心谨慎，如履薄冰、如临深渊，夕惕若厉，知难而进。知难而进的最佳方略就是与时偕行。

与时偕行的基本策略是“因其时而惕”。《乾·文言》两次讲了同样的话：“故乾乾因其时而惕，虽危无咎也。”君子终日乾乾，终日是指整天、长期，但在这整天中也有不同的时辰、长期中也有不同的时段，要根据不同的时辰、时段采取不同的惕策。《乾》卦中，潜、见、跃、飞皆时也。龙作为灵动之物，变化莫测，但能因时而动，由潜而见而跃而飞。春分时脱潜而见，秋分时又蛰而潜渊。如其不能因时而惕，秋分时节贪图凉爽舒服，依然高飞猛进，亢奋不已，“履霜坚冰至”，估计不到冬至必成僵死之龙了，结局比“亢龙有悔”惨得多了。而到了春分若仍不知时节已变，不能及时登田，则将错失良机。春分到秋分，才是龙显、跃、飞的时期，这是十分值得珍惜的阶段。如把一年比作终日，春分至秋分的能显能飞的阶段如同白天，巨龙要奋发勤勉；秋分至春分的潜隐阶段则如同夜间，巨龙要保持警惕。如此按不同时段有所选择而动，自能与时偕行、健行不已。龙因时而变，君子也同样“因其时而惕”。初九人微言轻，要谨言慎行，隐而不显；九二时中，时机有利，位置适中，因此要德博而化、利见大人。九三、九四多凶多惧，上下无常，进退不定，九三要夕惕若厉、反复行道，九四则要抓住“乾道乃革”的难得机会，“或跃在渊”。君子与巨龙一样，居安思危，因时而惕，充满应变旁通的智慧。可以说，因其时而惕是人生的大智慧。

《乾》之六爻，从初爻至五爻讲的都是与时偕行。初、二、四、五爻都与君子的终日乾乾关系密切，九三君子是与时偕行的形象，与此相对应，上九爻“亢龙有悔”则树立了一个“与时偕极”的典型。这一正一反的对比，可加深对终日乾乾君子的理解。

从爻位上来说，九三居下卦之上，上九居上卦之上，且为全卦之终，都处于高则危的位置。但也有差异，二者犹如一个人分别处于职位的中、高阶位，事业的小成、大成阶段。九三居下卦之上，故有“下不在田、上不在天”之说。君子作为一个进取者，此时处于十分微妙、尴尬的境地，很容易动辄得咎。处于下卦之上，意味着事业初成，小有成就，这种将成未成、小成未大成，正如巨龙由显而跃飞至半空，龙身已在半空没有基础，故下不在田；但又尚未腾飞成功，不得自由，故上不在天，处于上不得、下不得的危困之中。三、四爻处于人道，上升至天道有很大的变数。但九三是一个刚健中正的乾乾君子，乾乾为至健，他不惧艰险，奋斗不已，但深知处境凶险，故夕惕若厉。九三君子终日乾乾，反复行道，因而虽危无咎，而上九之亢龙则未能如此。上九处于在天、不在田之位，在天即处于高位，权力很大，充分自由自主，但高则危，极高则极危，亢龙不能像君子那样终日乾乾、夕惕若厉，没有认识到自己的高危处境，沉湎于权力、享受之中，既志满意得又不知收敛。亢则不知时知变，最后处于“贵而无位、高而无民，贤人在下位而无辅”的动而有悔的境况。

可见，与时偕行和与时偕极的不同首先在于是否识时势、知时变。根本的不同点在于，是否遵循刚健中正的天道。亢龙与时偕极，动而有悔；君子与时偕行，因时而惕。君子终日乾乾，在于其反复行道；亢龙动而有悔，则在于未能守正。《文言》曰“‘亢’之为言也，知进而不知退，知存而不知亡，知得而不知丧”，清楚说明了亢龙有悔的根本原因，是刚健过极而未守中正。君子则是反复行道、坚守正道。

《文言》和《系辞》中有几处分别论及了君子“因其时而惕”，保持身安无咎。

君子藏器于身，待时而动，何不利之有。(《系辞》)

子曰:“危者，安其位者也；亡者，保其存者也；乱者，有其治者也。是故君子安而不忘危，存而不忘亡，治而不忘乱，是以身安而国家可保也。”(《系辞》)

子曰:“知几其神乎？君子上交不谄，下交不渎，其知几乎？几者，动之微，吉之先见者也。君子见几而作，不俟终日……君子知微知彰，知柔知刚，万夫之望。”(《系辞》)

子曰:“君子进德修业……知至至之，可与言几也。知终终之，可与存义也。是故居上位而不骄，在下位而不忧，故乾乾因其时而惕，虽危无咎矣。”(《文言》)

子曰:“上下无常，非为邪也。进退无恒，非离群也。君子进德修业，欲及时也，故无咎。”(《文言》)

“藏器于身，待时而动”，因而君子能够不失时机，与时偕行。根据以上引用孔子的几段话，综合出君子几条藏身守道之器。

善始善终

君子“知至至之”“知终终之”，知几、知微、存义，故能善始善终。“知至至之”是能够预知事业发展的趋势和能达到的目标，从而努力为之；“知终终之”是能够知晓事业发展的最终结局，从而有效把握，在最好的时机取得最佳的结果。“知至”方能开好局，“知终”则能收好局。事业皆由微小发展以至巨大，把握好这个过程就要知几、知微、存义，如“履霜坚冰至”就是知微，即具有把握事物初始细小征兆的敏感性；“夕惕若厉”就是知几，即把握事物变化的微妙性；坤阴“顺承天时”就是存义，即懂得事物发展的义理。这样就能把握事物发展的规律性，善始善终，故能无咎。

居安思危

君子懂得安危、存亡、治乱的因果关系，终日乾乾，毫不懈怠，戒惧警惕。居安不忘危，勤勉兢业；存而不忘亡，善于总结经验，防止坏的苗头出现；治而不忘乱，工作不松懈，实施有效治理。居安思危是君子朝乾夕惕的理论指导，也是君子安身立命之道。

上下有定

九三下不在田，上不在天，上下无常，但君子是无常而有定的。有定力，不为上下所困扰；能上能下，不因上下而失礼；守身有定，居上位而不骄，黄中通理，正位居体，下交不渎，不倚上凌下；居下位而不忧，善世不伐，德博而化，上交不谄，含章可贞。有此定力，虽处危地，亦能无咎。

刚柔相济

“君子知微知彰，知柔知刚，万夫之望”，这是君子虽危无咎的方法论，从龙之潜到见、到跃直至飞，正是事物由微至彰的发展过程。知微，则知“履霜坚冰至”，知彰，则知“与天地合其德”。由知微知彰，到知柔知刚，显现了龙或君子的无穷智慧。知柔知刚，该柔则柔，该刚则刚，综合起来是有刚有柔、刚柔迭用、刚柔有度、刚柔相济。“潜龙勿用”是知刚知柔而用柔；

"见龙在田"是柔中有刚；"终日乾乾"是刚柔有度；"或跃在渊"是能刚能柔，刚则跃飞，柔则潜渊；"飞龙在天"则是美利天下，刚中有柔；"亢龙"则是过刚不柔而有悔。统观《乾》卦，龙能屈能伸、能潜能跃、在田在天，这种伸屈自如的缘由正是刚柔相济的作用。所以说，刚柔相济是君子进退自如、安危如一的法宝。

能进能退

进退问题主要体现在九四爻与上九爻的对比中。进退得失是人生中经常遇到而又常常不能超脱的问题。上九爻之亢，原因很明显，"知进而不知退，知存而不知亡，知得而不知丧"。因为这样的"三知""三不知"，亢而有悔是理所当然的了。九四爻的情况十分复杂，表面上是讲龙"或跃在渊"，但实际上讲的是君子。"上下无常""进退无恒"，是进退维谷，进退两难。人生之难，难的不是退或进，而是在进退之间，有时候往往是进不得、退不得；进亦难进，退亦难退。九四亦如此。若进取成功，则飞黄腾达，一步升天；但如进而不成，不是退到田间地头，而是跌落深渊。如何办？《文言》提了两条策略，一是非为邪，非离群。不论是上是下，或进或退，都不要有邪恶之念，都要有扎实的群众基础，这是守正。二是及时而动。"君子进德修业，欲及时也"。要抓住"乾道乃革"的有利时机，及时而动地扩大自己的事业。所谓及时而动，就是不失时机，抓住机遇。守正和及时，正是君子与时偕行的两条基本原则。

进德修业

《周易》成为人文色彩浓厚的经典，应归功于《易传》。《易传》对道德伦理的阐发具有自己独有的特色，就是将德行与功业常常相提并论。《系辞》一开篇即从《乾》《坤》的功能发挥到德、业上来。

> 乾知大始，坤作成物。乾以易知，坤以简能；易则易知，简则易从；易知则有亲，易从则有功；有亲则可久，有功则可大；可久则贤人之德，可大则贤人之业。

这段话告诉我们，乾道的智慧在于它是万物的伟大创始者，坤道的作为在于它在大地上生成了万物。乾以其平易而充满智慧，坤以其简易而大有作为；事情平易就容易明白，事情简易就使人容易跟随；容易明白就使人亲近，有人随从就会建功立业；有人亲近就能立身长久，建有功业则可立身宏大；立身长久是贤人的美德，立身宏大是贤人的事业。可见，德、业的建立要立足于乾坤之道；理解乾坤之道，要在立德立功上体现。

德业的建立与乾坤之道从根本上相通，而乾坤之道又实质表现为阴阳之道，那么德业的建立与阴阳之道的关系亦不言自喻。

> 一阴一阳之谓道，继之者善也，成之者性也……显诸仁，

藏诸用，鼓万物而不与圣人同忧，盛德大业至矣哉！富有之谓大业，日新之谓盛德。

一阴一阳的矛盾运动形成了事物发展之“道”，承继这个“道”的是美善，成就这个“道”的则是事物的内在本质。阴阳之道就显示在生生不息、成就万物的仁爱之心中，隐藏在日常运用之中。“道”能鼓动化育万物，而没有圣人那种心系天下的忧虑，是因为它是纯粹客观的。可见，阴阳之“道”的盛美德行与宏大功业是多么崇高至伟！富有万事万物可称作大事业，而能使万物日新月异有新变化，这就是“道”化育万物的盛大美德。显然，这不是讲道德的伦理性，而是讲天地道德的客观性以及对这种客观性的认识。乾坤之道、阴阳之道都是天地道德，天之道决定人之道，人之道、人之德应效法天地之道、之德。

天地与人世之间建立了道德关系，通过弘扬天地道德来建立人世的道德伦理体系，这就是圣人作易的目的。《系辞》曰:“夫易，圣人所以崇德而广业也。知崇礼卑，崇效天，卑法地。”这几句话讲得很明白，圣人作易，是为了崇高道德、广大事业的。智慧贵在崇高，礼节贵在谦卑，崇高则仿效天道，谦卑则是效法地道。

这是在讲圣人效法乾坤蕴含的天地之道，以崇高道德和广大事业。这种效法的微妙之处在于，圣人遵循天地之道，既有顺应之德，又有化育之功。这正是《周易》的高明、深邃、神妙之所在。《周易》讲道德，是从天人合一的角度，从道德的根源——天地之道开始，并将道德的修行与事业的建立结合在一起，强调道德的增进要在事业发展的进程中体现，这就使道德涵养有了动态的表达，不只是坐而论道，而且要“成德为行”，从而使道德修炼有了实践的意义。

圣人崇德广业，君子进德修业，二者的不同在于人格层次的不同。君子是中华文明的理想人格，也是具有现实性的人格形象。圣人则是传统文化中的最高人格，其与日月同功，与天地合德，是道德完善、事业大成者。《乾》《坤》两卦有贤人和大人。大致说来，贤人相当于君子人格层次，大人相当于圣人的人格层次。圣人要做的是崇尚道德、广大事业，而君子要做的是不断增进道德，建立功业。君子要走的是一条不断修炼、自我完善，最终成为圣人的人生之路。《乾》卦中“遁世无闷”的潜龙、“德博而化”的见龙、“终日乾乾”的“九三”、自试其功的“跃”龙都是孜孜不倦、修身以成的君子。君子具有“君德”，但行而未成，所以要“与时偕行”。通过进德修业而成为崇德广业的圣人，是君子的人生目标和价值追求。

君子进德修业，就是德业兼修，德和业密不可分。因此，德业相当、德位相配是君子进德修业的一项基本原则，也是一个重要标准。《系辞》曰：“子曰：‘德薄而位尊，知小而谋大，力小而任重，鲜不及矣。’”德行浅薄而居尊贵高位，智慧低下而图谋宏业，力量单薄而担当重任，很少有不伤及自己的。高位配高德、大业修大德、重任需厚德，德位相配、德业相应，这是乾坤之道“自强不息、厚德载物”的深邃道理，也是君子进德修业的有效途径。作为君子，人生旅途会有许多艰难险阻，如何对待这些艰难险阻要从乾坤之道来体悟，所以《系辞》曰："夫乾，天下之至健也，德行恒易以知险；夫坤，天下之至顺也，德行恒简以知阻。"乾是天下最刚健的，德行长久而容易明白，主知险难；坤是天下最柔顺的，德行长久而简单，主知困阻。因而不可能坐在家中闭门修德或等待道德圆满再去成就事业，必须到社会实践中去历练自我，在社会实践的历练中提升自我的道德层次。

《乾·文言》两次强调"君子进德修业"。君子之业与圣人之业是一致的，甚至圣人之业包括了君子之业，圣人"定天下之业"，"举而错之天下之民谓之事业"，即把道用于天下的民众就是事业。君子"或从王事"，为实现圣人的事业而奋斗，但它向往的、为之奋斗的正是天下之业。尽管君子恪守臣道，不居功为己，但他也是在从事圣王的事业中成就自己的事业的。君子的事业是圣人事业的一部分，它们在本质上是一致的。"富有之谓大业"，"崇高莫大乎富贵"，富有、富贵的程度就是君子事业的发展程度。富有不仅仅是财产的富有，而且包括广土众民、精神财富及个人声望的富有。拥有广袤的土地、众多的民众、巨大的财富、显赫的声名和威望，以及化育民众的道德，就是富贵。大富大贵即大业，君子要修成的，就是这样的事业。如何修业？《系辞》曰："修辞立其诚，所以居业也。知至至之，可与言几也。知终终之，可与存义也。是故居上位而不骄，在下位而不忧"，"上下无常，非为邪也。进退无恒，非离群也"。君子要成就一番事业，要有内心的诚意和善于表达的素养，要有预知目标和结果以及其中奥秘的智慧，要有为目标和结果不懈奋斗的实际行动，要有不骄不忧的良好心态和上下一致、进退适度的定力。只有“乾乾因其时而惕”，才能克服艰难险阻修成大业。

君子修成大业，要有高度的智慧、乾乾的努力，还要有对时机的把握和命运的垂青，但最重要的是进德。修业必须进德，进德也是为了修业。进德是君子成就事业的终身课题，是没有终点的修炼，这与终日乾乾是一致的。

君子进德，最重要的是“元、亨、利、贞”四德。由于《易传》的发挥，“元、亨、利、贞”由天之四德转化为君子之四德。前文已提及，《文言》将“四德”解释为：“‘元’者，善之长也；‘亨’者，嘉之会也；‘利’者，义之和也；‘贞’者，事之干也。”元、亨、利分别与仁、义、礼相对应，突出了儒家的道德主张。特别是把“贞”转变为正，作为君子的重要道德，把守持正道作为君子干事立业的重要途径，赋予其道德实践的含义。这样把仁义礼的道德修养与正固干事相联系，使进德与修业有机结合，从某种意义上使修业干事的君子更加真实、鲜活，这与单纯、单薄的道德君子形象是大不相同的。

“君子行此四德”，高亨先生解释道：“四德，仁、礼、义、正也。君子行仁始能善，是为元；行礼始能美，是为亨；行义始能利物，是为利；行正始能干事，是为贞。君子法天以行此四德。”他还认为，《乾》卦中，《象》以乾天之德释“四德”，属于天道观的范畴；《文言》以君子之德释“四德”，则属于人生观的范畴。彼此相区别，亦彼此相联系。“元者，善之长也”，从天道的角度是“天地之大德曰生”，“君子体仁足以长人”；由天之元善而“仁以行之”、仁爱万物，从而成为人之长。“亨者，嘉之会也”，君子“嘉会足以合礼”。嘉会是指美好的事物相汇合，这是以“嘉会”释亨通，而“嘉会”也是合礼的表现，人的亨通发达也要合乎礼节。“利者，义之和也”，君子“利物足以和义”，这是正确的义利观，乾坤君子重利讲利，“变动以利言”，“变而通之以尽利”，亨通得利。天道之利是“美利天下，不言所利”，这也是义之所在。在天之道中，义利相随、义利一致、以利和义。君子“存义”，追求富有，利物利人，以利聚人，成就大业，这样，利以和义，利中有义，利于修业。“贞者，事之干也”，君子“贞固足以干事”，天地正道，成就万物，君子守正，干成大事修其大业。“君子行此四德”，这样就使进德与修业相一致，进德促进了修业。

《文言》于乾坤君子“进德”的阐发，在《乾》卦的初、二、三、四爻，《坤》卦的二、五爻中都作了具体的论述。

> “龙德而隐者也。不易乎世，不成乎名，遁世无闷，不见是而无闷。乐则行之，忧则违之，确乎其不可拔也，潜龙也。”“君子以成德为行，日可见之行也。‘潜’之为言也，隐而未见，行而未成，是以君子‘弗用’也。”
>
> “龙德而正中者也。庸言之信，庸行之谨，闲邪存其诚，善世而不伐，德博而化。”“君子学以聚之，问以辨之，宽以居之，仁以行之。《易》曰：‘见龙在田，利见大人’，君德

也。”

“君子进德修业。忠信所以进德也。修辞立其诚，所以居业也。知至至之，可与言几也。知终终之，可与存义也。是故居上位而不骄，在下位而不忧。故乾乾因其时而惕，虽危而无咎矣。”

“上下无常，非为邪也。进退无恒，非离群也。君子进德修业，欲及时也，故无咎。”

（以上为《乾·文言》）

“‘直’其正也，‘方’其义也。君子敬以直内，义以方外，敬义立而德不孤。‘直、方、大，不习无不利’，则不疑其所行也。”

“君子黄中通理，正位居体，美在其中而畅于四支，发于事业，美之至也。”

（以上为《坤·文言》）

根据以上论述，提炼出君子成就事业需增进的几种品德。

坚定之德

《文言》对于初九爻的阐发即为明此德。“不易乎世，不成乎名”，即不为世俗时势所移而变其志向，不欲炫耀显现于世而求其名望；“遁世无闷，不见是而无闷”，即远离世俗亦安然泰之，言行为世人所非之亦无烦闷；“乐则行之，忧则违之”，自己认准的事就快乐地实行，于其所忧的事则避而去之；“确乎其不可拔”，坚定不移是君子成就事业的基础。“不易”“不成”，是君子自立中有坚定之德；两个“无闷”，是君子处世中有坚定之德；“行之”“违之”，是君子笃行中有坚定之德。君子之所以坚定不移、确乎不拔，因为其知处于“隐而未见，成而未成”之际，不能半途而废、轻言放弃，必须不忘初心，“成德为行”。

正中之德

君子者，无君位而有君德者。君德即正中之德。正中者，无过，无不及，无偏，无邪。九二之“庸言之信，庸行之谨”，庸言即为正中之言，庸行即为正中之行，因而庸言可信，庸行可谨行。因而九二是善世而不伐，德博而化，“天下文明”。《乾》之君子之“不易乎世”“确乎不可拔”“非为邪”，都是持守正中。《坤》之君子，“‘直’其正也，‘方’其义也”是守正，“‘黄’中通理，正位居体，美在其中”更是“美之至”的中正之德。

忠信之德

“忠信所以进德也”。忠是发自内心，推及于人；信是取信于人，以信理事。忠诚信实，就可增进美德，营修功业。忠信之忠，忠于事业，忠于君主，则庸言可信，行不生疑。六三“含章可贞”，或从王事，无成有终，是忠；九二善世不伐，德博而化，是忠。忠信是君子成就事业的基石。

诚敬之德

诚敬自忠信出。《乾》卦重诚，《坤》卦重敬。九二“闲邪存其诚”，防止邪恶之念而保存诚挚，九三“修辞立其诚”，修饰言辞而立己之诚意，即要表里如一，心诚且善于表达就可以积蓄功业。六二“君子敬以直内，义以方外，敬义立而德不孤”。君子存心以敬而内直，行事以义而外方，恭敬而不苟行就会美德广布而不孤立。敬直外方，正义存。六五“君子黄中通理，正位居体”几句，未见“敬”字，而充满敬意。六五立天下之正位，居高谦下，恭敬之形象令人敬之。要之，九二、九三两爻“诚”之意重，诚心以待人体物，是乾之德；六二、六五两爻，“敬”之意浓，虚心柔正，是坤之德。诚而有敬，敬而必诚，诚敬一德，君子之德。

笃行之德

笃行不黜是君子进德的重要途径。行则进，初九的“乐则行之，忧则违之，确乎不可拔”是笃行；九二的“君子学以聚之，问以辩之，宽以居之，仁以行之”，学、问、居、行皆为笃行；九三的“知至至之，知终终之”，也是笃行；九四的自试其功，“进无咎也”，还是笃行。《坤·文言》所说的“坤至柔而动也刚……承天而时行”讲的是坤之行，而六五的“美在其中而畅于四支，发于事业”则是展现了君子进德修业的全过程。从根本上说，君子的笃行之德源于天地精神的“自强不息，厚德载物”，这也是君子进德修业的根本之所在。

龙马之象、阴阳之理、天地之德和君子之道构成了《乾》《坤》两卦的基本意蕴，其中君子之道是核心。因为“易为君子谋”。通过易象、易理、易德、易道来为君子指出一条人生正道，从而成为统治阶级的优秀成员和社会的精英骨干，这是作易者的主旨，也是《周易》的人文精神、社会价值和哲学意义之所在。

君子之道即乾坤正道！

乾坤智慧

《乾》《坤》两卦通过龙和（牝）马这对鲜活生动的形象塑造，给人们指出了一条人生正道：生为一条龙，做人做君子。

通过《乾》《坤》两卦可以得知，君子非生而知之的圣人，而是学而知之、修而成之、炼而化之的“成人”，即通过人文化成的常人。君子须终生修炼。当然，修炼需要智慧，修炼增长智慧。《乾》《坤》两卦充满了人生智慧，有了这些智慧，就会向君子逐步迈进。

效天法地，天人合一，这是人生的大智慧。如何做人？根本之道在于效法天地，与天地合其德。有人说中国人没有信仰，殊不知中国人的根本信仰是敬畏天地、敬天爱人。如前所述，乾天坤地，天地之德即人之德。人于天地之间，既顶天立地，又效法天地。“道法自然”，掌握了天地阴阳之道，也就把握了刚柔相济的仁义之道。

修身养性，进德修业，这是修炼的大原则。“天地絪缊，万物化醇”。人是物质与精神合一的主体。身心合一，修身养性，就是注重人的物质性和精神性修炼的统一，养生和养性的统一。从人的性命特征来看，人生为阳间（死亡即阴间），是阳气占主导地位的生物体。人的孕育是阴阳和合的过程，人一出生，就是阳气快速上升的时期，至青壮年时期，阳气达到顶点，身体最为强壮；但此后随着阳气的能量下降而身体渐衰，这是身体一面。而心性一面，则从出生后逐步发展，至成熟、完善，并不与身体之发育、强壮、衰弱相一致，而是伴随着整个生命的全过程。修身养性，就是要保全身体的机能，发展完善至心智的成熟。两者的有机统一，才是全面的人生修炼。进德修业，即德业双修，这是《周易》道德观的重要理念，《乾》《坤》两卦强调盛德、大业，圣人要崇德广业，君子要进德修业，既注重德业并论、德业兼修，又注意区分圣人与君子的不同德业层次。德业双修，实际上就是说一个人要成为君子，就要立功立德，达到功德圆满，这也是“内圣外王”的君子实现其人生目标的必经之路。进德修业，提出了正确的德业关系，德在业中进，德进促业修。摆脱了唯道德论的束缚，更加注重实用功效。

周流六虚，尊时守位，这是可行的方法论。《系辞》有言：

> 《易》之为书也，不可远；为道也屡迁，变动不居，周流六虚；上下无常，刚柔相易；不可为典要，唯变所适。

这段话指出《周易》包含有天地万物之理，对人生有深切的指导意义，故不能须臾远离。其所蕴涵的道理是运动变化且不固定于某一点，循环往复，变化于六爻之中，故称“周流六虚”。六爻皆可变，上下无常规可循，阴阳刚柔相互变易，所以不能视其为刻板的典常纲要，必须在变动中求其适宜的方法。这是研习《周易》的技巧方法，也是君子人生修炼的重要方法。

尊时守位是《周易》的重要观点，也是一种思维方法。时、位可理解为时、空，任何人、任何事物都存在于一定的时间空间之中，即都有时有位；只有尊时守位，才能适应变化。所谓尊时，时有两方面内涵，一是指时代、时势、时局的状况和变化，一是自身的发展阶段状况。尊时就是要认清时间、形势的变化，认清自我发展的时段，审时度势、与时俱进。所谓守位，就是要明白自己所处的环境和位置，包括社会、组织环境，也包括人的位势、位遇、位望、位行。在与时相合的位置上为适位，在自己应该在的位置上则为正位。尊时守位，实际上是从时间和空间两个维度上认识形势、选择行动的综合方法。二者是统一而不可分割的两个方面。尊时必须守位，时是位之时，尊时是为了守位；守位也必须尊时，位是时之位，守位也是为了尊时。

尊时守位的思想在《乾》《坤》两卦中得以充分体现。尊时，《文言》讲九三、上九分别为“与时偕行”“与时偕极”，两次讲九三“乾乾因其时而惕”，讲坤道是“承天而时行”。守位，《文言》讲九三“居上位而不骄，居下位而不忧”，讲九五“飞龙在天，乃位乎天德”，讲上九“贵而无位，高而无民，贤人在下位而无辅”，讲坤六五“正位居体”。实际上，乾为天，即天时；坤为地，即地域。《乾》卦讲时为主，“元、亨、利、贞”四德亦四时。六爻分别讲隐、显、惕、跃、飞、亢之时不同的行为。当然，讲时亦是讲位，龙之三在，即分别讲在田之位、在渊之位、在天之位，初九讲初潜之位、九三讲上不在天、下不在田之位，上九则讲穷极之位。《坤》卦也是如此，以讲位为主亦讲时，《坤》卦核心是讲处于臣位之道，讲正位居体，西南、东北也都是方位。卦辞讲“君子有攸往”之时，爻辞讲履霜之时、括囊之时、战于野之时，“无成有终”“以大终”还是讲时。总之，《周易》表现天地之道的方式就是以卦爻变化来表示时、位的变化。

所谓“六爻相杂，唯其时物也”，即六爻相杂交错，都是应时的事物；所谓“大明终始，六位时成，时乘六龙以御天”，即太阳从早到晚反复运行，白昼的六个时段分别由六爻代表；同时六爻犹如阳气乘六条巨龙以御天。可见，尊时守位是《周易》所要表达的重要思想。

需要指出的是，《周易》强调尊时守位是为了表达“变通”“会通”的注重变化的主旨。卦爻由阴阳变化而来，也体现了变通。“穷则变，变则通，通则久”，所谓变通是指通过变化以达到亨通、畅通。变通又是通过卦爻的“会通”“旁通”来实现的，变通又是与时、位相联系的。“变通者，趋时者也”，“广大配天地，变通配四时”，这些意旨在《乾》卦中集中表现，通过龙的潜、见、跃、飞表达了巨龙变化莫测、神通无比的形象，龙的变化又在不同的时、位中得以表现。如龙处于潜隐之位时要待时而动，见龙之位则要“时舍”也，乾乾之位“因其时而惕”，飞龙之时则要“位乎天德”，亢龙之位则同“与时偕极”相关。

人生修炼同样如此，进德修业要与尊时守位相结合。德行素养要根据人生实际问题具有针对性，事业、职业、生活中遇到困蹇之时就要适时调整变通，“毋必，毋固”，事之难易，不在大小，务在知时，识时务者为俊杰，审时度势，择机而行，“君子时诎则诎，时伸则伸”，“时止则止，时行则行”。时机不成熟、时位不匹配时，“藏器于身，待时而动”，积极准备，待机而发；时机一到则顺势而为、审势而行。“上不失天时，下不失地利，中得人和，而百事不废”。总之，尊时守位既是人生修炼的基本方法，又是人生智慧成熟的标志。

当然，尊时守位是为了更好地进德修业，成为君子。“尊时”并不是要为一己之利去投机钻营、趋炎附势和不择手段；“守位”也不是为个人位之尊崇而恋恋不舍或明哲保身。真正的尊时守位，是指作为行为主体的君子自强自立、自觉自爱，能认清时代潮流、把握时代趋势、体现时代精神，明智地把握时机，跟上时代步伐，并能主动行动以夺得先机，处于自我完善的有利位置。实践证明，处于相同的时代、相似的起点，不同的人有不同甚至相反的选择，最后必然处于不同的人生境地。人们的“时位观”是由不同的人生观、价值观决定的；而人们的人生观、价值观也展现在一定的时空中，尊德守位的前提必须是崇德向善、进德修业。

要之，效天法地、天人合一是君子人生修炼的基本指导思想，修身养性、进德修业是人生修炼的基本内容，尊时守位、周流六虚是人生修炼的重要方法，这三者形成了人生修炼的智慧乾坤的完整体系。下面，根据这个体系，结合孔子在《论语·为政》中所述的“十有五而志于学，三十而立，四十而不惑，五十而知天命，六十而耳顺，七十而从心所欲，不逾矩”的人生修炼历程，从时位结合、身心一体、德业双修的不同维度，以“六位时成”为表现形式，以《乾》卦之六爻为主线，并相应联系《坤》卦之六爻义理进行综合分析，系统探讨君子正道的人生修炼智慧。

从讨论的条理性考虑，对每个生命阶段分身心修炼、修业方略、职场策略三个方面展开。

“潜龙勿用”，知微知彰

司马迁说：“《易》本隐之显。”《周易》六十四卦、三百六十四爻，皆始于《乾》卦初九潜龙隐藏之象，从龙之潜藏隐伏到显现飞跃。南北朝学者沈驎士对“潜龙勿用”作了如此解释：“称龙者，假象也。天地之气有升降，君子之道有行藏。龙之为物，能飞能潜，故借龙比君子之德。”

潜龙之潜，有潜藏、潜隐之意，具体表现为潜伏、隐蔽、隐藏、隐微。这四种表现，前三者是行为，隐微则是指事物发展过程的初端以及对此阶段的认识和把握。《周易》中，卦表现为一个事物的起始、发展、终末的全过程，初、上爻分别表现为事物过程的始、终，中间四爻则为发展中的几个阶段。《乾》《坤》两卦亦如此，初九爻的潜龙隐伏于水中，此为隐藏之义；初六爻的“履霜坚冰，阴始凝也；驯致其道，至坚冰也”，从阴气始凝取象于微霜，乃至事物的显性发展取象于坚冰，则为隐微之义。从事物发展的阶段性看，隐与显不是两重世界，而是两个关联的阶段，隐为显之端，由隐的出现以至发展不已，便是显。从事物发展的过程性看，知微见著是十分重要的认识能力，能够看得早一点、远一点，就能取得把握发展过程的主动权。

时与位。潜藏和隐微，都与时与位有关。龙之潜，初九爻代表的自然时节处于“阳气潜藏”的夏历十一、十二月，冬至、小寒、大寒、立春时节，这是一年中阴气极盛之时，天空寒风呼啸，大地坚冰三尺，而龙之潜于深渊，悠然无闷。那么，龙在何时入潜？秋分时入潜。可见知微能力之重要，如秋分不潜，至冬至则成僵死之龙了。潜龙处于何位？下位。“阳在下也”，其潜于水中亦在地之下。

潜龙如此，人亦如此。“君子之道有行藏”，人生皆有隐、显之时。对人生来说，潜隐之时、位表现为：

或为生命的青春期。如孔子所言“十有五而志于学”，处于求学或刚参加工作（实习、工作初期）阶段，大约十五岁至二十五岁之间；或为事业的初创期；或为人生的低谷期；或为命运的转折期。以上四个时期或阶段，为人生的初始或低下之位。或缺乏阅历，或人微言轻。但相同地位亦有不同境况，青少年之位、事业初创之位犹如初九爻阳爻居阳位，为正位，故没有副作用。而后两种情况则如初六爻，阴爻居阳位，不正之位，则不仅要考虑人微言轻，更要防止“因言获罪”了，要谨言慎行，摆脱困穷。

潜龙时期是人生十分重要的阶段。青少年时期是人生必经之阶段，从某种意义上决定了人生今后的境况，犹如大树之根、大厦之基，其重要性不言而喻。其他几种状况也是人生经常遇到的，绝大部分人都处于穷而未达或由穷欲达的征途，即为隐而未显阶段。还有的人人生受挫、事业受创，如何实现人生、事业的转折亦很有必要。总之，积极地认识潜龙时期具有重大的人生意义。

身心修炼

人生的修炼，可以从生理变化和心智发展两个维度来认识，当然必须看到二者的联系，身体健康与心智成熟、高尚的关系是十分密切的。

百年人生，潜龙和见龙处于青年（四十岁以前）时期。传统上所谓“青年”，大体上是指十八岁到三十岁之间的人，三十岁至四十五岁左右为中年人，五十岁以上便为老年人了。随着社会和时代的发展，“龄界”称谓发生了变化，当今的基本共识是：十八岁至四十岁都可称为青年人，四十至六十岁为中年人，六十岁以上为老年人。主要原因在于人均寿命的延长、工作年龄（入职和退休）的推迟、结婚年龄的上升和年轻人心智成熟的程度。其中，潜龙（十五岁至二十五岁）约为所谓的青春期。现代科学研究认为，二十四岁才算成年。传统上定义的青春期以十岁至十九岁，亦从性器官开始发育到成熟的阶段。现在认为青春期更长了。科学家指出，大脑在二十岁以后仍然继续成熟，很多人直到二十五岁才开始长智齿。此外，人们的结婚生育的时间也越来越晚，男性和女性的平均初婚年龄分别为三十二岁和三十岁，比20世纪中期延迟了八年以上。由于生活水平的提高等各种因素，人的生理发育更早、更长，但心理的发育成熟亦明显推后了。

《黄帝内经》认为人的自然寿命应为一百二十岁，但绝大多数人活不到这么高的寿命。《黄帝内经·天年》通过对人生各个阶段生命特征的描述，揭示了人的身心正常发展的规律。

> 人生十岁，五脏始定，血气已通，其气在下，故好走；二十岁，血气始盛，肌肉方长，故好趋；三十岁，五脏大定，肌肉坚固，血气盛满，故好步；四十岁，五脏六腑十二经脉，皆大盛以平定，腠理始疏，荣华颓落，发颇斑白，平盛不摇，故好坐；五十岁，肝气始衰，肝叶始薄，胆汁始减，目始不明；六十岁，心气始衰，若忧悲，血气懈惰，故好卧；七十岁，脾气虚，皮肤枯；八十岁，肺气衰，魄离，故言善误；九十岁，肾气焦，四脏经脉空虚；百岁，五脏皆虚，神气皆去，形骸独居而终矣。①

可见，《黄帝内经》是以阴阳和合的原理，对人的生命历程进行了分析，认为男女的精气相合构成了人的生命，人的血气盛衰则体现了人的生命不同阶段的基本特征。人欲得寿终，就要尽可能使气血调和平衡，保证身心的双重健康。

"人生十岁，五脏始定，血气已通，其气在下，故好走；二十岁，血气始盛，肌肉方长，故好趋"。人在十岁以前，心、肝、肺、脾、肾五脏及整个身体都在发育生长，是纯阳之体，气血充足，阳气旺盛。"其气在下，故好走"。古语中的"走"即跑，"气足在下"，故喜好跑动、活蹦乱跳、不知疲倦。此时天真活

① 姚春鹏译注：《黄帝内经》，中华书局，2012 年，第 377 页。

泼，没有心事及感情纠葛，血气相通，没有气血滞凝不通的病兆，生病一般是感冒着凉、消化不良，向上生长的势头强盛；而从二十岁以后，血气开始旺盛，肌肉开始发达，随气血运营更有效，从少年疾跑的阶段发展到了持久有力量的阶段，肌肉更加丰满有力量。“趋”即快步行走，所谓大步健行即此时的状况。此时人朝气蓬勃，但随着青春期的躁动，人的情绪容易波动起伏不定，情感问题、学业问题、就业问题、与父母和朋友的关系问题，烦恼不断。同时，身体上的一些小毛病也开始出现，胃炎、脊椎疾病等等，好像毫无征兆、来去不定，但往往毫不在意。

处于青春期的年轻人，身体成长仍处于上升阶段，一般不会出现明显问题，但是培养良好的生活习惯、养成健康的生活方式却是十分重要的。青少年时期是习惯养成时期，习惯往往决定一生，习惯一旦养成，要改变很难。另一方面，青年是人生的起步期，开头不好，以后往往不顺。生活方式的养成，不仅关系到体魄的强壮，而且更重要的是心智的成熟，关系到情绪的平稳、性格的平和、道德的养成等。其中树立正确的价值观、人生观是根本。比如“要做一个什么样的人”“怎样成为这样的人”，就是这一时期应该解决的核心问题。

要做一条龙！中国人有望子成龙的人文传统，但作为一个生命个体有没有这样的自我期许，则决定了一个人的生命价值。《乾》卦七爻（含用九爻）就刻画了一条自强不息、刚健中正的龙，飞龙在天是最高的人生价值目标。如何成为一条龙？乾坤大智慧：先做一条潜龙。

人生成龙，为何要先做潜龙？

先做潜龙，是人生修行的重要功力。世上万事万物，都是由隐到显、由微及著，都经历了隐而不见、脱隐而显、由显而著、发展不已的过程，青年时期正是隐而不见的潜龙期。巨龙飞天，呼风唤雨，必须有巨大的能量；万众一心，众望所归，既要有崇高的威望，还要有刚柔相济、不失其正的心智调节。这些，都要靠长期的积累和历练，这种历练和积累越深厚，巨龙飞天就能更高更久。正如熊十力所言："夫威势最大者，莫如隐藏之力。藏之愈深，隐之愈久，则其发动也，便以'雷雨之动，满盈'。"[①] 潜龙之隐，是对万物由隐而显的客观规律的认识，是主观的自觉和主动的选择。人生最重要也是最难的功力是隐微之功，有了这种功力，就能厚积薄发。毛泽东年轻时即深知潜龙的道理，早早立下大志，飞龙在天，改变中国；为此野蛮其体魄，积极锻炼身体，磨炼其意志，不带一分钱到农村搞调查；许多有志青年纷纷出国以期大用，他却临行变卦，留下来要把中国的事情研究透；建党初期，上层领导要把注意力放在大城市，他却立足农村，以农民为基本力量；乃至深潜在崇山峻岭的井冈山，建立了第一块根据地。毛泽东之所以能比他的同学、同事乃至领导看得更深、更远，一个重要原因就在于他懂得潜隐。看来，做好潜龙是干成大事业的基本功。

潜龙勿用，是一种人生的智慧。这种智慧体现为一种知隐知

---

① 熊十力著：《乾坤衍》，上海书店，2008 年，第 134 页。

显的认识论：知隐，由隐到显是事物发展的一般规律，是必须经历的人生阶段，是事业成功的基本功夫。知显，潜隐是为了显现，今天的潜是为了明天的显，更深的潜是为了更好的显；不能被动地隐，而要主动地潜。这种智慧还表现为一种知微知彰的方法论：潜得早，秋分后即潜，因而坚冰飞雪来临时，仍自得其乐；潜得深，深潜不露，遁世无闷；潜得好，审时度势，成德为行。诸葛亮就是这种大智慧的代表，他潜隐在卧龙岗，身静心和，气定神闲，待时而动。一旦时机成熟，就大显身手。

潜龙勿用，是一种自强的能力。勿用，是一种主观的选择。认识到潜隐勿用殊为不易，但能真正做到，则需要有一种战胜自我的能力。自胜者强，年轻人气血旺盛，活泼好动，敢于创新，富有理想和激情，甚至喜欢表现自己。而勿用不仅要沉稳平静，还要戒急用忍，甚至较长时间的韬光养晦，这对于急着想干一番事业的年轻人简直是一种煎熬。明明是一条大有作为的龙，偏偏要切勿有所作为，这是很多青年人所无法接受的，更是很难做到的。没有一种自我认识、自我控制、自我调适的能力，就不可能“勿用”。事实也正是如此，很多年轻人的第一次失败往往在于急于自我表现，不能隐忍，不会隐忍。

潜龙勿用，是一种道德修养。《文言》曰：

> 龙德而隐者也。不易乎世，不成乎名，遁世无闷，不见是而无闷。乐则行之，忧则违之，确乎其不可拔，潜龙也。

具有龙那样的道德而隐遁的人，他的道德不会因世俗的观点而改变，也不会去争逐世俗的功名，远离世俗而不感到苦闷，不被世人称许接受也不烦恼。称心的事就付诸实施，不称心的事决不实行。坚守自己的道德情操，利禄不能移，威武不能屈，意志坚定毫不动摇。这是很高的道德境界。

潜龙勿用，是一种人生实践。对处于低谷期、转折期的人来说，勿用是一种重要的人生策略，而对于涉世不深、事业初创的青年人，勿用则是一种需要将认识和实践紧密结合的人生重要指导。做到以下几点，才是“潜龙”之隐。

隐而有用

对待“勿用”，容易产生两种偏差，即急用与无用。勿用不是无用，也不是急用。勿用之用，是指功用、能力、价值。人生要立足于有用，有用而潜才有意义、有价值。如果无用，则不需要潜隐。犹如平常所说的“低调做人”，真正的低调是指能够高调而不高调，所谓“才高而不自许，功高而不自居，名高而不自誉，位高而不自傲”，居高而处下。如果本就低下，何须高调，即使想高也高不起来。同样，潜龙勿用不是无用，而是为了今后的成用、大用。以后的大用、成用及当下的不用都是以“有用”为前提的。统观《乾》卦六爻，龙之潜为勿用、见为初用、惕为成用、跃为进用，无不是为了“飞龙在天”之大用。青年的人生目标应是做一条有用、有大用之龙，不做一条虫。人人生而都希望幸福，但幸福都是奋斗出来的。奋斗总是首先与青春紧密相连。处于“潜龙”时期的青年，犹如清晨初升的太阳，生气勃勃，奋发向上，能量不断增强。青年人有理想、有梦想、朝气蓬勃、充满斗志，同样，要让自己充满能量，成为有益于社会的“有用”之人。正如有的人所说，年轻时，青春是用来奋斗的；年老时，青春是用来回忆的。当代青年，自小在日新月异的时代背景中、在长辈的悉心呵护下、在优渥的物质条件下成长，有的青年人或热衷于追逐物质欲望的自我奋斗，或成为“隐形贫困人口”的“月光族”，或成为依附父辈的“巨婴”，或成为没有欲望的“佛系青年”，但青年人的主流价值还是昂扬向上、追梦逐梦，追寻人生的意义，实现人生的价值。为此，首先要成为一个对社会有用的人。当然，一个人能否有用、有大用不仅在于自身努力，还要看客观条件与时势际遇。但是，宁可不被受用，也要有用，而不能无用。

隐而不用

这是本爻的主旨，也是修炼的难题。有用而不用，会让阳光快乐的青年人感到不可思议。自觉的不用，是对主客观条件的综合性判断，是对个人行为的主动性选择。作为青年，大都有成龙的可能，前途不可限量。为何要隐而不用，大致有三种原因。或是环境不适宜，《坤》卦六四爻讲的“天地闭，贤人隐”就是如此，“天下有道则见，无道则隐”。或是时机不够成熟，《坤》卦初六爻的“履霜，坚冰至”，讲的就是这样的情况。或是自身条件不成熟，力有不逮，行而未成。“君子以成德为行”，君子把成就自己道德的实践活动看作是行，正在实践还未成就道德，所以不能发挥作用。

青年时期以学为主，在校是知识学习，刚走向社会之初则是实践学习，这两种学习能力是人生能够有用最重要的能力，所以青年人要专心学习，潜心修行。这种潜于水中的修行犹如向下打基础，基础越深越牢固，越能载重承物。人生的后半期要想飞得高，必须在青春期潜得深、潜得住。人人都希望向上生长，但向下扎根更重要，根深才能干直，才能枝叶繁茂。水中深潜就是向下扎根的能力。当今，社会浮躁之风影响了很多人，年轻人往往急于求成，或是沉不下去，或是潜不长久，容易冲动，急于冲出水面、表现自己。许多所谓的成功学也在提示人“成名要趁早”，同时社会的开放、进步也为年轻人提供了广阔的平台和多元的选择，一蹴而就、一日暴富、一夜成名就成了许多人的人生信条。这样的情况下，隐者压力大了，勿用也更难了，沉潜中的也沉不住气了。诚然，有的年轻人会很早成功、成名，但无论如何这是个别现象，而非普遍存在，是偶然性而非必然性。从人的成长规律看，年轻时潜心修行、打牢基础、积累能量，具有普遍性的意义。“德薄而位尊，知小而谋大，力小而任重，鲜不及矣”。德不配位、力不胜任的情况在青年干部中并不少见。年轻人若急功近利甚至投机钻营，结果必然是爬得越高，跌得越重，输得越惨。还要提及，不用不是永远不用、长久不用，而是要在不用中静心定力，认真修行，尽快成用。

隐而有志

潜龙之所以能够静心潜藏、遁世无闷，与其志向有关。其先立志方能潜隐，潜隐是实现其志向的必要环节；其志向坚定才能潜得深、隐得久、藏得好。所谓潜龙，是人尚未得志、处穷欲达的时期。“潜龙勿用”是处穷时期的人生智慧，人人都有显达的欲望，人的一生都想脱穷致达，但往往处于穷达之间，摆脱穷困不易，但显达更难。达者即出人头地，人人都想超越他人而达，结果只能是大多数人不达。不达者则心不甘，穷则思变，穷欲变达，但能达者毕竟少数。一般地说来，大多数达者都具有志向远大、知微知彰、能潜善隐的气质。青年为人生初始、事业初创时期，可算是一穷二白；处于人生低谷期、转折期的人则是困愁潦倒，都处于穷困之际。此时，意志薄弱者往往萎靡不振、情绪消沉、目光短浅；志向远大者则把处穷当作磨炼自己的良机。文天祥《正气歌》说：“时穷节乃现，一一垂丹青”。张载说：“富贵福祥，将厚吾之生也，贫贱忧戚，庸玉汝于成也。”这是一个既唯物又辩证的观点，后人总结成“艰难困苦，玉汝于成”，成为许多人面对穷困苦逆之境的座右铭。实际上，人的一生都是从一穷二白中起步的，总会遇到困难曲折，乃至艰险、失败，都有处穷之际。成大事、立大业者都会有艰难困苦的磨炼。正如孟子所言：“故天将降大任于斯人也，必先苦其心志，劳其筋骨，饿其体肤，空乏其身，行拂乱其所为，所以动心忍性，增益其所不能。”潜龙的修炼正是为了担当大任，修心养性，自我提升。孔子说过“十有五而志于学”，志于学是潜龙志向的重要内容。

潜龙之隐藏，在意志薄弱者看来是单调、枯燥、无趣，甚至是十分痛苦的，而潜龙不仅能静潜无闷，还能找到趣味和快乐，其根由是潜龙能不忘初心，不失志向，保持自己的气节和操守。

《论语》记载，孔子在陈绝粮，身处困境，“子路愠见，曰：‘君子亦有穷乎？’子曰：‘君子固穷，小人穷斯滥矣。’”君子小人都有穷困之时，但态度截然不同。对孔子的回答，可作两种理解，一是君子固穷，是固守其穷，当行则行，无所顾虑，处困而亨，无怨无悔。一是说君子固有穷时，不像小人穷则放滥为非。这与“乐则行之，忧则违之，确乎其不可拔”的意思是完全一致的。确乎不可拔，潜隐之时的君子人格不可拔、信念不可拔、志向不可拔！“穷则独善其身，达则兼济天下”，不得志，修身现于世，“以成德为行”，“富贵不能淫，贫贱不能移，威武不能屈”，如此志向的大丈夫，才是真正“确乎不可拔”的潜龙。

隐而有乐

潜隐者，或隐于山林之中，故无车马之喧；或大隐于市，静而不为，但善隐者都能安然处之，不感寂寞，而往往能够隐中有趣，隐而有乐。《文言》写得很生动：“不易乎世，不成乎名，遁世无闷，不见是而无闷。乐则行之，忧则违之。”《论语》所说的“人不知而不愠”，“不患人之不己知”，就是“遁世无闷”且“不成乎名”的表现。隐而有乐、“乐而行之”则是更高的层次了。《论语》中孔子两次讲到穷、隐而乐。“子贡曰：‘贫而无谄，富而无骄，何如？’子曰：‘可也，未若贫而乐，富而好礼者也。’”贫而无谄，富而无骄是讲穷、达之际如何守住气节，而贫而乐、富而好礼则是更高层次的人格境界。关于贫而乐，孔子最推崇的是他最得意的弟子颜回。“子曰：‘贤哉回也，一箪食，一瓢饮，在陋巷人不堪其忧，回也不改其乐。贤哉回也。’”一句话两次称赞颜回的贤德，赞其住在陋巷，只有一箪饭食，一瓢清水，要是别人肯定受不了这种忧愁清苦，可颜回却仍然快乐无比。孔子、颜回都有安贫乐道的共同价值取向。“子曰：饭疏食饮水，曲肱而枕之，乐亦在其中。不义而富且贵，于我如浮云。”吃粗米饭饮清水，弯着手臂做枕头，虽然贫穷，心中却安适泰然，乐趣就在其中，那种不合义理的富有显贵，在我看来就如天上的浮云一样。这就是有名的孔颜之乐。在孔子、颜回看来，不论人生处于何种境地，只要坚守道义，就有快乐，就要乐则行之。后来东晋的陶渊明，隐于山林，“采菊东篱下”，不改其乐；北宋的苏东坡，隐于世俗，把清苦的生活过成了快乐的人生。无闷、有乐，是真心潜隐的自然而然之行为，是潜隐成功的标志，也是潜心修行的应有境界。

隐而有行

潜龙勿用，并非任事不为，也不是消极等待，而是要积极向上、认真学习、潜心修行。勿用，是指不表现自己、不急于发挥作用、不急于成功。“潜之为言也，隐而未见，行而未成，是以君子‘弗用’也”。对于青年人来说，人人都可成龙，但目前条件尚不具备，所以要先做一条有隐德、有潜能、能潜行的潜龙。潜龙之隐，并不是归隐，也不是隐退，而是以隐藏的方式完善自我、积蓄能量，等待时机的到来。因此，隐中有行，“君子以成德为行，日可见之行也”。潜龙之所以要勿用，是因为自身还未成就道德，所以要把成就自己的道德活动作为自觉的行动。也可以说，青年之潜龙，要把成就道德作为行动的核心，这里的道德包括对道的把握和德的修养，成德的主要途径是学习和实践，勤于学习是青年人最重要的品德。而低谷期、转折期的潜隐则是为了自我反思，赢得时间实现新的转变。人处于困穷之际，不能消极低沉，也不能强调客观，更不能怨天尤人，而是反思自身，“行有不得者，皆反求诸己”，通过明德、自新而成德。自我完善了，才是真正的自强，才能冲出低谷，实现新的转折，这是潜龙勿用的价值所在。

隐而知显

潜隐绝非终身隐藏，也非与时世隔绝。它既是一种道德修炼，也是一种人生智慧。“君子知微知彰”，知微知彰就是察微知著、知潜知显。知微知潜，履霜时节知坚冰必至，未可自用，当即潜于深渊，晦养以俟时；知显知著，春分已到、春江水暖，则要抓住时机、把握时运、离渊在田、脱隐至显。察于隐藏，知其必于显；由显而跃，则彰显天下，大有作为。何时潜隐何时显现，潜多深、隐多久，都是潜龙神妙的功夫，也是君子修炼的造化。潜龙之勿用，要在知微知彰。

修业方略

“君子进德修业”。《乾》《坤》两卦都强调要想成为一个君子，就要不断提高自己的道德水平，努力树立自己的功业，即立德、立功、立言。前面所讲的“身心修炼”主要从人生道德修养角度而言，“修业方略”则主要讲修业的智慧和策略。人生之业，可包括事业和职业，事业不一定人人可成，但也是大多数人所看重的。职业则是绝大多数人都有的，职业生涯是人生最重要的经历。有时候，一个人的职业和事业又是连在一起的，当职业成为事业，就是成功的重要标志。事业、职业的范围很广，只能就一些基本问题作以探讨。其中，事业仅以经济领域的企业作为叙述对象。

初九爻的“潜龙勿用”，是修业的初始阶段。万事开头难，开好头、起好步十分重要。

企业的潜龙阶段为初创期或生存期，包括企业的孕育和筹划阶段。这时的企业犹如一个新生儿，要防止种种先天不足，还要避免新生后的疾病乃至夭折。市场环境险恶，竞争无时无处不在，企业新生后就要直面各种竞争，所有新生企业的当务之急是生存问题，要开好头、起好步。但不止于此，还要使企业能茁壮成长、健康发展，以至飞龙在天，长命百岁。要能如此，办企业、成事业最基本的方略就是要居正出奇。居正是根本，出奇是谋略。

居正

年轻的或新手的创业者要成就一番事业的根本是具备企业家精神。首先是奋斗精神。奋斗是企业家的底色，也是企业家精神的基础。对企业家而言，奋斗是实现人生价值、实现理想和梦想的唯一途径。奋斗的精神重要，但奋斗的目的、目标也同样重要。为财富奋斗，还是为人生价值奋斗；为个人、家庭奋斗，还是为社会进步、为国家繁荣、为人类幸福奋斗，奋斗目的的不同决定了奋斗目标的高低，也决定了奋斗动力的强弱，更重要的是决定了企业家事业格局、人格境界的大小。不可否认，办企业不能不讲财富和实力，企业家也必须要为个人和家庭的幸福而奋斗，但不能仅止于此，成就大事业必须要有大抱负。把奋斗当作一种生命方式、当作一种使命、当作一种责任，才能成就伟大的事业。古今中外，概莫能外。“君子大居正”，这是根本大正。

其次是创业精神。成就事业要面对各种挑战，承受重重压力。企业家必须直面困难，不怕艰苦，奋勇直前，艰苦创业。创业精神在企业的任何发展阶段都必不可少，在企业初创期更为重要。没有一种闯劲，没有一种韧劲，没有一种拼搏能力，企业都不可能成功。

再次是创新精神。创新和创业本旨一致，创新是更高层次的创业。企业家的价值、企业的价值都要在创新中实现，事业的成功要在创新上体现，不创新，勿宁死！不创新，等于死。但是，创新更是一种能力、实力，潜龙时期的企业如何创新、能否创新则是一个专门课题。不创新是等死，乱创新是找死。企业初创是生死未定的时期，对创新既要有足够的重视，又要十分慎重。

最后是专注精神。潜龙勿用体现的就是专注精神。勿用，就是专注于自身能力的提升。实际上，企业自始至终都需要专注精神，企业初创阶段就更为重要。“确乎不可拔”是意志力，也是专注力。在初创期，不少企业不知道自己要干什么、能干什么，或者选择后亦不能专注，产品、服务的品质必然不高，这样的企业多半早早夭折。专注体现的是专业水平和质量水平，还体现了企业家的敬业精神和自我控制能力。专注就犹如滴水穿石、十年一剑，体现的是一种精神，一种能力，还是一种智慧。

出奇

居正的同时还要出奇，即出奇制胜。奇是各种各样的招式，不可一一而足，但能出奇则有一定的规律，需要相当的智慧修养，这就是《乾》《坤》两卦中所说的知微知彰、知至知几、知终知始。知微知彰就是要有敏锐的观察能力和判断能力，分析市场的苗头及发展趋势，如此才能发现机会、把握时机、夺得先机。而这样的能力既来自专业水平，更来自潜心静气的理性观察。知至知几是对企业自身的把握，知至是能知道企业的最终发展目标和阶段性目标，知几则是具有实现这些目标的策略、方法和技巧、能力，这对企业的发展是十分重要的，也是潜龙修行的重要内容。知终知始是对事业的全面把握。知终是要有长远打算，做长寿企业，不急功近利，不做表面文章。立足长寿，必须要稳扎稳打，打好基础。知始在初创期尤为重要。千里之行，始于足下。企业初始步伐不稳不实，以后不可能健行快进。知始则会在企业孕育期做好充分准备，解决先天不足的问题；会在企业筹建期打牢基础，选择适宜自身条件的起点待时而动；就会在企业初创后选择最有利的跑道，整合好各种资源，利用一切有利条件，低调扎实前行。善终善始是中国人重要的人生智慧，也是成就宏大事业的修养功夫。

职场策略

当下青年一般大学毕业开始工作，到二十五岁左右，是步入职业生涯的初期。这段时期对于今后的职业发展尤为重要，潜龙勿用仍是此期的基本指导。虽然已经工作，但仍有一个熟悉的过程，此期的主要任务仍然是学习，只是要从书本知识的学习转为社会实践的学习。

首先，学会职业选择。当今社会的人生选择是多样的，但人生的道路却不可能是平坦宽阔的，而可能是崎岖不平的，对此要有深刻的认识。选择职业不可能不考虑物质利益，但绝不能只考虑物质利益，还要考虑个人价值、长远发展，还要考虑社会利益。其中最佳的选择是找到自己喜爱的职业，自己喜爱才有可能把职业变成事业。打工是为别人干活，事业是为自己干活。最好的选择是选己所爱，如有的年轻人选择创业，开辟自己的事业，这就是值得尊重的选择。年轻时要勇于奋斗、不怕折腾，因为年轻是最大的本钱。年轻时不怕折腾，中年时不乱折腾，年老时不能折腾，是有道理的。当然，创业者是少数，选到自己喜欢的工作的也不会很多，大多数人还是随大流步入职场。

其次，理性面对现实。走上社会后，青年人往往出现巨大的落差：理想的丰满与现实的骨感、向上的激情与低俗的世风、成长的冲动与享受的惰性……这种落差常常带来失落、消沉甚至怨悔，要知道这才是真实的社会。这时候要学习潜龙“确乎不可拔”的精神，坚守自己的理想、保持心中的激情，不怨天尤人，勇敢地面对现实。即使土壤不够肥沃，也要倔强地生根、发芽、成长。持有这样的信念，就会看到社会的积极面，找到工作的兴奋点和生活的乐趣，“乐而行之”。

最后，成德为行，低调前行。年轻人活泼好动，朝气蓬勃，保守思想少，但容易好高骛远、浮在表面、急于求成。有的年轻人涉世不深，对复杂的现实缺乏深刻了解，进入职场后高开高走，急于做大事，急于出成果，因而步履不稳，事与愿违，甚至一蹶不振。正确的选择是，清楚自己的潜龙身份，“阳在下也”，身处低位，人微言轻，因而要“不见是而无闷”，不在乎别人对待自己的态度，抓紧时间尽快提升自己，认真学习，潜心观察，尽快进入角色。少说多干，做小事，做杂事，勤做事，多做事，在做小事中打实基础。大事做不来，小事又不做，必将失去发展的机会。在做杂事中增长才干、扩大视野，在勤做事中赢得信任，从多做事中争取锻炼成长的机会，这样就会成德为行。要做将军，先要当好士兵；要飞龙在天，必须成为一条有德性的潜龙。

“见龙在田”，行地无疆

与“潜龙”大不相同的是崭露头角、步履沉稳的“见龙”。“见”有显现之义，出潜离隐，显于田野，故曰“见龙”。

时与位。时：九二爻为阳爻，处下卦中位，正中之位，而与“九五至尊”的五爻遥相呼应。这一位序表示了顺利、贞固的含义。其代表的自然时节，为乍暖还寒的夏历一、二月，处于雨水、惊蛰、春分、清明之际，冰化雪融，大地回春，万物复苏。“见龙在田，时舍（通舒）也”，说明时节气候开始舒缓，龙能潜能显，秋分时潜于渊，春分时则显于田，与时偕行。

位：九二爻代表的人生是“三十而立”。二十五岁至三十五岁的青壮年时期，身强力壮，精力充沛，活力无穷。此时是“而立”之时、初成之际。而立，即基本确立了人生价值观和为人处世的模式；初成，即事业初成，职业稳定，处于发展上升期。此位是在野之位，基层中位。在野，既有“在田”之意，田野广阔，还有与在朝相对之含义。九五爻处上卦之中，象征领导机关核心，为在朝、为上级、为中央；下卦象征基层单位，为在野、为民间、为基层。九二爻处下卦之中，一个三画卦中的中爻是气势最旺、实力饱满的位置，因而此时的人生虽然地位不高，但处于有所进步以及可继续上升的位置，相当于有较好声誉的基层骨干，“利见大人”，有良好的发展前景。此时处于“元、亨、利、贞”的亨通发展的亨位。由潜变显成为人生发展的第一个转折时期。

身心修炼

三十岁左右，是人的生理最高峰时期。“三十岁，五脏大定，肌肉坚固，血气盛满，故好步”。“五脏大定”是发育完全成熟，器官功能强盛；“肌肉坚固”说明身体强壮，力量强大；“血气盛满”，气血最为旺盛，精力更加充沛，可以全身心地投入事业工作；“好步”指人的行为从容不迫，“胜似闲庭信步”。与人的身体机能成熟旺盛相一致，人的心智也成熟完善，对人生、社会的认知比较深刻。总之，身心处于全面成熟的时期，对人生的期许满怀信心。

但走上了高峰也就是登临了分水岭。三十五岁是人体生理发育机制的分水岭，一般说来，人在三十岁（主要指男性）左右达到发育成熟期的最高位，从三十五岁左右就可能开始走下坡路，人体的新陈代谢速度开始逐渐减慢。健康是人生的最大本钱，不能因为身强力壮而财大气粗、毫不在乎，如果此时不注意增强健康意识，就会将本钱很快花光用尽。因此，这一时期要养成良好的生活习惯，建立良好的生活方式，使身体康健保持在最佳的状态、最长的时段，有了这样的本钱才能更好地显现，堪任“大用”。保持健康的状态，就要保持适度的运动，养成“好步”的习惯，关注自己的心肺功能，有意识地训练自己的肌肉力量，使身体机能运行正常，预防各种疾病的侵入。要建立良好的生活习惯，饮食有规律，防止消化系统疾病；防止脂肪和体内毒素堆积，作息要适中，不拼体力少熬夜，保持精力旺盛。更重要的是要注意学会放松，不因压力产生紧张、焦虑情绪，适时休闲，放松身心，储蓄能量。拥有健康的生活方式才能让三十五岁之后还像个青年人。

要延长一个人的青年期，良好的心态尤为重要。从生理上讲，三十五岁已经是青春的“尾巴”了，有的人是青春长驻，有的人则早早青春不再。现实中，三十五岁成了年轻和年老的分界线，甚至一些人不到三十五岁就开始“叹老”。三十岁前后，青年人一般都是结婚成家、生子立业，工作也愈益繁重，面对各种压力，职场发展、养育儿女、赡养老人、买房重负……往往会让青春染上些许暮气，如果事业发展不够顺利，心灵的疲惫更会加速青春的逝去。如何在应该昂扬向上、朝气蓬勃的人生黄金时期领悟人生真谛，激发追逐梦想的朝气，让芳华长留，则是“见龙”修炼的中心课题。

“见龙在田”，要处理好以下几个问题。

功与名

即立功与求名的选择。朝气蓬勃、事业初成的君子，犹如探出水面、精神抖擞的“见龙”，行进在广阔的田野大地上，开始了个人成长、事业发展的阶段。此时是立即快马加鞭、腾飞升天，还是抖抖身上的水珠，看看地形地貌，然后再快步健行？这两种抉择来自不同的出发点，自然也有不同的结果。如果为了名震天下，自然要一步登天，呼风唤雨；如果要建立功业，“美利天下”，就要脚踏实地，“善世不伐”。退一步讲，认清自己所处的时与位，然后再行动也是稳妥的选择。从时上看，此时气候温和，雨水增多，阳气进长，时势舒展，但刚到春天，乍暖还寒，甚至还会出现“倒春寒”，“春捂秋冻”就是慎重的选择。从位上讲，九二是地之位，非九五的天之位；九二是君子之位，而非九五的天子之位。五爻为天，二爻为地，“见龙”君子可以遥望星空，放眼未来，成就大业，但目前还是站立在厚重的田野大地之上。所以，见龙之现，是现于大地，显在田野，而非现于天空，显在庙堂。如急于求成、急于扬名，则可能为虚名所累，为虚名所害，欲速则不达。正确的选择是脚踏实地，谨言慎行，不畏浮云遮望眼，一步一个脚印，行地无疆，积累功德成就大业。“见龙”要切记的是，当下自己需要的是修进“君德”，而非得到君名。许许多多想成“大用”的“见龙”，往往在这一步上栽了跟斗。

正与中

这是“九二见龙”最高贵的品质。崇尚中正，是《周易》象思维的突出特征，是《周易》审美观的核心理念，也是乾坤义理的基本价值观。爻有阴阳，爻位亦有阴阳之别（一、三、五爻为阳位，二、四、六爻为阴位），阴爻处阴位，阳爻处阳位即为“正”。一卦六爻，其中二、五两爻分别居上、下两卦之中位，象征事物守持中道，不偏不倚。阳爻居中，象征具“刚中”之德，阴爻居中则称具“柔中”之德，得正得中，都有美、善的象征意义。与得“正”之爻相比，得“中”之爻更优，因为正未必中，中则无不正。《乾》卦“龙德而正中者也”，就是因九二爻居下卦之正中地位，象征立身中正之人，具正中之德。《坤》卦也是如此，“六二，直方大，不习，无不利”，六二处中正之位，具有正直之性，端方之体，宏大之德，虽然不熟悉其事，也无不利。六二爻既正且中，德之美善者，莫过于《坤》之六二，所以朱熹称赞其“最纯粹”。九二爻强调“见龙”君子要具有“正中”的“君德”:“龙德而正中者也。庸言之信，庸行之谨，闲邪存其诚，善世而不伐，德博而化。《易》曰:‘见龙在田，利见大人’，君德也。”可见，真诚、守信、谨慎、谦虚、善世这些最纯粹的品德就是“见龙”之德。此时，龙德、君德和君子之德联系在一起，“见龙”君子要有自强不息、奋发向上的龙德，也要具有德博而化的正中之君德。《坤》卦六二爻更是直接强调:“君子敬以直内，义以方外，敬义立而德不孤。”可见，正中之君德正是“见龙”于田野大地上要显现其德的主要内容。

学与行

“见龙在田”的主要任务是进德修业，学以进德，行以修业。“君子学以聚之，问以辩之，宽以居之，仁以行之。《易》曰:‘见龙在田，利见大人’，君德也。”这是《文言》又一次提到“君德”，这里是侧重提出君子修得“君德”的主要途径。九二“见龙”居下卦之中，作为君子要进德修业。“学以聚之，问以辨之”讲的是进德，主要是通过学以积聚知识、问以明辨是非的方式，九二从微而进，未在君位，所以通过学习以蓄其德；“宽以居之，仁以行之”讲的是修业，宽以存心、包容他人，仁德为行之本，行则为仁之用。学、聚、问、辩、行，相当于《中庸》“博学之，审问之，慎思之，明辨之，笃行之”的修身功夫。可见，“见龙在田”是要通过自身的修炼来展现君子的中正美德和健行精神。

见与显

这是“有用”“始用”的策略。初九爻的潜龙是有用而“勿用”，九二爻的“见龙”是“见”而始用。潜龙虽然不用但是为了终有一天的大用，故藏身以待时。九二“时舒”，时机已到来，故要不忘初心，不失时机，适时显现。对此，应当仁不让，该见则见。正如王夫之所析，九二“得内卦之中，德著于行，有为之象也”。因为“龙德而正中者也”，“直方大，不习无不利”。人生应当有为，但此时是大有作为还是有所作为，抑或有为有不为？这是应该好好推敲的。九二爻虽处中正之位，但为下卦，并无君位。《乾》卦九二、九五爻都有“利见大人”，但九五爻是“飞龙在天”，九二爻是“见龙在田”，同“在”但有天壤之别。在天之龙利见的是大人之作为，呼风唤雨，而在田之龙见的是大人之德，即德博而化的“君德”。所以此时的见龙还不能随心所欲地大有作为，而是要有所选择地作为，有为有不为。龙是智慧神灵的象征，该潜则潜，该飞则飞。此时则是该见则见，如何见呢？就要处理好见与显的关系。现（见）与显关系密切，含义相近。现有出现、显现之义，而显除了出现、显现之义外，还有显著、显达、显贵、显赫、显耀等义。可见，现与显的程度还是有较大的差异。作为见龙之显，显然未达到显著、显达、显赫之境，而达到显露、显示、显现的程度则是适当的。

“见龙”之显，首先要着眼于显得远。“千里之行，始于足下”，“不积跬步，无以至千里”。人生之旅是一场马拉松，坚持到最后“成而有终”才是理想的目标。九二的人生目标是飞龙在天。君子有元始之德，潜渊之时就已立下大用之志且确乎不可拔。现在是脱潜初显，要知道此时是行地而非飞天，当下能行地无疆，以后才能高飞在天。因此要不忘初心，牢记目标，头脑冷静不冲动，宁静而致远，不能急功近利，一蹴而就，而要深谋远虑，要有人生规划，不盲目妄行。要把显得稳作为初显之要，脚踏实地、步履矫健、稳中求进、一步一个脚印。“庸言之信，庸行之谨”，言而有信，谨而慎行，这样才能取信于人，得到广泛认可。这是年轻人初显身手之时的重要素养。年轻人成长容易受到两方面的制约，一方面由于年轻，阅历较浅，经验不足，看问题不能全面、深刻，如不能诚恳、恭敬、谨慎行事，往往适得其反；另一方面由于论资排辈、求全责备等世俗观念的影响深厚，环境、舆论往往对地位低下的年轻人看不起、挑剔嫉妒，使其难以顺利发展。由于这两方面的原因，往往使许多年轻人初显即失利，甚至从此一蹶不振。因此，稳显、实显、低调健行对初显之龙十分重要。

“见龙”之显，重在显示其德。《乾》卦二五爻对应，均有“利见大人”之文，但二者所“见”并不一样。九五“飞龙在天”，“见”的是“飞龙”“大人”云行雨施的显赫之能和大有作为的显达之功，而九二爻所显示的是善世不伐的美德和德博而化的德行。显然，九二重在进德、盛德，九五重在广业、大业，因此九二修炼重在进德、显德。“闲邪存其诚”，保持内心真诚，不故意显露自已；“善世而不伐”，有功于世而不自夸自傲；“学以聚之，问以辩之”，努力学习，明辨是非，积善成德；“宽以居之”，以宽厚包容的态度为人处世；“仁以行之”，以仁爱为怀去笃行干事；“德施普也”，广泛施行善德而不偏心为私……这就是未在君位而具君德的君子。“见龙”君子修得君德，自然产生“德博而化”的效果，广博的德行感化世人，“天下文明”，功德无量。这就是“见龙”之显。

修业方略

企业的“见龙”阶段是成长期，如同人的“三十而立”。企业度过了生存阶段，进入了成长期。企业所处环境比较平稳，内部秩序比较平顺，人际关系比较平和，品牌有了一定的影响，企业有了较好的形象。这时容易产生盲目乐观情绪，要么是不再努力，“顺其自然”，放松管理，终将导致经营不善；要么是雄心万丈，大干快上，盲目加快发展速度，简单扩大规模，等等。殊不知大部分初创企业的生存寿命都不足十年，这两种“乐观”都会使企业早早寿终正寝。前者是温水煮青蛙，企业慢慢没有生命力了，后者则是折戟沙场，主动找死。

企业的生命与人不一样，人在青少年时期是天天向上，成年后体质才逐渐衰弱，除了重大疾病外都有正常的自然寿命。企业是社会意义上的法人，除了容易出现种种内部的病因，还要面临市场环境的变化和各种竞争对手的争斗，这种争斗往往是你死我活的。企业要想很好地生长，除了要有很强的自我发展能力，还要有时刻不能放松的警觉、斗志和不能出错牌的战略策略。

“见龙”时期的企业还处于成长中，要保持良好的发展态势，首先要“闲邪存其诚”，不生邪恶之念，靠诚信发展，“庸言之信，庸行之谨”，始终保持勤勉、谨慎的精神状态，努力善世，通过贡献社会以提升自己的信誉水平，取得社会的承认。其次，立足“直、方、大”，正直诚信，端方宏大。确立大格局，树立正形象。有了大格局，就会高目标，严要求，从长远、大局考虑，避免盲目乐观，自我膨胀，也不会懈怠放松自我。再次，要坚持稳中求进，讲求实效，不搞虚假的骗人害己，不追求急功近利的高速度，欲速则不达，注重运行状态的良好和发展趋势的可持续，才是最重要的。最后，坚持有为和专注的有机结合。有为，即要追求良好的发展态势，专注，除了注重发展质量的含义，还有有所不为的义旨。此时的企业还处于成长之中，羽翼尚未丰满，只有有所不为，才能有所作为。总结起来说，“见龙”之企业，去邪、戒急、防虚、专注，才能树立有为有不为、善世而不伐的良好形象。

职场策略

人生“三十而立”，一般理解是成家立业，有了自己的家业、事业、职业，意为在社会上立稳脚跟，有所成。而孔子所说的“三十而立”，是指他在这个年龄阶段达到做事合于礼，言行都很得当。他还说过“立于礼”，“不知礼，无以立也”，可以联系起来理解。人到了三十岁的时候，有了一定的社会阅历，有了逐渐深刻的认识能力和思维能力，认清了自己在社会秩序中的位序（立于礼），初步确立了自己为人处世的价值观念和生活态度，基本形成了自我独立的人格，言行比较得体，能够承担起家业、事业的责任，承担起自己的人生使命。

三十而立，也是人的职业发展的重要时刻。潜龙是刚入职的初期，经过十余年的奋斗，到了见龙阶段，一般都成为职场的主要骨干。此间如果发展不顺利的或许已经过一两次跳槽调整、重新选择，现在也已基本稳定了，职场上一般三十五岁以后再跳槽就很慎重了。这种稳定往往出现三种情况，发展状态好的信心更足，自我期许更高了，或追求更高的阶位、更好的待遇、更大的成功了。这是其一。其二是经过十年的职场磨炼，现有工作驾轻就熟，缺少了挑战，没有了新鲜感，进入了职业懈怠期。向下心有不甘，向上力所不逮，缺乏斗志。还有一种就是自我感觉不好，感到生活、工作没意义，又不敢折腾，混下去算了。这是人生、也是职场一种阶段性的状况。此时的人生，职业与家庭的关系更为密切，职场要发展，又要养儿育女，经营家庭，肩上的担子很重，精力、时间的安排上往往产生冲突，家庭住房、教育、医疗的压力又对职业待遇提出了需求，如何处理成了难题；此时的职业，与事业的关系也很紧密。职场发展得好，职业就和事业连在了一起，再进一步就成了自己的事业；发展得不好，事业就远离自己而去，事业心、荣誉感也渐渐淡薄了。

此时何去何从，关键还在自己。三十多岁，是人生的青年时期，每个人由于起点不同，选择的跑道亦有不同，起跑后的状态更有不同，因而形成不同的阶段性结果也是正常的。此时的人生，应当作一总结，反思自我，作以适当调整。发展得好的，不能过分乐观，过度自信。今后的道路还很长，任重道远，还是要继续闲邪存诚、谨言慎行，正中而行；发展得一般的甚至不够好的，也要三思反省，自我调整，要坚持好学上进，保持端方宏大的精神，自知自胜而自强。立得不好，只能反求诸己。

孔子讲“立”，还讲“戒”。《论语·季氏》曰：“君子有三戒，少之时，血气未定，戒之在色；及其壮也，血气方刚，戒之在斗；及其老也，血气既衰，戒之在得。”戒的本义为防止、警惕，古时三十多岁前称为少时，是与“潜龙”“见龙”相当的青年人。与《黄帝内经》相似，孔子从气血的角度来分析人的行为特色，同是讲生理的变化，少未定，壮而刚、老而衰。气血随着人的年龄变化而不同，但重点所指向的都是志向意趣和道德修养。少之时戒之在色，色可指女色，也可理解为各种事物现象的诱惑纷扰。色为五蕴之一，是各种物质的积聚，一切以外在形式引诱人的事物都可称为色。孔子此处所讲的“三戒”，都是指人要戒惕各种欲望的泛滥。少之时，“血气未定”，是指人的定力不足，容易冲动或消沉，容易沉湎于各种欲望的追逐之中，容易这山望着那山高。定力不足，则会常立志而不能立长志，志向飘忽不定，老了也可能一事无成。戒之在色，就是要有定力，安心专注，深挖一眼泉、干成一件事。

以志气控制血气，潜龙和见龙都应做到。潜龙的“确乎不可拔”就是显示了定力。“见龙”阶段发展不顺的人，也应该反思自己是否贪图享受、是否放纵欲望、是否朝秦暮楚、是否只顾家小，影响工作？反思后应再确立自己的志气，不仅要有所为、有所立，还要有所戒。为志向而奋斗，虽不可能人人都能大用大成，因为还有“成事在天”的因素，但为之做了不懈奋斗，无成也能有终，此生无憾也。

“乾龙”健行，与时俱进

《乾》卦七爻（含用九爻），除了三、四爻，都明说龙，九四爻“或跃在渊”也隐约可见龙的跃腾，唯九三爻既无龙身，也未见龙影，而是讲了“终日乾乾”的君子，似乎很不协调。实际上这是一种“互文见义”的表达方法。九三爻的“君子终日乾乾”正是《乾》卦的主题，这与《大象》“天行健君子以自强不息”的总结是完全一致的。其他各爻爻辞中的龙是物象化的君子，九三君子也是人格化的龙。《文言》对初、二、三、四爻都从君子角度进行了解释，五、上两爻的飞龙、亢龙虽然讲的是圣人、大人，但其都是由君子修炼而成的。《文言》通过对全卦各爻爻辞中龙的刻画描写，提炼出一个自强不息、“反复行道”的龙的形象，故将“终日乾乾”的君子称为“乾龙”。

时与位。时：九三爻代表的自然时节，处于夏历三、四月，为谷雨、立夏、小满、芒种之节气，此时气候温和，阳气上升，雨水增多，万物生机勃勃，快速生长，春生夏长或夏收夏种之际，总体上为亨通成长的时期。此爻所处的人生阶段为“四十而不惑”（三十五岁至四十五岁）的阶段，精力旺盛，人生阅历和社会经验较为丰富，事业小成，为上进图强、亨通发展的人生阶段。

位：九三爻所处的爻位为下卦之上、上卦之下。从下卦的小环境来看，阳爻居阳位，位正，发展态势较好；处于下卦之顶，有较高的地位、权力和威望。但从全卦来看，处上卦之下，为臣位而非君位。三极之道，三、四爻处于全卦中间，处于天道、地道之间的人道之位，平常所说的“不三不四”不像人的意思即源于此。三、四爻为人位，人与人之间、人与天地之间的关系十分复杂。《系辞》认为，一卦六爻相互错杂，都是应时的事物。时位不同，功用也不同。“二与四同功而异位，其善不同。二多誉，四多惧”。“三与五同功而异位，三多凶，五多功，贵贱之等也”。指出三爻、四爻具有多凶、多惧的辞义。其中，四爻不如二爻，因其功用不如二爻美善，而三爻不如五爻，因为其地位不如五爻高贵，五爻是君主、圣人之位，三爻为君子之位。总起来说，九三爻处于下卦之上，为高位；立于天地之间，为人位；处于上卦之下，为臣位；更因为“重刚而不中，上不在天，下不在田”，处于下卦之顶故不中，上不着天，下不在田，环境复杂，责任重大，故有“凶”，乃凶、危之位。

人之位也与之相似。经过近二十年的社会经历，人至中年已有一定的实力和地位，如果发展较好则成为一个基层单位的领导，或为一个较大组织的中层领导，具有相当的权力和威信，或处于某一领域、某一方面的业务技术权威，或处于中产、白领中资历较高、能力较强的层次，总之，事业有较好的发展态势，但也处于“多事之秋”，面临的情况更加复杂，任务繁重，挑战巨大，人生的烦恼较多。

身心修炼

四十岁是人生的辉煌时期，也是面临情况最复杂的阶段。身体、心理、精神等各方面都有较大较快的变化，几个方面叠加，呈现错综复杂的状况。

先说身体，“四十岁，五脏六腑，十二经脉，皆大盛以平定，腠理始疏，荣华颓落，发颇斑白，平盛不摇，故好坐”。到了四十岁，人的“五脏六腑，十二经脉，皆大盛以平定”，即身体各器官的功能达到最高状态，为大盛，达到平顺稳定的顶点。过了这个点，就逐渐走下坡路了。首先表现为外部，“腠理始疏”，皮肤纹理不够紧密了，毛孔变得粗大，眼角出现皱纹，腠理始疏风邪就易进入，容易感冒。“荣华颓落，发颇斑白”，皮肤和面色不够润泽，变得灰暗，鬓角的白头发变多，甚至出现脱发。这些表面的现象实际上是源于主要器官功能减弱了，如面部的抬头纹、眼角的鱼尾纹，分别是胃、胆的功能衰弱，面色无光泽是心脏的功能变弱，头发脱落或变白则是关系到肾脏的功能，等等。五脏六腑“皆大盛以平定”之后，便是“平盛不摇，故好坐”。平盛以后，人的气血不会再增加，而是逐步减少，气血的衰弱导致流往下肢的气血不足，因而不爱运动而好坐。由于不好运动，又加速了器官功能的衰减，导致新陈代谢减慢，内分泌失调导致体内激素不平衡，出现了肚皮变厚、中年发福的状况。不仅如此，因年轻时的疏忽而造成的身体损害正初现端倪：骨骼、肌肉、体力、精力逐一发出警告，如不注意，后果会很严重。

生理的变化又影响了人的心理，人过四十，突然间觉得自己老了，前半生就这样匆匆而过了。忧愁不安、头晕眼花、失眠多梦、疲乏无力甚至焦虑抑郁的状况也随之而来。当然，这种糟糕的状况不仅由于身体、心理的原因，还由于各种各样的外部压力和内心对这些压力的态度。首先是事业发展，由于身为领导或权威、骨干，承受的压力更大，消耗的精力更多，还常常不尽如人意。过度的劳累不仅透支了体力，往往还伴随着心情烦恼。人到中年，子女教育处于关键时期，必须要加大资本和精力的投资；父母逐渐衰老，需要时间尽孝；特别是夫妻多年激情早已淡去，如双方工作都忙，家庭经营就成了大问题。这时候人往往还要给自己加杠杆，欲望愈来愈大：权力要越来越大、职位要越来越高、待遇要越来越好。“财务自由”是基本目标，事业成功是必然的，出人头地是应该的。如此，越来越多的杠杆必然产生越来越大的压力，面对压力，人往往既缺少化解难题的智慧，又没有承受压力的能力，更缺乏自我调适、提升自我的自觉，往往重压下不堪一击。人说四十不惑，但有的人是四十有“四惑”：过劳死、焦虑症、油腻男、抑郁亡。面对无数个“四十早衰”、中年早逝的案例，使人们必须要认真思考一下“四十不惑”的问题。

“四十而不惑”，孔子的本义是讲他到了四十岁的时候，对礼义有了完全的了解，即遇到任何事都可以自觉地按照礼的要求去处理。三十而立是指能够做事循礼，但并未达到完全理解的程度。而立和不惑实际上是所然和所以然的不同、无权和有权（权衡）的区别。实际上，不惑是心智成熟的标志，《论语·子罕》曰：“知者不惑，仁者不忧，勇者不惧。”人到了四十岁，由于有了较长时期的人生阅历和社会实践，对人生、事业和社会有独立的思考和深刻的洞察，不为外物所诱惑、不被表面现象所迷惑，不为各种言论所蛊惑，亦不为复杂环境所困惑，能坚持自己的价值观念和原则立场。

“不惑”的修炼，首先在勇于面对真实的实际。身体渐衰、事业家庭的多重压力加重，都是客观的现实，如何保健身体、调适心理、抖擞精神是最重要的。因此要多动少坐，加强运动，增强心肺功能，增强肌肉锻炼，保持气血充足，保全身体本钱；要调整心理，调适心态，挤出休闲时间，放慢节奏，放松心情，因为真正的衰老往往从心态开始；要调整精神状态，不因人到中年而消沉，而把“不惑”当作心智丰满成熟的标志，当作人生进取的新能量。

“不惑”的修炼基础，在于内心的强大。年过四十，丰富的经历使你感受到岁月的悠悠、时势的变幻和时世的沧桑，至此你可能彷徨、疑惑、沉沦、悲伤，也可能反思、深省、清醒、彻悟，还可能更加沉稳、冷静、淡定和坚强。四十多岁是人一生中特别的段落，既有平顺和幸福，也有危机和挑战，既有苦难更有辉煌。化危机为力量，将挑战当机遇，战胜苦难迎来辉煌，这才是人生四十应该书写的篇章。这里，关键是如何对待“难”字。人生四十，满眼苦和难。工作辛苦、家务劳苦、生活艰苦，发展难题不断，体力难以支撑，时间难以安排，但要知道苦是人生的补药，难是大业的磨砺，苦难是人生的常客，不怕吃苦，必能胜任大事；迎难而上，方可成就大业；唯有保持内心的强大，才能战胜苦难。这才是真正的不惑，真正的自强不息。

“不惑”的修炼，最终在于智慧的通达。“智者不惑”，有智慧才能不惑。认清现实，需要智慧；自我强大，依靠智慧；战胜苦难，运用智慧。《乾》《坤》两卦，通过龙的潜、见、飞、升，树立了一个智慧的龙的形象；君子的终日乾乾，夕惕若厉，则提供了充分的人生智慧。九三君子告诉我们，实现真正的不惑人生，要处理好三对关系。

乾与惕

“君子终日乾乾，夕惕若厉”，《乾》卦九三爻树立了一个勤奋进取、兢兢业业的君子形象。其有两个重要特质，一是乾，乾乾，刚健中正，自强不息；一是惕，戒惧警省，谨慎行事。实际上，体现勤勉奋发精神的乾是贯穿全卦各爻的主线，《乾》卦以龙的深潜遁世、健行大地、跃腾升空、飞天遨游的不同行为生动地体现了乾乾君子刚健中正、勤勉奋发的形象。同时，九三爻“夕惕”所体现的惕惧谨慎的行事风格作为君子的另一重要品质，也成为《乾》卦中平行于乾乾主线的一条副线。初九的“隐而未见，行而未成，是以君子‘弗用’也”，这是谨慎的态度；九二的“庸言之信，庸行之谨，闲邪存其诚”讲的也是谨慎虔敬；九四“‘或’之，疑之”，是警省、慎重的行为；就是上九的“盈不可久”的告诫，也体现了警省的含义；九三的“夕惕若厉”，更是直接强调了要警惕、谨慎，不能有丝毫的松弛和懈怠。

怎样理解九三君子的这两大品质呢？君子乾乾，九三处于天地之间的人位，人道效法天道。天道是什么？“天行健”，天体刚健中正，运行不止，“天行健，君子以自强不息”，君子从天体运行不已中悟得了自强不息的道理。“终日乾乾”，即刚强劲健、勤勉奋进。为何在乾乾的同时要“因其时而惕”“夕惕若厉”呢？这是与九三君子所处的位置相关的。《乾》卦是上卦下卦皆乾，纯刚纯阳之卦，九三处下卦之极，居上卦之下，在不中之位，履重刚之险，正如《文言》所分析的，“重刚而不中，上不在天，下不在田”。居下卦之上，君德已著，待升九五飞天，故未可安其尊；下不在田，不能混同于一般田间野民，故不可自懈，未可宁其居。此时的君子，身为负担较大责任的基层领导者，既要对上尽责，又要对下尽心，虽居人位而不能行中正之道，但可进中正之德，故乾乾然而奋勉，惕惕然而兢业。如此，虽处危境，亦可无咎。“上不在天，下不在田”，也道出了人到中年的艰难和复杂，上下左右，各种压力重叠，多种矛盾交集，错综复杂，处于多凶、多惧、多是非的境地。九三正是指出了一条处难不惑、转危为安、危而无咎的人生之路，既要乾乾又要惕惕，二者同等重要。这是值得每一个中年人深思的。

惕与咎

“夕惕若厉，无咎”。是指人如果能保持戒惧警惕，惕然谨慎，虽然处于危险之境，终能免除咎害。这是很深刻的道理。惕，是指人的自我修养。人的灾咎、过失往往与自己有关。处于险境而不自知、自警，咎害必然随之而来；甚至有的人自我放纵，无故引来咎害。平常所说人的烦恼都是自找的，同样，人有咎害也与自身不无关系。因此，《周易》中对“无咎”的强调，比对吉凶、输赢、成败和得失还要看重。人生在世，平安就是福，无咎就能立于不败之地。《易传》对九三的结论是“虽危无咎”，对九四的评价则是“进无咎”，何以如此？因为九三是“因其时而惕”，九四是“非为邪”，二者的共同点是及时地“进德修业”。《乾》卦的主旨是健行不已，但过刚过健则会带来凶险，“夕惕”就是不断自我警省反思，防止刚健过度。所以，“惕”是一种忧患意识，是一种自我调节的能力，是一种自知自强的修养。懂得“惕”而“无咎”的道理，人生遇到不顺、过失乃至咎害，就要反思自己。这是“四十不惑”的重要收获。

成与终

“八卦而小成”。八卦为三画卦。九三为下卦之顶，标志人生、事业小有成就，故称小成。如达到九五“飞龙在天”，则为大成。君子求成，追求成功、成就、成业，还有成名、成家。当然更重要的是成德、成人，“君子以成德为行”，成德才能成人。

君子有成的标志是立德、立功、立言。这三立之成中，立功、立言不是愿之即成的，因为有许多客观因素，如机遇、环境等都不是自身所能把握、掌控的。靠自己不一定能成功，但要成功一定要靠自己，靠自己的进取奋斗，靠自己的自知自强，靠自己对时机、命运的把握。所以，《乾》卦的核心精神就是自强不息，初、二、三、四爻体现的都是积极上进、锲而不舍的奋斗精神。不同人生阶段的共同目标都是九五爻的“飞龙在天”。按照不同的人生阶段来看，初九是“行而未成”，九二是施德初成，九四是无咎进成，九五是圣人大成，上九是从反面论述功成身退，九三有一定地位的君子是德业小成，实现了人生的阶段性目标，还要向更高的大成目标迈进。但是，高则危。功业大成是人人希冀的人生目标，但真正实现大成的只能是极少数。如果不达大成不罢休，甚至不择手段、一意孤行，则可能适得其反，落得个身败名裂的下场，这就是人们所讲的不得善终。

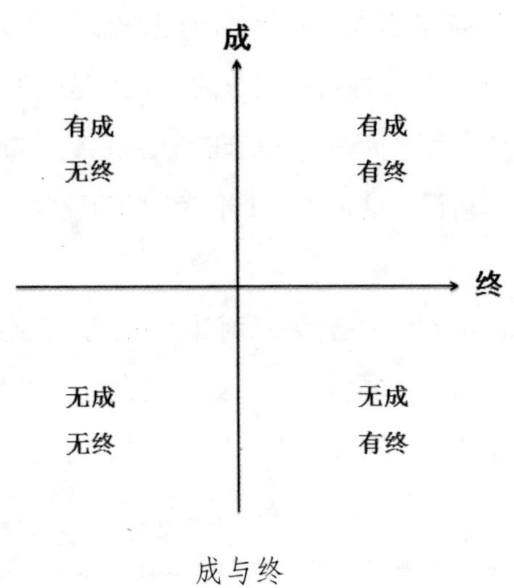

成与终

这样就出现了求成和有终这两个问题。成、终的有、无就产生了“有成有终、有成无终、无成有终、无成无终”四种结果。如果成再加上小成、大成两个维度，终再加上善终、大终两个维度，各种选择就更加复杂了。成与终，孰轻孰重？一般人都看重有成，人生追求成功嘛！但静下心来分析，有终更重要。有终，即人生最后的结局才是决定你有成无成、小成大成的结果。无成无终固然不好，但有成、小成、大成而无终，其结局不是与其一样吗？只是下场更惨。所以中国人有追求善终的传统，君子有终，有终才为君子。

追求有终、有善终，在追求有成、有大成的进程中心态就不一样了。作为小成的九三君子，此时有三种选择，追求大成有终，但防止“亢龙有悔”的有大成而无大终；保持小成有终；退一步则为无成有终。作为君子来说，大成大终是人生最理想的结果，但此时已是圣人而非君子了。小成善终也是比较理想的，无成有终则是人生的底线，可以无成，必须有终。

《坤》卦就为君子有终作了多方面的提示。《象》在解释《坤》卦卦辞时认为“君子攸行，先迷失道，后顺得常”，得出的结论就是“乃终有庆”，即善终的结果。六三爻辞“含章可贞，或从王事，无成有终”，指出蕴含阳刚美德即可坚守正固。如果跟随君王做事，成功不把功劳归己，这样就能有终。此处讲的是为臣之道。《文言》对此大加称赞，“地道也，妻道也，臣道也，地道无成而代有终也”，赞扬大地的法则就是不自居有功，而是忠实地代表天去完成天的创始动能，实现了创造万物的有终结局。《象》解释用六爻辞“利永贞”，肯定永贞即“大终”。大终与大成之圣人相对应，善终与君子相对应，有终与无成相对应，实际上，“地道无成而代有终”讲的是君子的善终。此处的无成实际上是有成不为己成，故有终。这正是君子追求大成时应有的心态。可以求大成，但未必非成不可；未能成大成，固守小成乃至无成但能有终也是很好的结局。所以“君子居上位而不骄，在下位而不忧”，进退自如，怡然自得。君子终日乾乾，故君子有终！

“不惑”的修炼，最重要的是进德。《文言》根据“君子以成德为行”的基本思想，对九三、九四爻都提出了进德修业的要求。九三君子的乾乾之德，表现为以下几个方面。

反复道也

这是《象》对九三爻辞的解释。君子终日精进不休，自强不息，在于其反复行道，在道德方面反复地修炼自己，把成就道德的实践活动作为自觉的行动。从初九爻的“龙德而隐者也”，九二爻的“龙德而正中者也”，直至九三爻的“君子进德修业”，强调的都是道德实践，通过进德来完善自我。

与时偕行

九三为什么能“终日乾乾”，因为其能随着时势的变化而变化，与时势一起前行。阳气潜藏之时能深潜入渊，时势舒缓之际则行地无疆，处于凶险困危之境，则能朝乾夕惕；“知至至之”，知道时势会有机遇到来就待机而动；“知终终之”，知道事物发展的最终结局就努力把握这个结局。能够与时偕行、适时变通，是君子的重要品德。

因时而惕

“故乾乾因其时而惕”，这是《文言》在九三爻中的反复强调。君子之所以能够效法天道、自强不息，在于能够按所处的时势变化不断警省、反思自我，提高自我反应、自我调适能力。初九的深潜不显，是自守的能力；九二的谨言慎行，是自律的能力；九四的“或跃在渊”，是自重的能力；上九的亢而有悔，是自省的能力；九三的朝乾夕惕，更是一种勤勉务实、低调行事、谦虚谨慎的全面自我修养。有人认为，终日乾乾，夕惕若厉，晚上直至深夜都和白天一样保持高度的警惕且终生勤勉谨慎，这样的终生朝乾夕惕，多么辛苦，谁能做到？实际上，九三爻追求的是“虽危无咎”，力行的是进德修业、修辞立诚、居上不骄、在下不忧，这样的夕惕若厉并非坐立不安、彻夜不眠，而是通过进德修业的修养，炼成中正诚信的品格，具有知微见著的能力，具备不骄不忧、泰然自若的心态，这样才会有“虽危无咎”的结果。

终生乾乾

君子终日乾乾，实际上是终生乾乾。乾乾，即勤勉而健行不已。君子终日行，行什么？“终日乾乾’，行事也。”君子把终生奋斗、上进作为自己的人生信条，把认真做事、低调做人作为自己的言行准则。君子终生乾乾，是健行与谨行的统一，是进德与修业的一致，是自强与厚德的和合。君子终日乾乾即终生修炼，能实现终生“无咎”的“无成有终”，能实现“乃终有庆”的有成善终，亦有可能实现“知终终之”的大成大终。

修业方略

企业的“乾龙”阶段处于事业的发展期。经过二十余年的成长，企业变得比较强壮了，有了一定的实力，对市场和客户的把握能力有所增强，内部管理有了较好的基础，品牌有了较好的口碑和较大的影响力，经济效益处于持续提升中。在发展状态较好的情况下，如果不能对所处的时与位有清醒认识，如果没有居安思危的意识，如果没有终日乾乾、因其时而惕的努力和谨慎，企业的发展势头就会发生波折乃至危机。

根本的原因在于高则危。此时的企业自身已有一定的竞争力，在一定领域、区域也有一定的影响力，但其竞争对手也更强大了，往往是强手与强手、高手与高手的竞争；这种竞争的烈度也更高了，因为一定领域、一定区域的市场规模是相对有限的，而几个较大企业去争夺相对有限的市场份额，其难度可想而知。可见，企业高层必须对未来市场的发展趋势和格局变化有清醒的认识和充分的准备。

同时，此期的企业内部也会发生微妙的变化。首先，盲目乐观的情绪可能会自下而上产生，领导层如果没有朝乾夕惕的素养、没有“因其时而惕”的艰苦奋斗，甚至自己也满足于当前现状，那后果可想而知。企业发展的各个阶段都不可缺少的就是忧患意识、危机意识。其次，企业内部的另一个变化是管理效率、运营效能的降低，小企业是精干、灵敏的，但随着企业规模的扩大、管理层级的增加就会出现效能递减的状况，机构臃肿、人浮于事的现象也会出现，中间管理层的“梗阻”作用也可能产生，而企业高层往往习以为常，看不到问题症结之所在。再次，企业内部的人际关系更为复杂，随着机构的增多、人员的增加，企业内部思想情感和信息的纵向交流和横向沟通可能不畅，长期发展形成的利益格局已经固定，如特定团体的特殊利益不能打破，业务技术骨干和基层员工的积极性不能保持调动和维护，企业将出现很大问题。最后，由于持续的发展和较好的效益，大家对未来发展期望更高，财大气粗、大手大脚、管理粗放的情况亦可能出现，而此时品牌生命周期进入稳定阶段，市场容量出现饱和状态，内部生产成本居高不下，几种状况同时出现，就会造成市场销售增长乏力、品牌竞争能力疲软、经济效益徘徊不前，危机已经四伏。

发展期的企业，其正确的事业方略是：其一，终日乾乾。勤勉而不懈怠是企业发展期也是企业终生应有的精神状态。企业发展是逆水行舟，任何时候都松懈不得，这是基本的指导思想。其二，把内部管理作为最基础的工作、最基本的功夫抓好，以人为本，以基本骨干、基层员工的积极性为主线，以效率提高为目标抓好管理。企业自身体质强壮，才能有较强的敏锐性和应变能力。其三，经营思想上解决做大还是做精的抉择。企业发展到一定规模，一般经营者都想做大“飞龙在天”，但绝大多数企业都不可能达此目标。退一步讲，做某一细分市场的领先者也是比较理想的选择，这也是“飞龙在天”的必然步骤，如想一步登天，往往是欲成无终。所以，“飞龙在天”也好，争取做细分市场的领先者也罢，都要知不足，突破自己的弱项。还有一种选择，即知足的选择，九三为小成，企业至小成阶段，如能有知足心态，把功夫下在自己身上，把品质做精，把产品做优，把品牌做强，在特定领域始终使自己处于有利的地位，成为青春永驻的长寿企业。对许多小有成就的企业，特别是市场前景比较稳定的传统企业来说，作出这样的选择才是明智的。当然，这样做并非是不再努力，同样要勤勉奋斗，因时而惕，只是“知至至之”“知终终之”的适宜选择。

职场策略

四十岁的人生，确实如同朝乾夕惕的九三爻所描述的那样，各种压力同时集聚一身，使人感到处于困危与无奈之中。有人形象地揶揄道，人生四十是个卖笑的年龄，家庭中要讨老人的欢心，要做儿女的榜样，要关注老婆的脸色，同时还要应对繁杂的家务；在单位要应付繁重的工作，要处理复杂的同事关系，要满足下属的要求，还要揣摩上司的心思，承受巨大的压力，社会上还要应对各种各样的交际应酬。更为苦恼的是职场，工作小有建树，表面上十分光鲜，但风光中潜伏着危机，因为“重刚而不中”，“上不在天”，自己说了不算；“下不在田”，很难得到下属支持，进退维谷，上下两难。

这确实是许多职场骨干精英的真实心态，在事业小成的人群中，焦虑情绪、恐惧心理非常普遍。往前进一步发展难，往后退一步面子上下不来，但维持现状也更难。这时候往往发现，社会进步日新月异，组织形式千变万化，工作标准要求越来越高，责任压力越来越大，而自己青春不再，力不从心，这些年往往忙于应付工作和家务而忽略学习，自己的素养已很难跟上组织经营理念的变化和管理模式的创新。一种知识恐惧、本领恐惧的心理油然而生，怕被边缘化、怕被淘汰的焦虑感常常出现，感到身心俱疲，精力憔悴。个别人承受不了压力，走了极端，一死了之；有的人自甘沉沦，抓紧享受人生；更多的人是不敢面对现实，随大流混日子。

“不惑”之年的职场人生确实是职业生涯的凶险环节。度过这段的艰难，还是要按照《乾》卦的教诲，争取“虽危无咎”的结果。大前提是自强不息，与时俱进，争取百尺竿头，更进一步，虽然不一定能“飞龙在天”，但人生的意义在于奋斗。实现自我发展的人生价值，即使不能飞天，也没有遗憾，因为我已为此而奋斗过，何况还有天命的安排呢！因此不能故步自封，而要自我突破，跟上时代步伐。但同是进取，心态大不一样，不能大成，若能与时俱进，自我完善，就能“居上位不骄，在下位不忧”。此时之所谓不惑是“知至”“知几”，知道自己的能耐和可能达到的目标，知道其中的各种微妙，保持良好的心态。再退一步，最多是“无成”的结果，此“无成”不是一无所成，而是没有显赫的功绩或者没有把功绩归己，这也是职场常有的事，遇此情况可以以“含章可贞”的六三为榜样，“或从王事，无成有终”，可以无成，无名无位，但一定要有终，保持自己忠信谦虚的操守，不争不怨。这可能就是“知终终之，可与存义”的真谛。存义即会有终。

“跃龙”在渊，审时度势

九四爻所说的是“或跃在渊”的跃龙，虽然未见龙身，但有龙影。九四爻仍处于人位，故未明言龙。

时与位。时：九四爻代表的自然时节为夏历的五、六月，为夏至、小暑、大暑、立秋节令，阳气持续上升，气候更加炎热，作物生长茂盛，这是自然状况复杂多变的季节，气候往往反复无常，自然灾害逐渐增多，暴雨、骤风、洪涝、干旱多在此时发生，农作物尚未成熟，或丰收或灾害，具有很大的不确定性。与此类似，人生也处于十分复杂微妙的阶段，四十岁至五十五岁的年龄段，处于“四十而不惑”至“五十知天命”的过渡阶段，对人生有深刻的体悟。人生的大问题虽已不惑，但遇到实际情况还不能坚决践行，隐约感知天命但仍不甚清晰，人生处于明显的不确定之中。

位：九四爻与九三爻一样，“重刚而不中，上不在天，下不在田”，更有“中不在人”之情，上下无常，进退无恒，虽处人位但没有合适的位置可居，因近“九五”至尊之位，故为“多惧”之位。犹如一个君子经过多年的奋斗努力从九三的基层领导位置上进了一步，成为最高层领导但非主要领导，虽处高位但为危位，亦非正位而为副位。

身心修炼

五十岁前后是人的身体明显衰退的时期。“五十岁，肝气始衰，肝叶始薄，胆汁始减，目始不明”。五十岁后，人的脏腑器官功能开始衰弱，先从肝胆开始，消化功能变差，因而气血不足，表现在眼睛上，“目始不明”，即平常所说的老眼昏花，明显感觉到身体走上了下坡路。而此时正是人生的关键时期，事业、家庭方面的工作压力依然很大，很多烦心劳神之事又加速了身体衰弱。肝胆功能渐衰，需要更好的休息，但若心烦意乱又将没有良好的睡眠。所以，此时身心俱养才是治本的修炼方法。《素问·上古天真论》在分析“今时之人，年半百而动作皆衰”的原因后，提出“食饮有节，起居有常，不妄作劳”的调养策略，做到“志闲而少欲，心安而不惧，形劳而不倦，气从以顺，各从其欲，皆得所愿”。这对处于“多惧”“不定”的天命之年的人生来说，具有很强的针对性。看来，此时期养生的当务之急是养心。

“上下无常”“进退无恒”，往往使人心神不定。面对人生的不确定，必须及时地进德修业，完善心智，坦然面对人生的艰难。为此，要从四个方面加强修炼。

“乾道乃革”，应对变化

从九三升到九四，由下卦进入上卦，此时气候由温暖转变为炎热，龙有时跃入水中以避暑气，这些都说明天（乾）道转化出现变革。重要的是要有知微知彰的敏感性，早知变化的出现及其趋势，及早采取对策。《坤》卦六四爻说的也是这个问题。“天地变化，草木蕃；天地闭，贤人隐”，此处的“天地变化”指的是阴阳二气交通感应，因而草木繁衍茂盛，“天地闭”则是指阴阳二气不相交通，天地闭塞昏暗，贤人退隐匿迹。这里以“天地”比喻社会变化的征状，在天为阳气闭藏，在物为草木黄落，在人则贤人隐遁。六四爻的“括囊”是譬喻谨慎处世的道理。《乾》卦九四爻的“乾道乃革”则是指九四爻靠近了九五至尊之位，履重刚不中之险，有伴君如伴虎之惧，或一步升天或跌回深渊，具有很大的不确定性。应对“乾道乃革”带来的不确定性就是九四爻的中心任务。

自修其功，自试其力

面对这种不确定性，九四爻提出了正确的对策：“君子进德修业，欲及时也。”要积极提高道德修养，建立功业，不失时机，积极抓住机遇。奋斗进取、积极上进是君子自强不息的本质体现，从潜龙、见龙直至九三的终日乾乾，都一以贯之地展现了奋发上进、建立功业的人生价值观。此处，“欲及时也”提出了抢抓机遇的概念，识时、重时、尊时、因时而变是《周易》的基本思想，九三爻的与时偕行，此处的“欲及时也”，都强调机遇对人生进取的重要意义。“时来天地皆同力，运去英雄不自由”。时、运对于人生的成功何其重要！但机遇垂青有心人。如果坐等机遇的到来，就等于坐失机遇。因为识得机遇要靠自身的修养，抓住机遇更要靠自身的功夫。身手不凡，才能把机遇抓住。人生到九四阶段，离九五飞天的机遇越来越近了，但挑战也越来越大、风险也越来越高了。正确的抉择是强身健体、自我完善，具备防风险、抓机遇的能力。否则，可能机遇未抓到就已跌入危险的深渊。“或跃在渊，自试也”，九四君子一方面自修其功、进德修业，一方面“自试”其力，对自己有正确的估量，适宜的时候适当展示自己的肌肉和力量，积极迎接即将到来的挑战。

能跃能渊，进退自如

九四君子功底深厚，具有应对复杂局面的能力和智慧。其并非一味追求飞天，而是做了跃、渊的两手准备，制定了进退自如的策略。首先明确自己所处的地位，“上不在天，下不在田，中不在人”，“上不在天”，没有决策的权力、不可能大有作为；“下不在田”，没有深厚的基层力量和广泛的群众基础；“中不在人”，即不在合适的位置上。九三、九四虽处人位，但九四已近九五，犹如处于半空而没有坚定的基础，这是非常尴尬、进退两难的位置。其次，要知道问题的核心所在。“重刚而不中”，如果说不中之位易“有咎”，“重刚”则更值得警惕了。九四为四刚爻所重，过刚易折，所以防止过刚的风险最为关键，因此要用柔，所以要采取慎重的态度，“慎不害也”，故“或”之，“‘惑’之者，疑之也”。谨慎、疑惧，都是慎重，故能无咎。但要无咎，最根本的是自己内心的操守，心正，身正则行正。“上下无常”，跃升或退处并非固定不变，但若没有邪恶的动机而出于公心就不会有咎害；“进退无恒”，进与退也不是固定不变的，但不论进退都不远离基层、不脱离群众就没有过失。这样，或跃或渊，都能自如应对。

守住底线，无咎无誉

面对复杂的局面，《坤》卦六四爻提供了另一种思维：“括囊，无咎无誉。”括囊即扎紧口袋，取不言不语、守口如瓶之意，这样的结果是没有咎害也没有赞誉的。这是一种底线思维，明哲保身，但求无过，看似消极但并非消沉。如果遇到“天地闭”的境遇，及时隐匿未尝不是明智之举。有跃则可能有“渊”，“括囊”则是不跃亦“无渊”，这是六四爻的又一种选择。

修业方略

“跃龙”时期的企业发展的主题是变革。企业到了这个阶段，实力强大，社会影响力也较大，担负的社会责任也更重。企业经过长期的发展，社会、市场环境可能处于深刻的变化之中，企业面临的挑战与过去亦不可同日而语，而企业高层可能并未予以重视，缺乏创新变革的内在动力。同时，由于长期发展，企业内部也积聚了不少问题和矛盾。这些矛盾和问题在现有框架内，以常规手段难以真正解决，唯有一场变革方可革故鼎新，再现生机和活力。

企业进入变革时期的基本原因是时代的变化。如果说人生的问题一般是安与危，职场的问题大多是得与失，那么企业面临的根本性问题则是存与亡。企业的死亡率之高难以想象，百年长寿企业极少。企业死亡的原因很多，最重大的原因是时代的变化。特别是当下，信息革命、科技爆炸，往往一个行业顷刻间即整体消亡。如零售行业，新零售时代的概念产生后，电子商务、智慧物流、大数据、云计算、人工智能等新技术深刻地影响、改变了零售业态。类似情况在各个行业中都同样展现。所以，这是一个变化的时代、变革的时代。变革，正成为当代所有企业发展的主题。

当然，企业需要变革，还是由企业竞争的性质所决定的。企业存在的意义在于创造和创新，创造价值才能生存，创新才能发展。企业经过一定的发展阶段，就必须进行自我反思、自我变革、自我超越，否则就将失去活力，降低竞争能力。

“跃龙”时期的企业变革，还在于其历史使命和终身目标。到了九四爻，再向上发展就能成为行业领袖，“飞龙在天”。向这样的目标迈进的风险也不言而喻。企业生命如逆水行舟，不进则退。此时的企业急需一场自我革命。变革同样有风险，要使变革产生好的效果，要把握几个要点。

一是准确定位。处于“见龙”时期的企业，自信者众多，似乎一步之遥即可唾手可得，飞龙在天，因而踌躇满志，期许甚高；“或之”“疑之”者也有，主要是方向感不强，向前迈进心中没底。此时当务之急是自我定位，明白“我是谁”“我要干什么”“我能干什么”。我是谁，是对自己的实力能力有准确的估计。我要干什么？这是关键。这里有一个做领先者、挑战者还是追随者的选择。所谓挑战者，就是向领先者挑战以取而代之。一般挑战者在当下还是追随者，属于追随者中的先进。到了先进，再往前走就是领先者了。这里，要把领先者和追随者作以比较。所谓追随者，犹如长跑比赛中的前三分之一者，他们有较强的实力，其中想向最前端冲刺的就是挑战者，但发起挑战有可能体力不支，甚至在盯着第一名的同时忽略了身旁的对手，被别人超到前面。所以挑战者对自己要有清晰的评估。领先者是冲在最前面的，领先者的责任就是把握行业、领域的发展方向，影响、带动这个行业、领域的发展。从追随者到领先者，既有当下的体力、实力，还要有长远的持续发展能力。如果一时成为领先者，而不能持久，还不如做一个好的追随者。作为追随者，因为有领先者领跑，所以前进的道路清晰；还有后发优势，可汲取领先者的经验教训，更好地发展自己。但领先者是极少数，追随者可能有数个甚至更多，如不能高效追随，有可能会成为众多的跟随者之一。

所以，做不做挑战者之前要明白自己能够做什么。不过，不论是做挑战者还是追随者，最好先做好变革者。如果发起挑战，先要增强自身体质，需要一场变革。如果保持追随者的地位，主动进行自我变革，会取得更有利的地位。为什么无论怎么样都要变革？原因很简单，进入了九四之位，“乾道乃革”，企业进入了变革期，必须如此。

二是主动变革。认清了必须变革的道理，就会采取主动的态度，积极变革。主动和被动，效果将大不一样，唯有主动变革，才能激发创新发展的活力，使企业获得新的生机。而被动性变革，不可能达到洗心革面、焕然一新的效果。往往等到不得不变的时候，变革更难了，亦很难产生好效果。

三是注重策略。政策和策略是变革的生命，变革是触及利益格局、触及人的价值观念的重大变化，不得不慎重处理。首先，变革的目标合理尤为重要，可有总体目标和阶段性目标，这些目标一定要切合实际，具有可行性，同时要有前瞻性，二者的统一才是合理的。其次，要善于造势，形成非改不可、大势所趋的势头才能取得事半功倍的效果。造势要在共同价值观的形成和企业新的目标上集聚发力。再次，要选好突破口，从有影响的小事上切入改革。最后，要注意处理好利益关系，着眼于维护大部分人的利益，调动企业骨干和员工的积极性。

四是搞好配套。将注重变革与企业管理模式、经营理念、目标结合起来，避免为变革而变革。变革后，要抓好经营管理的具体措施，使企业经营管理的水平不断提升，企业持续发展的能力不断增强。

需要提及的是，不论是做挑战者还是变革者，都要防止争斗。孔子所说的“及其壮也，血气方刚，戒之在斗”，对九三、九四有很强的针对性。对人如此，对企业亦同样如此。如做挑战者，要在自我超越上下功夫，千万不能以斗求进。商场、职场，两败俱伤的事不胜枚举。中国人崇尚和为贵，商场上也应如此。

职场策略

“跃龙”时期的职场人生，尽管处于上下无常、进退无恒的两难境地，但如果把握得好，还是能够处理好进退得失、正中而行的。

进德修业，欲及时也

这是“见龙”的职场人生的基本指导思想。其有两层含义：不忘初心、不失时机地为自己的志向奋斗，不错过飞龙在天的时机；能够抓住这个时机，关键在于提高道德修养和能力水平，有建功立业的功绩。

正位居体，“非为邪也”

立诚祛邪，这是《乾》卦的一贯思想。九二爻“闲邪存其诚”，九三爻的“修辞立其诚”，九四爻面临上下不定的关键时期，容易产生非分之想和邪恶之念。这个时候，想登九五之位是人之常情，但要欲而不贪，不能为了上位而不择手段，否则必将身败名裂，跌入人生的深渊。“非为邪也”，既是人平时立身处世的基本准则，也是人在名利得失的诱惑之前保持正念的定海神针，还是在上下进退之际慎而无害的根本保证。

当好配角，“上合志也”

九四为高位亦为副位，处理好与主官的关系，是其进退成败的关键。处于上卦之下，搞不好有逼上嫌疑；居于九五身旁，“伴君如伴虎”，风险随时可现。不积极努力，会被视为工作不力，成绩突出又可能功高震主，表现多了还会引来小人，招致不尽的烦恼。正副职关系的核心是信任，取得九五的信任至关重要。《小畜·象》六四爻曰：“有孚惕出，上合志也。”得到信任就会解除惕疑，其要在于与九五心志相合。得到信任，九五就会支持九四的工作。所以，对待九五，既要真诚，又要柔顺。要站在主要领导的角度，站在全局立场考虑工作；要敢于负责，勇于承担责任；要维护班子团结，维护主要领导权威。真心实意地对待主官，起码能达到无咎的结果。

避免内斗，"慎不害也"

要处理好与同僚的关系，这既是最难处理的关系，也是职场矛盾最为集中、激烈的环节。一个班子，主官只有一人，副职可有几个甚至若干，副职想更进一步是大多数人的心理。一旦九五空缺，若干个副职个个有机会，人人抱希望，但全都没把握。一个人心思不正就会牵动全局，引起内乱，这关系到切身利益，也更显示出一个人的品格高下。即使在平时，副职之间也是关系微妙。大家都希望自己比别人工作更出色一些，威信更高一些，得到主官的信任多一份、支持多一些。因此副职之间往往在暗地、在内心互相比，这甚至是一种莫名其妙的感觉。九四爻的明智之处，就是不要陷于内斗的漩涡。孔子所说的中年戒斗就是如此真切。特别是在再进一步则出人头地的紧要关头，把握好自己实非易事。君子的原则应是"为而不争"，最多是竞而不争，不争权、不争名、不争利，不与主要领导争，也不与同僚斗。如果对同僚能适当的谦让，则是更高明的。多给别人一点空间，就能得到别人的尊重，也为自己留下了余地，至少不被人视为威胁。

上下协调，"非离群也"

九四爻的先天不足是中不在人，九五爻有广泛的基层部属，九二爻有扎实的群众基础，九三爻有基层的实力支撑，九四爻没有直接的下属，如若得不到九五爻的支持，说话都不一定作数。

如九五爻不再信任你，在你分管的部门安上“顶门杠”，则真可能成为单枪匹马、孤身而战。这是许多副职的苦恼之处。对此，九四爻除了在总部要有良好的人际关系，还要眼睛向下、心系基层、联系群众，常往底层走。不脱离实际，不脱离基层，不脱离群众，就会有扎实的基础；掌握了基层的实际工作情况，就会增强本领，工作就会抓住要害、得心应手，参与决策意见就有分量。有的副职热衷于拉关系，殊不知，与基层、与群众的关系才是最重要的关系。

言行得当，“进无咎也”

适当地发挥作用是副职的职责所在，也是自试其力的适宜机会，但如何作为大有学问。要少说、少干、会干。君子讷言、谨言慎行的道理很深刻。作为副职，言语适宜更为重要。言语过多容易夸夸其谈、空洞无物，甚至引起非议；与正职同台，还容易影响正职的发挥；作为领导，不能一言不发，所以不能不讲，但要少讲、讲好、讲出精妙之处，这是很高的领导素养。如果环境、气氛不宜，则要“括囊”，无誉亦无咎。少干，不是不干，而是干应该干的事、干重要的事。份内的事是该干的事，涉及全局的份内事是重要的事，非干不可，非干好不可，千万不能种了别人的地荒了自己的田。“君子素位而行”，少干份外的事，不干敏感的事，不干不适宜的事。因此，要会少干事，除了干好份内重要的事，还要学会把事让给别人干，让给下属干，让给基层干，涉及全局的大事，还要让给主要领导干。这是更高的修养。总之，胜任的副职要尽可能言行适宜，举止得当。“言行，君子之枢机。枢机之发，荣辱之主也。言行，君子之所以动天地也，可不慎乎”？处于天地之间的九四爻，把握好言行这个枢机，则可进而无咎也！

“飞龙在天”，大有作为

这是人生效法天地、奋发进取所能达到的最高层次，是君子人生修炼而至“内圣外王”的境地，也是人生、事业的顶峰时期。

时与位。时：九五爻代表的自然时节为夏历的七、八月，处于立秋之后的处暑、白露、秋分、寒露之际。此时秋高气爽，暑气至处暑而止，阳气依然旺盛，但阴气渐显，昼夜温差增大。阴阳谐和，气候宜人。这也是收获的季节，万物有利而成熟，大地一片金黄。人生也处于巅峰状态，“五十而知天命，六十而耳顺”（约五十岁至六十五岁），精力比较旺盛，处于年富力强阶段，社会阅历深厚、工作经验丰富、道德修养成熟、人格健全完善、事业发展有成，为人生之大成。

位：九五，阳爻处阳位，且为上卦之中位，居中且正，为全卦之主爻。龙高飞于天空，象征天德之功已成，故曰“飞龙在天，乃位乎天德”。九五至尊亦为人极之位，为有位且有为之“大人”，即“内圣外王”、功德圆满之“大成”之位。

身心修炼

五十至六十多岁的人生，既是事业的鼎盛期，也是身体的衰退期。当事业攀上顶峰时，身体在明显走下坡路，而这两者通常又是密切联系的，身体上的信号也会在事业中显现出来。“六十岁，心气始衰，若忧悲，血气懈惰，故好卧”。此时是人从中年到老年的转换期，生理上会出现许多变化，气血渐衰、真阳气少、脾胃虚弱、形体虚羸、心力倦怠、精神耗短。而从心理上讲，虽然形体渐衰，但心却自壮，不觉老，不服老，甚至易走极端，或抑郁悲伤，或亢奋逞强。事业重任需要强壮的体魄，但往往心有余而力不足；工作繁忙需有良好的心态，但往往情绪波动，这是许多“大成”者所面临的两难境况。此时，最合适的人生修炼是养阳调阴。养阳就是要坚持适当的锻炼和合理的饮食起居，尽可能保持气血充盈、避免其快速衰退。调阴就是注重心态调适，避免精神焦虑和情绪波动，两者的有机结合就能在较高的层次上保持阴阳平衡、谐和，以身心俱佳的良好状态适应“飞龙在天”的重任。

调适心态，与九五之尊位分不开。在天之飞龙，要处理好位与为、位与德、位与智三个关系。

位与为

“飞龙在天，大人造也”，“上治也”。巨龙腾飞于天，比喻大人在上位治理天下，这正是大人大有作为，成就人生价值之际。“圣人之大宝曰位”，九五至尊之位是圣人、大人成就事业的舞台，龙之潜、见、跃，都是为了得到这个位，有位方能有为。很多人为得事业之位，或折戟沉沙，或功亏一篑，或殃及其身，或望位兴叹。在《乾》卦中，九五爻为至尊之天位，《文言》以形象、生动的语言描述了飞龙之大人奋发自强、有为治世而万物昭明的辉煌业绩，“同声相应，同气相求。水流湿，火就燥，云从龙，风从虎，圣人作而万物睹。本乎天者亲上，本乎地者亲下，则各从其类也”，彰显了大人“上治”的成果和“大人造”的磅礴气势。特别是“云从龙，风从虎”，神龙见首不见尾，祥云缭绕，十分神秘；老虎声势夺人，脚下生风，威风凛凛。龙虎风云澎湃，气势非凡，“圣人作而万物睹”。从“履霜，坚冰至”的凛冽严寒到此时的水火相逮、秋高气爽，从遁世无闷的潜龙勿用到万物相睹的龙腾虎啸，局面大不相同，可谓天壤之别。飞龙不同于潜龙的小心翼翼，不同于见龙的庸言庸行，不同于“乾龙”的朝乾夕惕，也不同于“跃龙”的疑惑不定，而是气闲神定，踌躇满志，放开手脚大展鸿图，大有作为。

现实生活中，人人都有做在天飞龙的梦想，立德、立功、立言，成就人生之不朽，但一旦登上至尊之位，其行为则大相径庭。有的人终其一生为了高位，但有位则仅想守位，有位而不为；有的人得了高位只图名声，有位而虚为；有的人有位就瞎折腾，有位而乱为；有的人谋位是为了利己，有位而私为；还有的人有位不敢作为，有位不会为。可见，如何对待“九五”之位确实是人生的大问题。九五之位是大位，大位能干大事；是高位，高位可成就人生；是尊位，尊位可赢得信任和尊敬；还是危位，高则危。有了高位但高处不胜寒，在高位上摔倒、栽倒者也不乏其人。有位应该有为，有为而美利天下，这是飞龙在天的第一要义。当然，有位、有为，还需有德。

位与德

居高而落、功败垂成者的根由在于德位不配、能位不当。正如《系辞》所言："德薄而位尊，知小而谋大，力少而任重，鲜不及矣。""鲜不及"的意思是说很少有不累及自己的。可见，大位要有大德，高位必须高能。

《乾》卦强调人生应积极向上，有所作为，同时把道德修养作为奋发进取、成就人生的首要条件。《乾》卦中，初九、九二爻讲龙德，"龙德而隐者也"，"龙德而正中者也"，要具有龙的品德，专心潜隐修行，坚守中正之德；九三、九四爻讲进德修业；九五、用九爻则讲天德。九五爻是"飞龙在天，乃位乎天德"。在《周易》中，大人是修行最高的人格，德、位至尊，九五之大人已达天位。最尊之位，因而也具有最高的道德——天德。"夫'大人'者，与天地合其德，与日月合其明，与四时合其序，与鬼神合其吉凶，先天而天弗违，后天而奉天时。天且弗违，而况于人乎？况于鬼神乎"？九五之尊是人极之尊。人极有人极的品德和修养。大人具有天地一般的品德，其道德像天地一样生成、养育万物，圣明像日月一样普照四方，修业施政如四时一样井然有序，其治理效果像鬼神一样福善祸淫、奥妙莫测。这样的道德修养，与天同高、与地同厚、与日月共明、与四时合序、与鬼神一样有求必应。行事在天之前而符合天道，行事在天之后则奉天时。此时，天即大人，大人即天，呈现出一个浑然一体的天人合德、完美无缺的天人合一形象。

统观《乾》《坤》两卦，与天地相合的大人之德，体现为四个方面。

首先是恩德普施。“乾始能以美利利天下，不言所利，大矣哉”！天德的伟大之处，在于其一开始就能以美好的利益普施天下，并不表明对谁有利。这也是大人必备之君德。九二爻的大人“德施普也”，恩德施及普遍广大，周而不偏，是为君德。大人追求的是“天下文明”，而非一己私利，也不是为少数人谋利。心系天下，以天下为公，正是大人的首要品德；能够普利天下，则是大人的有为政绩。

其次是刚健中正。天有自强不息之德，体现为刚健、中正、纯粹三个方面。“大哉乾乎！刚健中正，纯粹精也”。刚强劲健，才能奋发向上；持中守正，方能长治久安；纯粹至精，才能赢得人心。九二爻的“龙德而正中者也”、《坤》卦六五爻的“正位居体”，都是强调大人的中正之德，不偏不倚，居中守正。刚健中正与其美利天下的品德内涵是一致的。“‘利贞’者，性情也”，有利天下而守持正固，是天所蕴含的本性和内情，与天合德的大人也具有这样的性情。

再次是善世不伐。这是九二爻贤人君子所具有的品德，作为君主的大人同样具有这一君德。“善世而不伐”，即为善于世而不自伐其功。九五爻之大人之功绩比九二爻之君子要大得多，但仍保持这样的中正之德，尽管其美利天下，却不言所利。天普利天下万物而不说其所施予的利惠，“天何言哉”！这是天之本有的性情。大人善待天下而不自伐，因为这也是作为君主的大人应该所为，是其职责所在。大人以其功绩、品行德博而化，而不自伐。

最后是利见大人。《乾》卦的九五爻和九二爻的爻辞中都有“利见大人”，历来有多种解释。“见”有见与现两种解释，“大人”也有居高位和未居高位之分。这里，把九五爻之大人作为有道德、有作为且有高位的君主来理解是无疑义的。而九二之大人，从爻位看可理解为有道德、有作为，虽有君德但未居君位的君子。从一定意义上讲，二五爻的大人可互见，处于九二爻的君子“利见大人”无疑是有利的，而九五爻的君主也是需要亲近九二爻的君子的。从爻位来看，九五爻上卦居中，为在朝，为中央，为君主，且中正皆具，是最强大、最有权势的至尊之位。九二爻则为下卦居中，为在野，为基层，为民间，为地方势力，下卦二爻为气势最旺、发展趋势强劲、实力雄厚之位。九五之大人要成就大事业必须有基层的响应和支持，而九二爻为有道德、有作为的君子，正是九五之大人需亲近的。九二与九五大人同心同德，事业才会兴旺发达。所以，对于九五而言，身居基层、数量庞大的精英君子从某种意义上来说，正是力量巨大的“大人”。同时，九五身居高位，远离基层，容易脱离实际，脱离群众。身居高位而不接地气是十分危险的，这也正是许多大人功成而败的主要原因。再进一层说，下卦二爻为基层，初九、九二爻为广大群众，它们与九五大人的关系犹如李世民所言的水与舟，水能载舟，亦能覆舟，领导者如不心系群众、联系群众、服务群众，最终必然会失败无疑。

以上四个方面做到位了，就解决了“德薄而位尊”的问题，能够厚德载物。同时还要避免“知小而谋大”，知，代表智慧、能力。高位要有大智慧。

位与智

九五爻与九二爻的主要差异在于位置的高低不同，九五爻的“上治”“御天”之地位是九二爻所没有的。处于这样事关大局的高位，对智慧、能力的要求是非常高的。《文言》所描述的“水流湿，火就燥，云从龙，风从虎，圣人作而万物睹”，“与日月合其明，与四时合其序，与鬼神合其吉凶，先天而天弗违，后天而奉天时”，都是赞扬大人具有通天地、奉天时、合鬼神的博大智慧和高超能力。对大人智慧、能力的认识，也须把《乾》《坤》两卦连为一体来理解。要之，“大人”具有居安思危的意识，王道、霸道治理模式的选择，无为而治的能力，刚柔相济的智慧。

首先是安危之识。九五之大人处于人得志之位，可以呼风唤雨，甚至可以不受任何约束，随心所为。但无数事实说明，很多人在飞黄腾达或登峰造极之时则易走向人生的拐点，得位而忘形、得意而丧志，走入忘形、丧志而身败名裂的怪圈。《乾》卦通过龙的潜、见、跃、飞、亢的不同时段、阶位描述了人生的不易。通过几十年的努力达到飞龙在天的境地，本应好好珍惜难得的机会，以实现人生价值，但却出现了亢而有悔的结局。很多人身处高位，或贪图享受，不思进取；或自以为是，刚愎自用；或极度自负，自我膨胀；或高高在上，不接地气，最终是丧失人心，成了孤家寡人。有的人潜龙时期做得很好，见龙阶段亦行稳致远，跃龙环节也能不失时机，但一旦飞龙在天，无所约束，就肆无忌惮，为非作歹。之所以出现这种状况，除个人道德修养的因素外，缺少人生智慧亦是重要原因。殊不知高则危，高位既是权力和荣誉，亦是责任和风险。处于人极之位可以无拘无束，大展鸿图，但要知高则危，极则衰，高处不胜寒。可以大有作为，但不能胡作非为，要知道："举头三尺有神明，人可欺，天不可欺。"对于九五之大人而言，广大基层群众就是天。《系辞》说得好：

危者，安其位者也；亡者，保其存者也；乱者，有其治者也。是故君子安而不忘危，存而不忘亡，治而不忘乱，是以身安而国家可保也。

居安思危，才能安稳自己的地位；存而思亡，才能保住自己的生存；治而思乱，才能保持自己的安治。大人、君子要安不忘危、存不忘亡、治不忘乱，因此才能身泰位安而保有家国天下。

其次是王、霸之道。王道还是霸道，这是大人对治理路径的选择。王道强调得人心、用文治，霸道重在以武攻、用权势。霸道形成硬权势，以力服人；王道产生软权威，以德化人。不少当权者有权就把令来行，把权力用足用尽，顺我者昌，逆我者亡，而不知得人心者才能真正得天下、治天下。

再次是有、无之为。有为、无为，是每个"大人"都需要面对的问题。九五在朝，事关全局，必须大有作为。不想作为、不敢作为、不会作为，都不是好"大人"。"在天"，高高在上，"大人造也”。大人处于十分有利的地位，也能够大有作为，但有为非大人一人之为，非事事亲力亲为。优秀的“大人”更加注重无为。无为是一种治理方式，历史上最得人心的是“无为而治”，无为是最高的领导层次。老子说：“太上，不知有之。其次，亲而誉之。其次，畏之。其次，侮之。”侮之者，以欺骗的方式管理，最低的层次；畏之者，以霸道的方式管理，威吓百姓，很低的层次；亲而誉之者，以老百姓感到亲近的方式管理而受到赞誉，这是德治、王道，很高的层次；而最高的层次是无为，君不扰民，使百姓各顺其性，各安其生，当大功告成之际，百姓浑然不觉。实际上这就是“与日月合其明，与四时合其序，与鬼神合其吉凶”的最高智慧的运用。无为不是什么事都不干，而是不凭主观意志，不违背客观规律，是注重调动基层的积极性、广大群众的积极性，以无为的方式实现大有作为的治理，这才是最高智慧的治理。

最后是刚柔之用。乾刚坤柔，《乾》《坤》两卦体现的大智慧集中于用刚用柔。阴阳合德、刚柔有体是《周易》的核心原理，刚柔相济、阴阳和合则是飞龙在天的根本之道。《乾》卦是纯阳、至刚至健之卦，不仅刚健中正，而且纯粹不杂，至纯至精。九五之尊处于庙堂之高，高高在上，大开大合，气势非凡，可谓阳刚劲健、自强不息。但事情总有两重性，至刚至健，可以高飞升天，但高则危、刚易折的规律不可抗拒。九三、九四是重刚而有危、惧，而九五爻是纯刚，风险更大了，“与时偕极”，成为高亢之龙就是例证。要想规避风险，高而不亢，刚而不折，就要刚柔相济，迭用柔刚。把《乾》《坤》两卦特别是九五、六五两爻联系起来解读，就不难读出用刚用柔的道理。《乾》卦纯阳至刚，《坤》卦纯阴至柔，伴随着乾龙六爻阳刚向上的发展，坤之牝马之德也如影随形，从“履霜，坚冰至”的提醒“潜龙勿用”，“直方大，不习无不利”的鼓励“见龙在田，利见大人”“含章可贞”“无成有终”的告诫帮助“终日乾乾”的君子，到“括囊，无咎”的指点迷津使巨龙明白“或跃在渊，进无咎也”，而当“飞龙在天”呼风唤雨、大有作为之际，“黄裳元吉，文在中也”的轻声曼语又在巨龙耳边响起。这接连不断的轻声呼唤显示了坤之柔顺美德，而这种柔美与乾之刚健浑然一体，才成就了大人“飞龙在天”的宏图大业。

迭用柔刚，是大人的人生大智慧。人的一生能得高位殊为不易，得到高位总想干一番事业。由于处于正位，可大显身手，此时约束较少而没有多少顾忌，固然有利于干事，但也易自我膨胀，同时各种赞誉乃至奉承、吹捧随之而来，常常又有小人环伺左右，如果大人不能头脑清醒，而近小人、远君子，就逐渐脱离实际、脱离基层、脱离群众；而当取得一些成绩，又容易自我陶醉，自视甚高，认为自己无所不能，乃至想愈飞愈高。所以说要想人灭亡，先让他发狂，人之发狂往往就在功成名就之际。九五大人要想刚而不折，高而不亢，就要既会用刚，干好事业，又会用柔，守好高位。实际上干好事业也要用柔，因为得人心才能成就事业。乾为至刚至健，坤为至柔至顺，至刚不能无柔，刚中有柔才是理想的大人人格。

“阴阳合德”“刚柔相济”，这是大人“位乎天德”的素养要求；能刚能柔、善刚善柔则是大人能高飞不亢、长治久安的高明智慧。《坤》卦六五爻“君子黄中通理，正位居体，美在其中，而畅于四支，发于事业，美之至也”，讲的就是善柔与成就事业的关系。《贞观之治》电视剧中有一情节，唐太宗李世民把自己所用的弓给制弓大匠试用，说已用此弓杀了一千多人。工匠不用此弓，说太宗力大无比，但此弓非良弓。工匠认为，好弓要用好材、正材，良弓关键在材质。材质好有弹性、有柔韧性，弓材的品质、年轮、质地、纹路都要正，否则，差之毫厘，失之千里。以此喻李世民过于勇猛而柔顺不足。李世民正是悟出了以柔济刚的道理，才会自我克制，励精图治，近君子，远小人，使百姓休养生息，君臣共治，开创了开元盛世，成为后世传颂的一代明君。当初，唐太宗取得政权后欲定年号，长孙无忌取“自天佑之，吉。无不利”，建议为“天佑”。魏徵以“天地之道，贞观者也”之意谓之“贞观”，强调居中守正。二者皆取之于《周易》，均着眼于德治，“贞观”之义与《乾》《坤》两卦关系更为直接，强调飞天之龙要效法天地“贞观”之道，刚柔相济。

对九五爻来说，刚柔相济主要表现为刚而有度、刚中有柔、以柔济刚。首先，要有怀柔之心，仁爱民众。“美利天下”是其根本宗旨，也是其使命所在。牢记宗旨，不忘初心，不辱使命。“爱人者人恒爱之”，爱人才能得到人心，受人敬重，使人信服，得到人心才是真正的成功。做一个仁慈的统治者，老百姓才会“亲之誉之”，但统治者往往忽视了怀柔爱人这个根本点。其次，要有柔下之身。九五之尊还要面对一个“大人”，即九二之基层、群众。九二、九五互为“大人”，因为对方于己十分重要。基层的势力雄厚、群众的力量巨大，不可小觑。正如《文言》所说：“坤至柔而动也刚，至静而德方。”坤阴代表民众，特点是至柔至顺，但随着乾阳而动也会十分刚健，对于乾之大人的事业是最强大的力量；坤阴的特点是静止不动的，但其品德却是方方正正、刚直不阿的，怠慢这样的大人是不会有好下场的。因而九五不能高高在上，也不能居高临下，而应柔下身子，常走基层，常见群众这个大人，带领群众一起成就大业。最后，要以柔制刚。得高位者往往欲望旺盛。大人最大的对手是自己，难以控制的是内心的欲望。老子说“柔弱胜刚强”，要想飞而不亢，高而不极，刚而不折，就要自我调适，把握内心之欲，凡事留有余地；遇事头脑冷静，常怀畏惧之心，安不忘危，高而防极，经得了吹捧，受得住诱惑，做到高飞不亢，长飞不衰。

修业方略

达到“飞龙在天”层次的企业已成为行业（或地区）领袖，实力强大，有很强的市场竞争力和社会影响力，它是某一市场领域或区域的领导者，但这一种领导并非“大人”发号施令式的领导，而是通过自身言行来影响市场和社会；它处于九五至尊的地位，但这地位并非固定不变，而是要靠自身的持续发展、保持领先来巩固；它是行业和地区市场的领袖，但并没有正式的威权，行使领袖的权力不仅要靠刚性的实力，更多的则要靠柔性的影响力、号召力。

作为龙头企业的行业领袖，与从政之九五大人最大的不同在于利益。从政的大人要有圣人的道德人格，没有一己私利，甚至要做到无私无欲。而作为经济组织，企业要追求自己的利益，没有自己的利益不仅不可能成为行业龙头，甚至不可能生存。但是，作为龙头企业，不仅要有自己的利益，还要关注公众利益，履行社会责任。作为行业老大，还要兼顾行业利益。这三重利益的处理，既要有正确的价值追求，还要有高超的智慧能力。俗话说，小企业做事，大企业做人。小企业没有做事的能力，就不能生存；大企业一般不会缺乏做事的能力，但不能很好地做人，违反商业道德就会被社会所唾弃，为市场所淘汰。作为市场的“大人”，社会给予了更多的期待，也提出了更高的要求。如同从政之大人要为官一任，造福一方，甚至美利天下；从商之大人不仅要自身腰缠万贯，而且要繁荣市场经济，改善百姓生活，履行社会责任，带领行业进步，这样的大人才能得到市场承认，赢得社会尊敬。这就要求在企业利益和社会利益之间找到一个平衡点，以保证社会利益为前提、兼顾行业利益，同时追求自我的合法利益。

在企业与行业发展的关系上，不仅有自身利益的追求，更有行业发展的全局利益、长远利益，这是行业老大必须同时兼顾的。只顾自身利益，必然从老大位置上栽下来；不顾全局、长远的利益，最终也将导致行业衰败，也必然殃及自身，这是行业老大的责任所在。从商之大人，是市场规划的制定者、行业发展的引领者、专业市场的开拓者和行业利益的守护者。行业的发展生态、专业市场的竞争烈度、行业发展的可持续性、上下游利益关系的处理，都是从商之大人必须处理的问题。如果这些方面处理不当，必定被行业所否定，其地位也必然被挑战者所取代。

从商之大人是市场或行业的领先者，行业市场还有挑战者和追随者，此三者为市场第一方阵。追随者紧追不舍、挑战者屡屡进攻，领先者不可能稳坐江山。三者关系错综复杂，特别是领先者和挑战者的关系更加微妙。在一般情况下，挑战者往往想弯道超车，一步超越；领先者则步步设防，围追堵截。有人认为，领先者最有效的策略犹如帆船竞赛，第一名在前面，第二名向左他向左，向右他向右，始终把第二名堵在后面。更有甚者，领先者与挑战者兵戎相见，相互攻讦，价格战、宣传战、促销战……烽烟四起。这样的领先者既缺乏格局、胸怀，也缺少理性、智慧。如果挑战者真有本事和实力，光靠堵截是堵不住的；一心只想弯道超车，也是不可能超过的。无论是挑战者还是领先者，正确的策略是居正出奇，居正是本，只有持中守正，在自身下功夫，才是保持或争取领先的正道。创新是出奇，也是守正，长期守正、坚持创新，才能出奇、出彩。作为领先的九五，要想守住“大人”之位，必须引领行业的发展，这既要靠自己的能力和实力，要靠宏大的格局、宽广的境界，还要靠持续的自我超越。

领先者的自我超越，知难行更难。多年的奋斗拼搏，既取得了非凡的业绩，也形成了高度的自信。过度的自信使内心的理性变弱，很难客观看待自身。而长期形成的思维模式，很难改变，容易故步自封。有了领先地位，市场格局已经形成，内部的利益格局业已固化，此时的领先者，想得多的常常是要改变市场格局，争取更大份额，甚至控制、垄断市场，很少想到市场生态的优化和行业长远的发展。对于固化了的内部利益格局，既可能熟视无睹，也可能没有勇气改变。而企业每一次大的自我超越，既要靠领导者具有正视内部问题的理性，也要靠其打破固定格局的勇气，还要有改变现有利益格局的智慧和能力。更进一步讲，更高层次的自我超越，是领先者能够胸怀行业大局、审时度势，代表行业前进的方向。这样的领先者，他既有站在事业巅峰傲视天下的气魄，又有不畏浮云遮望眼的视野，还有再造一个新世界的创造力。他勇于自我否定，敢于另辟蹊径，知微知彰，紧跟时代潮流、拥抱颠覆、主动变革，不断实现新的思维突破、理论突破、技术突破和市场突破，引领行业开拓更加广阔的市场前景，这才是高明的“飞龙”大人。

职场策略

“飞龙在天”的大人是最高领导者。其基本特点是平常所说的高、大、上。上，“上治也”，在上位治理天下，统筹全局。大，“大人造也”，具有大人的格局和造化，不论是时势造英雄，还是英雄造时势，大人与时势密切相关。《乾》卦以飞龙在天形容大人的造化。古人认为，龙飞天空行云布雨，正是施展本领、展现才能的机会。犹如人在社会中实现了自己的人生抱负，充分体现了自己的人生价值。高，“乃位乎天德”，高位必须有高德、大德。

九五爻为正中之爻，九五之大人，也必然为正中之人。持中守正，是最高领导者立身处世之根本。守正关系到大人之位能否坐得稳、坐得久。“正位居体”，一心为公，不谋私利，正念正行才能守住正位。“圣人之大宝曰位，何以守位曰仁，何以聚人曰财”。以仁守位，以财聚人，财即利益，大人“美利天下”，才有广土众民。这就是谋利当谋天下利，不谋己私利，也不为少数人谋利，不偏不倚，公平公正。所以，《坤》卦六五所讲的“黄中通理，正位居体，美在其中而畅于四支，发于事业”，不仅是对君子所言，也是大人成就大业之道。

当然，持中，不仅是大人的光辉道德，也是其“南面而听天下，向明而治”的高明智慧。大人能够“先天而天弗违，后天而奉天时”，所为皆不偏不倚，无过不及，发而皆中，恰到好处。

大人正中而行，要在四点：

格局

大人追求的是盛德大业，所以必须有大格局，格局大小决定事业大小。首先，要有大视野。视野开阔，格局宏大。《系辞》多处论及乾之“大生”、坤之“广生”，所以“广大配天地”。具有天地般的宽广视野，才能成就天地般的宏大事业。“美利天下”就是大视野。视野关乎理想、愿景和价值追求，关乎事业的格局和人生的境界，是大人成就事业的前提性要素。当下，所谓大视野就是要具有世界眼光，认清时代变化，把握发展趋势，勇立时代潮流。其次，要有大思维。所谓大思维就是要谋大局、谋长远，而不能缠身于具体事务，局限于眼前利益。战略事关长久，事关全局，就是主政者必须抓好的头等大事，战略思维就是主政者必须具备的素养和智慧。最后，要有大魄力。大人应有大作为，大作为要有大魄力。“智小而谋大，力少而任重”是魄力不足的根本原因。主政者是主要责任者，重任在肩，必须勇于负责、善于负责；主政者也是决策者，决策既要足智多谋、胸有成竹，也要敢于拍板、善于决断。优柔寡断、犹豫不决是主政决策者的大忌。主政者的魄力，体现在对全局战略的把握，体现在对重大决策的表态，体现在对重大事件的处置，体现在重要转折关头对局势的导引。大视野、大思维、大魄力的统一和有机结合，才能形成大格局。

谋势

要形成大格局必须要谋势、任势。老子说：“道生之，德蓄之，物形之，势成之。”“势成之”就是说“势”是形成大格局的最终要素。所谓势，是物质在运动中相关要素能够产生的一种潜在力量，这种力量一旦形成就可促成事物状态的加速度变化，且这种变化的加速度又能产生更大的影响力。具体地说，有形势、态势、气势、声势、时势、趋势等各种各样的势。常言说“英雄造时势”，就是说英雄造就时代的态势，这与《乾》卦九五爻所说的“‘飞龙在天’，大人造也”是同样的意思。成就大事业的大人，必须谋势。

大人谋势，要谋全局形势，形成大势；谋当前时势，成有利态势；谋未来趋势，得先至之势，但最根本的是造就气势，择人而任势。《孙子兵法·势篇》载：“故善战者，求之于势，不责于人，故能择人而任势。”这句话第一层意思是成就事业要求之于势的形成，而不对人求全责备；第二层意思是择人任势，即选择适当的人才去适应、利用、创造和依靠有利之势来取得成功。成就大事业者，都有这样的作为，或借势转机，或乘势而上，或顺势而为，或任势发挥，或造势大成。但从根本上说，善谋势者，既要善于利用客观有利的条件和时机以成势，更要善于整合、利用各种资源形成新的更大的势能。其中，最重要的资源是人的气势，“择人而任势”，这是谋势的核心。

通变

通变即变通，这是《周易》的根本性观点。《系辞》认为《易》体现了四条圣人之道，其一就是“以动者尚其变”，“圣人有以见天下之动，而观其会通，以行其典礼”。圣人发现天地万物的运动变化而观察其会合变通，并以此来推行典章制度，管理社会。“通变之谓事”，通达于变化方可成事。《乾》卦九五爻之大人“与日月合其明，与四时合其序，与鬼神合其吉凶”。就是深谙事物变化之道而达到出神入化的境界。《系辞》中，以黄帝、尧、舜三位上古圣人为例，“通其变，使民不倦，神而化之，使民宜之”，他们会通并变革前人发明的器物、制度，变而通其用，如作舟楫、服牛乘马等皆因变通而来，又加以神妙的变化，使民众方便利用，各得其宜。可见，善于变通是大人智慧的显现，也是其重要职责。

大人之通变，主要表现为三个方面：其一，通权达变。大人要有大作为、成就大事业，“功业见乎变”，功业的成败表现在变化上，因此大人要通权达变。大人行使权力是为了使事物向好的方面变化，因此高明的领导者都能知变化，会用权，善变通，“变而通之以尽利”。其二，因时而变。“变通者，趣时者也”，“广大配天地，变通配四时”，“变通莫大乎四时”，讲的都是因时而变。当今社会是巨变的时代，变化无时不在、无处不在，如不能适应变化、主动变化就将被时代所淘汰。《乾》卦的核心思想是“与时偕行”，就包含了因时而变的意义。其三，“唯变所适”，《乾》卦所描绘的巨龙，既有刚健中正的品质，又有灵活变通的智慧心性。其或潜，或见，或跃乃至飞龙在天，就是不断变化的范例。而九五大人的“云从龙，风从虎，圣人作而万物睹”，更是展现了大人驾驭变化、英雄造就时势的风采。在专讲变化的《革》卦中，讲到“大人虎变”，“君子豹变，小人革面”。讲的是大人雷厉风行，像老虎一样变化迅速，声势浩大，大胆变革。而君子则像豹子的变化一样，潜移默化地进行改良。此处小人指民众，革面是指改变自己的面向，跟随大人的变化。小人革面，是指大势所趋。大人虎变，促使了小人革面；小人革面，成就了大人的造势变革。

太和

太和即大的和谐。“保合大和，乃利贞”，保有大的和谐，才能利于长久中正。实现保合太和，首先，为大人内心之和，即阴阳和合、刚柔相济、和而不亢。作为主政之大人，使组织保有高度和谐的态势，既关系到其以正守位，又有利于其开物成务、聚人成事。大人拥有至高无上的权力，但权力也是双刃剑。用好权的关键在于用好人，能否用好人的根本还在于自身。有了高位实权，但以和为贵才能得到人心。上九亢龙虽居高位但“高而无民，贤人在下位而无辅”，所以“动而有悔”。

其次，班子之和。大人有贤人辅佐才能成就大业，“太和”之要是班子要和。《乾》卦六龙犹如一个班子，一个班子有合力和活力才能成大事业。飞龙犹如班长，班子成员“各正性命”，人才济济，但都各有其特质和个性：潜隐之才，稳显之才，勤谨之才，进跃之才和亢进之才。作为班长的大人对这几种人才要有容人之量，包容其特点和缺点，还要有用才之能，如潜隐者多智谋，稳显者善管理，勤勉者能守成，进跃者敢创新，亢进者勇于开拓，都有可用之处，如能谐和相合，各尽其能，才尽其用，就会各显神通，形成“水流湿，火就燥，云从龙，风从虎”的局面，使班子富有战斗力、创造力。

最后，组织之和。一个组织的“保合太和”，最终体现为九五之大人和九二之大人的互见互动。初九、九二爻代表组织中的员工群众，九二爻为员工中的骨干精英，对于九五之大人，他们是另一种意义上的大人，两种大人的关系是否和谐决定了组织的竞争力和活力。九五大人位高权重，但没有贤人辅佐、没有员工的群策群力，就将一事无成。九五大人要成就大事业，必须把员工当作大人，把调动员工的积极性、创造性作为领导力之源。要把员工当成自己的衣食父母，当成帮助自己实现事业成功、实现人生价值的大人，把给员工创造福祉当成自己天经地义的责任。“何以聚人曰财”，为员工创造利益、使员工和组织共同发展，员工就会有积极性、主动性、创造性，这样的组织才有生机和活力。在此前提下，九五之大人要重视培养和使用组织中的各种人才。虽然现在人才已经自由流动，但立足组织自身培养人才更具有竞争力。要及时发现潜龙，及早培养见龙，重视、用好“乾龙”。潜龙虽潜在底层，远离大人，但充满智慧和活力，发展潜力巨大，是值得重视的力量；见龙作风踏实，可以快速成长，应积极培养；乾龙勤勉奋发，兢兢业业，忠诚可靠，值得信赖，可放手使用，委以重任。更重要的是，他们处于实际工作第一线，了解真实情况，可帮助九五之大人避免失误。他们富于积极性、创造性，组织就会充满生机和活力，事业就会兴旺发达。

“亢龙有悔”，慎终知止

亢的含义是高、极、过度、非常、刚强，如高亢、高傲、亢奋、亢进、亢烈（刚毅）、亢悍（强悍）、亢藏（刚直孤僻），等等。何谓“亢龙”？“贵而无位，高而无民，贤人在下位而无辅”，指的是失去人心，没有人气，被历史和时代所淘汰的统治者。这种人虽然很尊贵但无实位，虽然高贵但不接地气，高高在上但得不到基层支持、百姓拥戴，居于下位的贤人君子也不愿辅佐他，孤家寡人。亢龙是曾经的飞龙，但其“与时偕极”，“穷之灾也”。

时与位。时：上九爻所代表的自然时节处于霜降、立冬、小雪、大雪之际。阳气逐步消亡，阴气渐重。此时中秋、重阳已过，气候凉爽舒适，作物已收获归藏。人们往往满足于丰收的喜悦，贪图眼前的舒服，对悄然到来的、越来越明显的气候变化缺乏心理准备。正如《坤》卦初六爻所言的“履霜”时分，万物凋萎、寒气袭人，如能见微知著，就能“驯致其道”，做好“坚冰至”的准备。本来，秋分、霜降之际，龙应该及时潜渊，但巨龙此时却豪情万丈，高歌猛进，为自己腾云驾雾而自豪，还要向更高的空中腾飞。然而高处不胜寒，待到“悬崖百丈冰”时，再也不能潜入渊中了，因而留下终生的悔恨。成功的大人也是如此。虽然已到“耳顺”之年（约六十岁至七十岁，“六十而耳顺”

至“七十而随心所欲，不逾矩”)，但未臻“耳顺”之境，听不进《坤》卦六五爻“黄中通理，正位居体，美在其中”的劝告，豪情满怀，亢奋不已，踌躇满志，还要向更高的目标飞跃。殊不知，与时俱极，时不再来，同时身体机能退化，体力不支，已无法实现宏图大志。虽欲罢不能，也只能望高兴叹，悔恨不已。

位：上九爻与九五爻同为天位，且上九又为天上之位。其爻位为六爻之终、全卦之极，代表事物发展的终极阶段，此时正确的选择是“惧以终始”，慎终如始。人生也是如此，辉煌“盈不可久”，生命更有限度。人生取得九五至尊之位殊为不易，届时已过“知天命”之年。飞天之位应十分珍惜，飞天之时只有短短数年，应倍加努力，飞出好成绩。但大人往往不珍惜其来之不易之位，不努力于腾飞之时，使宝贵的时机匆匆而过。“自信人生三百年”，会当腾飞八千里，但未想到既有体力不济难以高飞之时，亦未顾及“功遂身退”的天之道，面临退居二线仍心有不甘，不愿适可而止、功成身退，不忍失去既得利益，不甘位居他人之下，想方设法保住现有一切，纠结于进退、得失之中而不能自拔，亢龙之悔自然随之而来。

身心修炼

六十岁以后的岁月，已进入人生的下半场，步入老年阶段。如果把人生比作书法中的笔法，人生中的青年、中年、老年则分别对应于书法中的起笔、行笔和收笔。起笔类似于初爻，为青年态，讲究精彩、生动、传神，行笔类似于二至五爻，为中年态，突出流畅、连贯、丰满有力，收笔则相当于老年态，强调深沉、含蓄、内敛。亢龙曾经飞龙在天，有过出人头地、万众高呼的出彩时刻，但生命、事业、职业都有不可抗拒的规律性，有起始必然有终了，“盈不可久”是必然，人生能够自如地收笔才是完美的。

亢龙生命阶段的特征是：“六十岁，心气始衰，若忧悲，血气懈惰，故好卧；七十岁，脾气虚，皮肤枯。”这个时期人的身体机能快速退化，生理和心理之间的变化既有联系又有背离，如心气衰脾气差，人的体力不济，要适度减少运动，但心理上却壮心不已，还想折腾更大的事；脾气虚往往导致肝火旺盛，固执己见脾气大，是老年人中常见的。伴随生理的快速退化，心理的变化更大。进入了人生的下半生或后半场，看看离终场不远了，仿佛走到了人生的分界线。一个很明显的标志就是对人生的看法从趋于积极转向趋于消极。比如开始倒算自己的人生，常想还能活多久，三十年还是二十年；常常回忆、谈论过去的事，仿佛老年人只有过去没有未来；常常内心暗忖何时退休，退休以后如何生活……生理上日渐衰退，心理上矛盾重重，时间上来日无多，工作上压力山大，几重因素交织，由自由翱翔、自信满满的飞龙变成了身不由己、身心俱疲的亢龙。

亢龙之亢，有以下几种成因。

重刚而亢

《乾》卦六爻皆为阳爻，为纯刚之卦。九三、九四爻虽重刚不中，但或因其时而惕，或非为邪、非离群，并都能进德修业，故虽危无咎、进而无咎。九五爻亦为重刚，但居中且正，位之中正者，故利见大人。上九爻为上卦之终，全卦之极，于九五之上，其位不正，得时之机，过之则亢也。九五之大人，乃位乎天德。既云行雨施，泽被天下，又“黄中通理，正位居体，美在其中”，而发于事业，故能达到“美之至”的佳境。上九之亢龙则“与时偕极”而不知，“知进而不知退”，一心只想飞得更高，不能刚柔相济，刚中有柔，因而高高在上，失去贤人和群众，“过犹不及”，故有“穷之灾也”。这是从反面说明了过刚易折、刚柔相济的道理。

多欲而亢

亢龙“知进而不知退，知存而不知亡，知得而不知丧。”其“三知”“三不知”，根由在于多欲。唐代柳宗元有一篇《蝜蝂传》的文章，写一种善负物的黑色小虫蝜蝂，它看到东西就抓取过来背在身上，背负的东西越来越重，即使非常疲乏劳累也不停止，最终被压得爬不起来。它喜欢往高处爬，用尽了力气也不停止，直至跌落在地上摔死。柳宗元以蝜蝂喜负物、喜高攀的特点形容当时的贪得无厌嗜取之人，“日思高其位，大其禄”，不知止、不知戒。这与“三知”“三不知”的亢龙何其相像。亢龙的私欲旺盛，权高位尊还想飞得更高，既得利益唯恐失去，其权色名利之欲驱使其高亢不止。

位尊而亢

位尊并非亢的直接原因，而是因其位尊，一方面其自视甚高，既怕失去高位，又唯我独尊，惧怕他人觊觎。另一方面其位高而尊，少不了小人的歌功颂德，吹捧抬轿，阿谀奉承，久之便得志忘形，或以功高天下而自矜大，或以位高权重而骄横，或以贪图安乐而淫逸，由于位尊而懈怠不能慎终。

高压而亢

有的亢龙则是因为身负重任，不堪其压力之大而亢。身居权力中心，也是处于矛盾中心，各种利益交织，关系错综复杂。没有强壮的体魄，不堪其累；没有过硬的心理素质，不胜其烦。许多位至九五之尊的大人，往往爱发无名火，或狂躁不已，或粗暴无理，或沉默不语而内心烦躁，原因即是压力太大。

年老而亢

因年老而亢，有生理、心理两重原因。生理变化是基础，亦是普遍现象。六十岁左右的更年期综合征，其突出表现就是亢进，烦躁，易激动，敏感，固执，睡眠不好，机能退化，情绪不稳，或高亢或低沉。这个时期还有许多心理因素，有的是倚老卖老，有的是遇到晋升的“天花板”而怨天尤人，有的是工作、家务两烦而焦躁，更多的是因面临退休，心中恐慌而烦躁。

成功而亢

这是飞龙中特有的现象。有一种病叫双相情感障碍，是一种情绪性疾病，是一种很多伟人、天才得的病，著名人物如梵·高、柴可夫斯基、马克·吐温、普希金、海明威、丘吉尔等都是这种病的患者。他们或是工作狂，或是天才，或是走极端的疯子。这种病有四种常见发作形式，即抑郁发作、轻躁发作、狂躁发作和混合发作。当处于轻狂躁的时候，人的创造性被极大地激发了，此时是灵感显现的时候，思维敏捷，反应极快，想象丰富，有创造力；可以疯狂地工作，很少休息也不觉疲倦。这种异于常人的特点使他们容易取得极大的成功而高飞在天。但再往前一步即成重病，或抑郁低沉，或狂躁可怕。这种病被称之为“天才病”，天才般的创造力伴随着天才般的极端，结局往往十分悲惨。

由上可见，所谓亢龙不是一般的人，而是功大、位高、权重、名显、富有、年长、资深之人，特别是曾经的君主、一把手。亢龙之亢，常常在得失之处、进退之际、成败之时。亢龙的成因错综复杂，生理和心理、主观和客观、年龄和疾病等各种因素交织，但主要是主观因素，调节心理、调整情绪、调适心态十分重要，而最根本的是要懂得客观规律，树立正确的人生观。

亢则生疑、亢则必战，战则两伤。《乾》卦上九爻是“与时偕极”,《坤》卦上六爻也是“其道穷也”。一穷一极而相战，“龙战于野，其血玄黄”，两败俱伤，故“亢龙有悔”。

亢固然不好，但有悔则是可喜的。

亢龙有悔，其悟有三。

知晓“盈不可久”之律

亢龙之悔，首先，要悟得天道自然、四时合序的法则，懂得盈不可久、物极必反的规律。“盈不可久”，是指盈满到极点就不可能长久保持，如月亮一到盈满就会走向亏蚀。到达上九的高位，其爻象已达全卦的顶位，无可再上了。“与时偕极”，时与位都处于穷极之态，过极则有灾，而龙仍然穷极而亢，还想飞得更高，超过极限，结局自然是“穷之灾也”。“日中则昃，月满则亏，器盈则覆，物盛则衰”，这是自然现象，也是不可抗拒的客观规律，认识“盈不可久”的规律，自然就会适可而止。

懂“慎终如始”之理

《乾》卦蕴含的最深刻的道理是人生要慎始慎终、善始善终，始终如一，终生谨慎。初九爻讲慎始、善始，九二爻讲谨行慎言，九三爻讲知终终之，九四爻讲谨慎进跃，《坤》卦也同样，六三爻主张“无成有终”，六四爻强调“慎不害也”。到了上九、上六爻，则从反面阐述了慎终、善终的道理。人的一生，无始成故无终，所以慎始、善始、成始十分重要，但始成并不一定终成，始成终亦成者少，始成终败者多。“其兴也勃焉，其亡也忽焉”，这是历史的周期律，也是许多人的人生写照。所以，既要慎始、善始，更要慎终、善终，因为后者更为不易。万事开头难，初始之难能激发人的斗志，保持谨慎的心态；而有成以后，则容易懈怠放松。特别是人生之大成，更易自我膨胀，雄心变成野心，就不可能有终、有善终了。现实无情，始成终败等于零，故终成终善更难。如何善终，有终必须慎终，善终必须慎终如始。慎终如始，既要始终如一，又要视终如始。大人处于大成极盛之时，当思成始、成功之不易，当虑持盈之不可久，当想保泰之重要。先事而忧，则无可忧之事；思患而防，则无可防之患。如果飞龙在天，当思潜龙之困穷、见龙之不易、跃龙之两难，高飞而不极，留有余地，持盈保泰，就能长飞不亢。可见，慎终如始之理，乃人生、事业长久兴盛之理。

把握“功遂即止”之道

《大学》曰:“物有本末，事有终始，知所先后，则近道也。”提出“止于至善”的“大学之道”，实为人生善终之道。“知止而后有定，定而后能静，静而后能安，安而后能虑，虑而后能得”。知止之后的定、静、安、虑、得，是层层递进的逻辑关系，也可以看成本末关系。《乾·文言》所说的“知至至之”“知终终之”也包括了这些关系。知为始，知终终之即为终。如果从《周易》“周流六虚”、循环往复的特点来看，知止是一个核心环节。得代表成功，成功之际要知止，知止后有定、安、静、虑，又有新的成功（得）。反之，如果得而不知止，就会得而复失。常言道，知进者常新，知止者常安。安者方有定力，有定力才能进取成功。反之，只知进不知止，进得再高也会跌落，并且跌得惨重。知止是人生的大智慧。所以老子说:“功遂身退，天之道也。”人生如同作画，要学会留白。凡事皆有限度，做人应适可而止。对人生而言，美好止于丰饶处，脚步止于大成时。功成知止，见好就收，适可而止，何亢之有?

修业方略

亢龙并不是企业发展的一个阶段，但往往是成功型企业，特别是大成的领袖型企业的常见表现。人生可以亢而有悔，而企业成为亢龙往往即进入衰败乃至衰亡的境地。因为企业虽然也有生命周期，但大的失误往往是灭顶之灾；且一旦步入歧途，就无悔悟之机了。

企业之亢，首先表现在急于扩张，或急于扩充市场，或急速扩大产能，或盲目多元经营。什么都想做、什么都敢做。客观上企业要不断发展，但市场容量有限且竞争的烈度与日俱增，但主观上则是自我膨胀、盲目自信。盲目扩张、多元经营往往是陷入深渊而不可自拔。其次是想垄断市场，独占份额。认为领先即可为所欲为，不顾行业发展生态，肆意打压竞争对手，企图独占市场。再次是放松企业管理，因领先而高枕无忧，盲目乐观，斗志松懈，财大气粗，管理粗放。这正是典型的“盈不可久”，时日一长必然人心涣散，经营管理走下坡路。强极必衰，是亢龙企业的必然结果。扬雄作《太玄经》，旨在说明凡物盈则亏、高则危、极则反的自然、社会和人生的普遍规律，也形象地表现了亢龙企业的由盛而衰。他说：“炎炎者灭，隆隆者绝；观雷观火，为盈为实；天收其声，地藏其热。高明之家，鬼瞰其室。攫挐者亡，默默者存；位极者高危，自守者身全。是故知玄知默，守道之极；爰清爰静，游神之庭；惟寂惟莫，守德之宅。”变化万千的市场上，“炎炎者灭，隆隆者绝”的企业屡见不鲜，“鬼瞰其室”的企业也时有所闻。不过，炎炎而灭、隆隆而绝的根本原因还在自身，在于其自身的“鬼”在作怪。避免高明之家的悲剧，再成功的企业也要居安思危、治而思乱，也要清静低调，默默存身。

企业真正的成功，真正的高明，不是求大而无双，不是求声名显赫，不是求一时之势，而是求强壮，求长寿，求可持续发展。与人生相比，从理论上说企业可以长生不死，但实际上企业的平均寿命远远比不上人的自然平均寿命，而企业的死亡，一般说来或是因为身体衰弱而缺乏竞争力，或是因为强悍亢烈而自寻死路，而后者的死亡更加惨烈。看来，事业和人生一样，都要惧以终始，能刚能柔，止于至善。

职后人生

六十岁左右的人生，在职场上要么是大成至尊的大人，要么也是资历深厚的老资格，都有亢的本钱，也有亢的可能。其亢往往与位高、年长相关。因此，这里重点研究一下如何做到高而不亢、老而不亢。

高而不亢

处于九五之高位者，其突出特点是高。一是自视甚高。能进高位者大多经过长期奋斗，具备了较强的实力，并且有过较为复杂的潜龙、见龙、跃龙的不同体验，待到飞龙在天时往往自视甚高，甚至一些资历较浅、能力较弱者一旦登上正位，也马上觉得自己不同凡响，乃至羡慕自己真有水平，俨然以高明者自居。这种现象很普遍，特别是在下层、在副职位置上干得久的，这种感觉更强；干副职越是憋得慌的，做了正职就愈发威严，这种变化常常并不自知。自视甚高必然自以为是，发展下去即是刚愎自用。二是站位更高。亢龙往往想干事、想干大事、想干更大的事。登上了高位，还想更高的位置。想干事、想高位，往往站位更高，考虑的是更大的事。三是居高不下，站位太高，下面的事就看不清了。这种人高高在上，远离基层，脱离实际，远离君子贤人，拍脑袋、想当然，拍胸脯作决策；居高不下，往往端着个架子，装出个样子，作出个派头，常常有恃无恐、盛气凌人。

如何高而不亢？一是要有自知之明。今日之我比昨日之我可能有进步，但亦非一日千里的变化。纵然有大变化亦非成圣，何况工作还要靠大家干、靠别人帮，可以走在前面，但不能站在上面。若把自己放错了位置，必将自食其果。二是要有敬畏之心，“盈不可久”，自然规律不可抗拒；不可“离群”，众人之心不可违背；不可失时，“与时偕极”，不可高飞。没有敬畏之心就会为所欲为，为非作歹。三是要有知止之能。知进退，进退之间存有平常心，进而有止，退而无怨；得失之时持有是非心，得之以义，失而无悔；取舍之处留有余地，有所取必有所舍，少取多舍，一身轻松。知进退、知得失、知取舍，最核心的是适可知止，有定力而不亢。

老而不亢

在《乾》卦中，上九之亢龙是指至尊者的穷极而亢，类似于皇权社会的太上皇，现在则可类比于退休前后的老人。从人生经历来看，六十岁左右的人生为飞、亢皆有可能的阶段。飞龙如飞得高而平稳亦可延长事业线，飞得更久些。但不论多久，总有飞不了、飞不动、不能飞的时刻。即使可以终生不退的家族企业所有者，也有因身体原因退出的必然性。也就是说，在当今社会，任何人都有退出事业、退出职场的时候。由进而退，是人生的最大转折，也可以说是人生的一道坎。这道坎过不了，过不好，就会成为亢龙。

退位、退休意味着退出事业、职业的舞台。很多人临退之际，往往不情愿、不甘心、不舍得。退前有一种恐惧心理，怕下台、怕失去（权力、利益、地位、名声），惧怕风光不再，因而亢奋工作，把权力用到极致。退后则有一种不适应状态，特别是位高权重者，不能适应平凡、清闲、寂寞，甚至孤独的生活，退前车水马龙，退后门可罗雀，常常牢骚满腹，抱怨人一走茶就凉，指责继任者没良心，甚至干扰新领导的工作。不懂得亢龙有悔的道理，退前退后都可能成为亢龙，严重者则是亢而无悔，最终过不了这道坎。

如何老而不亢呢？这是个大课题。最重要的有三点。

一是要循规律，顺其自然，保持一颗平静心。月盈则亏，日中则损，这是大自然的规律，盈不可久是世界万物的规律。人类生命也有它的规律。人生只是一段段旅程，每段途程都有终点，每个生命终将有尽头。对生命我们要心存敬畏，坦然接受不可改变的必然，抱着勇气向死而生。人的生命由一段段旅程组成，年届六十，事业的旅程即将结束，下一段旅程即将开始，我们必须顺其自然，保持一颗平静的心，坦然对待过去的征程，泰然迎接新的生活旅程。站在事业、职业的舞台，退出或迟或早，但是必然的。消极地退不如积极地退、被动地退不如主动地退（即有准备而退）、烦躁地退不如平静地退。孔子说："及其老也，血气既衰，戒之在得。"老年阶段的血气衰弱是客观规律不可改变，得的越多负担越重，如贪得怕失舍不得，就会得不偿失。年轻时要积极向上，该出手时就出手；年老时则要明智知止，该松手时就松手。

二是要转思维，心态柔和，画好人生延长线。退休前后的生活大不相同，如不能转换思维方式，转变生活方式，必然会不适应、不如意。转换思维最重要的是由刚转柔，由健转顺。在事业的舞台上要刚健向上，以柔济刚；在生活的领域中则要阴柔和顺，以刚济柔；退休后的人生目标是健康、快乐、长寿，寿是根本，而仁则寿，柔则寿。进入人生的下半场，人生的态度应逐步从激进转向从容，行为从豪迈转向平静，心态从刚健转向柔和，养育柔和之气要成为退休后生活的主题。心态要柔和，不争强好胜，不逞强逞能；性情要柔顺，随遇而安，知足常乐；欲望要柔寡，去名利，去声色，去烦劳，去喜怒；身体要柔软，适度运动，保持健康。由刚转柔，柔和则能画好人生的延长线，快乐健康地度好晚年。

三是要追求真自我，享受人生，活出生命新精彩。若退休后能找到生命的意义和生活的快乐，就会让人生的最后一段旅程精彩纷呈。退休后，有的人感到失落孤寂，生活毫无意义；有的人感叹日月如梭，来日无多，但会生活、找到真实自我的人却活出了新的精彩，他们积极乐观，享受生活、享受人生，感谢生活，感到六十岁以后才是属于自己的生活，才展开真正的人生。《周易·离卦》有“日昃之离，不鼓缶而歌，则大耋之嗟”的提示，人至老年犹如太阳西斜，此时不“鼓缶而歌”，就会像八十岁老人那样为垂亡而哀叹。这是从反面指出此时要怡然自乐地享受人生。太阳西斜，你可以感叹“夕阳无限好，只是近黄昏”；换一种心情，也可以“老夫喜作黄昏颂，满目青山夕照明”。过去的岁月，为了事业、家庭，你或忘我奉献，或违心而为，或应付生活，或许活在别人的影子中。现在，你有了时间、有了自由，可以找回真实的自我，活出新的精神，享受人生的乐趣。你如想做事，可以去做社会工作；如有爱心，可参与慈善公益，花自己的钱，心甘情愿为别人做事最能带来快乐；如你有文采，可去舞文弄墨；如爱学习，可重新做学生；如爱阅读，可沉浸在书的海洋中；如爱旅游，你可走遍祖国大地、五洲四海，感受地球村的丰富多彩。总之，你若有积极乐观的人生态度，就会把世俗的生活活出高雅，把平凡的生活活出精彩。你辛勤工作了几十年，又能享受生活几十年，这才是完美的人生。

“群龙无首”，同和之美

用九，见群龙无首，吉。用六，利永贞。

用九与用六是《周易》中《乾》《坤》两卦特有的爻题，它们体现了以“变”为主的基本特点。用九，即全卦六爻皆变，由阳变阴；用六，即全卦六爻皆由阴变阳，体现了阳极返阴、阴极返阳的哲学思想，这种由极而返的变化，乃天地自然之理。

用九之吉，吉在“无首”。用九称“群龙无首”，是刚而能柔，无首则能以柔济刚，故为“吉”。用六之利，利在“永贞”。用六认为能永久守正，即现阳刚之气，是柔而能刚，柔极能济之以刚则利。用九、用六连起来理解，即是能刚能柔、有刚有柔、以柔济刚，体现了阴阳和合的基本意蕴。

用九、用六的另一种解释是指其对本卦六爻的综合。用九就是对《乾》卦六个阳爻的总结和归纳。“见群龙无首”，六爻均为阳爻，皆称龙，即为群龙。用九是六爻皆变，由阳刚变为阴柔，所以都不以首领自居。其体现了三种含义，一为“谦”，谦让之德，相互礼让，为而不争。一为“中”，守中之道，由阳变阴，能刚能柔，刚柔相济为中，中而正。一为“和”，同和之美，六龙和谐相处，和而不同，保合太和。具备这三种美德，可以说就能“随心所欲，而不逾矩”。也可以说这样的人生修炼已经达到了天德的境界。

根据用九是对六爻综合的思路，在此以《乾》卦六爻为主线，对《乾》《坤》两卦所体现的人生境界分别作以总结。

“潜龙勿用”——有用有不用

潜龙勿用的潜在要义是人生要成用、有大用。有用是人生的价值追求，有不用是成用的智慧策略。勿用并非无用，而是不能急用，是此时不用、暂时不用，目的是为了今后能堪以大用。所以勿用的前提是有用。所谓有用，是指人生的价值、功用、能力等。做人要做有用的人，对社会有用、对他人有益。有志向、有道德、有智慧、有能力才能成为有用的人。而要今后有用、有大用，就必须具备学习精神，具备生长能力。青年时期的主要任务是学习、成长，是积聚知识、增长才干。对于潜龙，要有志向，有理想，志在有用；同时要有能力，有智慧，智在不用。今日的不用是为了明天的大用、成用。潜龙之潜，是向下生长，扎下深根才能长成栋梁。确立了有用的志向，坚定了不用的韧性，才能深潜无闷。此时能潜得深，彼时才能飞得高，飞龙在天。实际上，不仅潜龙时期，人的一生常有不用的时候。如六四爻的“天地闭，贤人隐”就是隐而不用。有时候不用比用更为主动。条件不具备，不能用；时机不成熟，不能用；事态有变化，不能用，等等。不用等于国画中的留白，看似无用，实有大用。欲成大用者必须掌握不用的智慧。

“见龙在田”——有为有不为

见龙脱渊，初显在田。见龙面临的是为与不为的问题。孟子说过：“人有不为也，而后可以有为。”这虽是讲不为与有为的选择，但是以有为为前提。见龙在田，必须有为。自强不息，奋发进取是《乾》卦的主题思想，昂扬向上、有所作为也是人生的底色。人生的价值要通过有为来实现，生命的意义也蕴含在人生的奋斗中。见龙正是年轻有为的人生阶段，要志在有为，敢于作为。立德、立功、立言，就是许多人奋发有为的人生目标。俗话说得好，年轻时要不怕折腾，不年轻时要不折腾。不怕折腾也不是瞎折腾，志在有为还要善于作为。孟子所说的“有不为后而有为”就是人生有所作为的智慧。九二爻“得内卦之中，德著于行，有为之象也”。从这句话可得到两点启示，“德著于行”，方可有为，有德是有为的前提；九二爻可有为，但非大有作为。九五爻为“飞龙在天”，大有作为；九二爻是行而未成，正确的选择应是有所作为，即有所为有所不为，这是见龙的人生智慧。

有为并非任意而为，而要学会取舍。首先要区分该为不该为，如《大学》提出“止于至善”就是指出要为善不为恶，“勿以善小而不为，勿以恶小而为之”。其次要明白能为不能为。一个人能力有限，“德薄而位尊，知小而谋大，力小而任重，鲜不及矣”，力不胜任之事不能为。最后要清楚可为可不为，可为者，能为亦必须为者；可不为者，可舍者也。人生苦短，世事繁杂，可为的事很多，必须学会选择和取舍，放弃可以不为之事，干好必为之事，才能从有所作为到大有作为。看来，取舍是个大学问，有所不为与有所为同样重要，知道有所不为，才能为可为、可大为之事。

“乾龙”健行——知足知不足

知足知不足，与有为有不为紧密联系，前者是后者的基础。知足即知止，可以有所不为；知不足，目的在行，可有所为。九三爻为下卦之上，有所作为，事业小成。但又处于重刚而不中、上下无常之位。行还是止？应慎重选择。九三爻“居上位而不骄，在下位而不忧，虽危无咎”，就在于能因其时而惕，不断警省自己，知足知不足。知足，即常说的知足常乐，知足常足。事业小成者再向上发展，难度更大了，可继续进取，但如未取得更大成功，就应放下包袱，知止知足。“祸莫大于不知足，咎莫大于欲得”。“知足不辱，知止不殆”，知足即可安心、安全，可以长久、常乐。六三爻讲“无成有终”亦是不错的选择。九三爻小成知止同样明智。如果此时知足常乐，还可放下包袱，调整心态，继续向上，这就是知不足。人贵有自知之明，知道自己的不足，才能找到失利的原因，明确努力的方向。知不足就有前进的动力，就有改进的空间。自知者英，自胜者雄。人的最大对手是自我，明白自己的短处，就可取人之长，补己之短，然后扬己之长，轻装上阵。

在知足的前提下知不足，在知不足的基础上再能不知足，就会产生人生的新飞跃。知足是对既有的成就、个人的利益而言，知足常乐；知不足是对自己的能力、修养而言，有自知之明；不知足则是对事业而言，自我超越、自强不息。知足能使人安定、平和、达观、洒脱、快乐，知不足可以使人宁静、理性、谦虚、达观、宏大，不知足则能使人奋斗、进取、刚强、激越、登攀。

一个人具有以上几种品质，人格可谓完善，人生也会精彩。

“跃龙”在渊——无可无不可

为事业奋斗而不知足，需要的是无可无不可的人生态度。没有这种态度，就会步入歧途。“无可无不可”是孔子的人生境界。在《论语·微子》中，孔子对商周时期的七个逸民贤士做了评价，认为伯夷、叔齐不降志辱身；柳下惠、少连降志辱身，但言行合理；虞仲、夷逸故意说话不拘而不被任用得以隐居，但能清白自保。“我则异于是，无可无不可”。孔子认为自己与他们都不同，没有什么一定可以，亦没有什么一定不可以，可进可退怎么都行，只是依着自己的道理去做。有人因此批评孔子没有原则性，却不知无可无不可正是孔子“随心所欲而不逾矩”人生境界的具体体现。在对待出仕的态度上，孔子始终胸怀道义，态度鲜明，《论语·述而》曰：“不义而富且贵，于我如浮云。”《论语·公冶长》曰：“道不行，乘桴浮于海。”《论语·泰伯》曰：“士不可以不弘毅，任重而道远。”他既有知其不可而为之的坚定性，也有“危邦不入，乱邦不居，天下有道则现，无道则隐”的策略性。所以孟子在《万章》中称颂孔子为“圣之时者”，“可以速而速，可以久而久，可以处（隐）而处，可以仕而仕”，行动最得时宜，集中了以上三种圣贤的优点，为“集大成也者”。

《乾》卦九四爻讲的是人生常遇的进退问题。人生之难，不在于进，亦不在于退，而是在于进退之间、进退两难。九四爻讲的正是这种情况，“上不在天，下不在田，中不在人”，上下无常，进退无恒，此时没有高度的智慧难以迈过这道坎。正确的态度就是无可无不可，可以跃而飞天，也可以退而处渊。到达“无可无不可”的修养境界，就会闲庭信步，进退自如。

“飞龙在天”——无为无不为

无为无不为是九五大人、君主的智慧，是非常高明、精湛的领导艺术，也是飞龙成就其大作为的有为之道。无为无不为是领导者的方法论，但必须从道的高度来认识把握。

无为无不为，来自《道德经》：“道常无为而无不为。”老子要统治者遵循道的运行规律，道法自然，要顺应自然之理，让万物以自化。道之无为会导致无不为。顺势而为，达到天下大治，所以君主无为，百姓可以自化、自正、自富、自朴。老子对君主的告诫是无为、不争，治天下顺其自然，无为而治；取天下，为而不争，为民谋利。“天之道，不争而善胜”，“圣人之道，为而不争”，君主、大人法道而治，就要顺天之时，随地之性，因人之心，而不能仅凭主观决策、以想象行事，摒弃妄自作为，不固执，不自以为是，才能避免过失。

所谓无为，是指君主要无为，而臣属要有为。君主无为而处于主动地位，臣属有为则能积极作为，各尽其责。君主无为，就是要“处无为之事，行不言之教”，注重自我约束，不与民争利，不与下属争权，事成而身不伐，功立而名不有，为天下做出榜样。

君主无为，大臣有为，就可实现良好的治理，达到无不为。在人与自然方面，“辅万物之自然而不敢为”，无为于物，因而“万物将自宾”，实现了无不为。在社会治理方面，“为无为而无不治”，则实现了“我无为，而民自化；我好静，而民自正；我无事，而民自富；我无欲，而民自朴”。在君主的自我发展方面，“圣人后其身而身先，外其身而身存，非以其无私耶，故能成其私”。可见，君主只有无为于治，才能无不为地实现“成其治”；只有无为于私，才能无不为地实现“成其私”。

无为无不为，是内涵丰富的哲理，也是至今仍很时尚的领导艺术。当今的领导，无为首先要无为于私，不争一己之名利得失，树立自己的形象。要按客观规律管理，不凭主观意志行事，让客观规律起作用。要避免事事亲为，把干事成名的机会让给别人，人生只有在成就他人之中才能真正成就自己。无为，首要是对自我的约束，是道德上的追求，无不为则是高明的方法论，无为无不为是很高的领导层次和修养境界。

“亢龙有悔”——无过无不及

亢龙之悔，悔其与时偕极，悔其穷极而动。极而亢，亢则过。过则不中，即偏离了正道。这正道就是中庸之道，“不偏之谓中，不易之谓庸，中者，天下之正道，庸者，天下之定理”。亢龙之悔悟，就是悟透了中庸之道。

中者，不偏不倚、无过无不及之名。庸，平常也。从爻位上看，上九爻不中，处于五爻之上，为过的象征。其“知进而不知退，知存而不知亡，知得而不知丧”，都是其过的表现。亢龙悔过，就是要回到中庸之正道，做到无过无不及。

无过无不及，是人生有为的最佳状态。九二爻的有为有不为，九三爻的知足知不足，九五爻的无为无不为都与其有关。人生要有为，但有为要无过；人可以有不为，但要避免有不及。人要知足，但知足要有为而不能不为；知不足是为了无不及。作为领导者更是如此，无为要能无不及，无不为要能无过。

无过无不及是人生最高的修养境界。《中庸》指出："喜怒哀乐之未发，谓之中，发而皆中节谓之和。中也者，天下之大本，和也者，天下之达道也。致中和，天地位焉，万物育焉。"人有喜怒哀乐，能控制好这四种感情，使之都能适宜、适度，这是很高的人格境界。所以，致中和为天地万物之正道。《论语·子路》中，孔子因不能得到中道而行的人传道而感叹道："不得中行而与之，必也狂狷乎！狂者进取，狷者有所不为也。"朱熹的解释是："狂者，志极高而行不掩。狷者，知未及而守有余。"狂者进取，有为也；狷者守节，有不为也。此处的狂者，犹如上九爻的亢龙。过刚而亢，亢而穷极。但需指出的是，孔子对狂狷还是比较肯定的，他们或有进取心，或有自律心，都是好的。上九爻能亢而有悔，也是应当肯定的。当然，作为一个进取者，最完美的是为而不过，刚而不亢。

以乾坤论人生，人生有两条平行的线，一条为《乾》卦所彰显：奋发向上；一条为《坤》卦所涵示：崇德向善。两条线构成了人生正道。

从《乾》卦看人生，六爻表示人生的不同阶段。下卦三爻犹如人之上半生，贵在一个"有"字：有用有不用、有为有不为、知足知不足，主题是"有为"；上卦三爻则如人之下半生，贵在一个"无"字：无可无不可、无为无不为、无过无不及，主题是"无咎"；统观全卦，人生总在有无之间：有为、有终；无咎、无誉。

附录

《周易》中关于《乾》卦《坤》卦的论述[①]

乾

《彖》[①]曰：大哉乾元[②]，万物资始，乃统天[③]。云行雨施，品物[④]流行。大明[⑤]终始，六位[⑥]时成。时[⑦]乘六龙以御天。乾道变化，各正性命。保合太和[⑧]，乃利贞。首出庶物[⑨]，万国[⑩]咸宁。

【注释】

①彖：断定，断定一卦之义。

②乾元：乾之元气。元，阳和之气开始产生。

③统天：统，继续，统属。统天就是统属于天。

④品物：各类事物。

⑤大明：指太阳。

⑥六位：一说为六爻之位，一说为天地四时之位。天在上方，地在下方，日出处为东方，日入处为西方，向日处为南方，背日处为北方。

⑦时：时间，这里指“按照时间”。

⑧太和：太和，阴阳化合之气，即太和之气。

① 本部分内容引自杨天才、张善文译注：《周易》，中华书局，2011 年。

⑨庶物：庶，众也。庶物，即众物。

⑩万国：天下万方之地。

【译文】

《彖》说：崇高而伟大的上天啊，您是所有事物的统领，万物依赖您的阳气而生息，世间万物都统属于天道。云朵在天空飘荡，雨水降落在大地，各类事物随地成形。辉煌温暖的太阳周而复始地运转，按照上天、下地、东西南北六种位置形成了昼夜变化和春、夏、秋、冬的季节变化。犹如羲和驾驶着六条龙拉着太阳运转在天空。虽然大自然变化莫测，但它还是以自己的规律保持事物的正道本性。保全太和元气，以利于守持正固。阳气周流不息，当春天到来时，大地又沐浴在春光里，万物萌生，天下万方都和美安泰。

《象》①曰：天行②健，君子以自强不息。③

【注释】

①象：形象、象征之意。在《周易》中，象有二义：一是指卦形和卦爻辞，故《系辞下》曰："《易》者，象也。"宋人项安世《周易玩辞》言："凡卦辞皆曰象，凡卦画皆曰象。"二是指《十翼》中的《象传》，旨在阐释卦象、爻象的象征意义。在这里是指第二义。《象传》又有《大象传》《小象传》之分，前者每卦一则，释上下卦象，即《正义》所言："总象一卦，故谓之《大象》。"后者每卦六则，释六爻爻象，即《正义》所言："释六爻

之《象辞》，谓之《小象》。”

②行：天道，这里指天体的运行。

③君子以自强不息：指君子效法《乾》卦“健行”之象，其立身、行事始终保持奋发图强的精神。以，介词，词后省略“之”字，可释为“依此”“像这样”。其余六十三卦《象》中的“以”字均同此义。

【译文】

《象》说：天体以劲健刚强的方式运行，君子也应当像天体的运行一样自强不息。

“潜龙勿用”，阳在下[1]也。“见龙在田”，德施普[2]也。“终日乾乾[3]”，反覆[4]道也。“或跃在渊”，进无咎也。“飞龙在天”，大人造[5]也。“亢龙有悔”，盈[6]不久也。“用九”，天德不可为首也。

【注释】

在下：指初九虽有阳气，然而阳气潜伏在地下。

②德施普：普，遍布，广大。《墨子·尚贤中》曰：“圣人之德，若天之高，若地之普。”

③乾乾：《说卦》曰：“乾，健也。”即刚健。

④覆：犹言“反”，反复。

⑤造：孔颖达曰：“造，为也。”这里指九五爻有所作为。

⑥盈：盈满。

【译文】

“潜伏在水中的龙，暂时不宜施展自己的能力”，这是因为龙属于阳性之物，潜在水下时，说明阳气还很微弱。“巨龙出现在田间”，也就是阳气普泽广施于世间之时。“整日勤勉健进”，反复行其正道而不知疲倦。“有时飞起，有时伏处深渊”，前进也不会有灾害。“巨龙在天空自由翱翔”，正是大人奋发有为之时。“龙飞至极高之处则会有悔恨之事发生”，因为刚强过甚的行为是不能持久的。“用九”意在说明天的美德在于不自居首位。

《文言》①曰：“元”者，善之长也；②“亨”者，嘉之会也；③“利”者，义之和④也；“贞”者，事之干⑤也。君子体⑥仁足以长人；嘉会足以合礼⑦；利物足以和义⑧；贞固⑨足以干事。君子行此四德者，故曰：“乾：元、亨、利、贞。”

【注释】

①《文言》：又称《文言传》，为“十翼”之一，旨在文饰《乾》《坤》两卦之辞。孔颖达《周易正义》引庄氏云：“文谓文饰，以乾坤德大，故特文饰以为《文言》。”

②“元”者，善之长也：“元”是开初的生长，是生命的开始。朱熹《周易本义》曰：“天地之德，莫先于此，故于时为春，于人则为仁，而众善之长也。”

③“亨”者，嘉之会也：嘉，嘉美。会，会合。嘉之会，即美好之聚合。朱熹《周易本义》曰：“亨者，生物之通，物至于

此，莫不嘉美，故于时为夏，于人则为礼，而众美之会也。”

④义之和：义，宜，适宜。和，相应。

⑤干：干，主干，犹言“根本”。

⑥体：读为履，践行。

⑦礼：礼节。李鼎祚《周易集解》引何妥曰：“礼，是交接会通之道，故以配‘通’。‘五礼’有吉、凶、宾、军、嘉，故以‘嘉’合于‘礼’也。”

⑧义：正义，情义，善。

⑨贞固：贞，正，正义，正道。贞固，朱熹《周易本义》曰：“知正之所在，而固守之。”即定地守持正义、守住正道，就能抓住做人做事的根本。

【译文】

《文言》说：开初的生长，是众善之长；亨通，是美好事物的集合；有利，是“义”的和谐体；正直，是做事的根本。君子实践仁德之本，就足以为人们的尊长；会聚美好的事物，就符合“礼”；有利于物，有利于人，则足以和谐“正义”；坚守正义、正直的品德，就能做成事情。君子就是能够实行这四种美德的人，所以说他们就像《乾》卦的卦象所蕴涵的哲理一样，具有“元始，亨通，利人，正直”的品德。

初九曰“潜龙勿用”，何谓也？子曰：“龙，德而隐[1]者也。不易[2]乎世，不成乎名，遁世无闷，[3]不见是而无闷。乐则行之[4]，忧则违之，确乎其不可拔，[5]‘潜龙’也。”

【注释】

①隐：潜藏，隐居。

②不易乎世：易，更改，改变。

③遁世无闷：遁，逃避。闷，烦恼，苦闷。李鼎祚《周易集解》引崔憬曰：“道虽不行，达理无闷也。”就是说世间虽然无道，若能通达明理，也就见怪不怪了。

④之：指示代词，这里指所乐之事。

⑤确乎其不可拔：确，坚定。拔，犹言“移”。这里指初九虽潜居下位，然阳刚之德与君子之行则坚定不移。

【译文】

初九的爻辞说“巨龙潜伏在水中时，就不要发挥自己的作用”，这是什么意思呢？孔子说：“这是指有龙一样的品德而暂时隐居的人，既不会因世俗的丑恶而改变自己的坚贞品德，也不会因侥幸的成功而扬名于世。他们遁隐于世也不苦闷，不能扬名于世也不苦闷。所乐于做的事就去实行，所忧愁的事就避开不做，具有坚韧不拔的意志，这就是‘潜龙’。”

九二曰“见龙在田，利见大人”，何谓也？子曰：“龙德而正中[1]者也。庸言之信，[2]庸行之谨，闲邪[3]存其诚，善世而不伐，[4]德博[5]而化。《易》曰‘见龙在田，利见大人’，君德也。”

【注释】

①正中：指九二爻居《乾》卦下卦正中之位。

②庸言之信：庸，平常。信，真实可信。孔颖达《周易正义》曰："从始至末，常言之信实，常行之谨慎。"

③闲邪：闲，防，犹言"防止"。闲邪，防止邪恶。

④善世而不伐：善，美德。世，世间，天下。善世，指《乾》之九二能以美德利天下。伐，夸耀。不伐，即不夸耀自己的好处。

⑤德博：德，道德。博，广大。

【译文】

九二的爻辞说"当巨龙出现在田间时，就利于拜见大人"，这是什么意思呢？孔子说："有龙一样品德的人，也就是立身中正的人。他平常所言必讲信用，他平常所为必是谨慎的，防止邪恶而内心保持真诚，有功于人、有惠于民而从不自我夸耀，其道德广大而能感化人心。《周易》说'巨龙出现在田间，就有利于拜见大人'，这才是人君之德啊！"

九三曰"君子终日乾乾，夕惕若厉，无咎"，何谓也？子曰："君子进德修业[①]。忠信[②]，所以进德也。修辞[③]立其诚，所以居业[④]也。知至至之，[⑤]可与言几[⑥]也。知终终之，[⑦]可与存义[⑧]也。是故居上位而不骄，在下位而不忧，故乾乾因其时[⑨]而惕，虽危无咎矣。"

【注释】

①进德：增进、提高道德修养。孔颖达《周易正义》曰："推忠于人，以信待物，人则亲而尊之，其德日进，是进德也。"修业，修营功业。

②忠信：对朋友忠实不欺，与人言而有信。

③修辞：修饰言辞，不妄语，不虚言。

④居业：居，蓄积，累积。尚秉和《周易尚氏学》曰："居者，蓄也，积也，业以积而高大也。"

⑤知至至之：至，达到。知至，高亨解释为："预知事业发展将到某种地步。"至之，就是达到某种地步。

⑥几：细微，因其细微不可测，还未显现，故不可判、不可知。《周易·系辞下》曰："几者，动之微，吉凶之先见者也。"

⑦知终终之：前一个"终"作名词，指事物的结果；后一个"终"作动词，即"以……为结果"。

⑧存义：保全道义。承上文"知至""终之"，意指知道所要达到的目标和所要得到的结果，就应当至则至，当止则止。

⑨因其时：因，随，顺。因其时，也就是随着时间的不断流逝，而始终保持强健和警惕。

【译文】

九三的爻辞说"君子整日勤勉健进，直到夜间还是像身处险境一样保持警惕，这样就会免于灾祸"，这是什么意思呢？孔子指出："这就是说君子要不断地增进自己的道德修养、发展事业。

忠诚待人，言而有信，通过增进道德和修饰自己的言辞树立诚实可靠的形象，这也是蓄积功业的方法。能预知事业发展将发展到某种地步，并且去努力实现它，这样的人才是可以与他谈论。能预知自己将有某种结果，并且通过努力奋斗得到这种结果，这样的人就可以与他。因此，这样的人能身居上位而不骄傲，身处下位而不忧愁，所以能随着时间的不断流逝，而始终保持强健和警惕，即使是遇到危险也不会酿成灾祸。”

九四曰“或跃在渊，无咎”，何谓也？子曰：“上下无常[①]，非为邪也[②]。进退无恒，非离群也。君子进德修业，欲及时也[③]，故无咎。”

【注释】

①上下无常：常，常规，恒定。唐李鼎祚《周易集解》引荀爽曰：“进谓居五，退谓居初。”上为进，下为退。

②非为邪：非私心邪念之为，接下句可知进退之事因时间而定。

③及时：赶得上、抓得住时机。

【译文】

九四的爻辞说“龙有时飞起，有时又伏于深渊，这种情形没有过错”，这句话是什么意思？孔子说：“这是指君子之行，或上升，或下降，本没有什么一定不变的道理，这种行为并非出于自私的邪念。或进取，或隐退，本没有什么常规可循，这也并非是脱离群众。君子涵养道德，建功立业，就是要在需要自己的时候，抓住机会，不失时机，这样才能尽可能地避免灾祸。”

九五曰“飞龙在天，利见大人”，何谓也？子曰：“同声相应，同气相求[①]；水流湿，火就燥[②]；云从龙，风从虎；圣人作而万物睹[③]；本乎天者亲上[④]，本乎地者亲下，则各从其类也[⑤]。”

【注释】

①同声相应，同气相求：阳刚之声与阳刚之声相应，九五为君，上应于天，故有同声之感应。同气为阴气与阴气相感应，阳气与阳气相感应。

②就：接近。

③圣人作而万物睹：作，创造。睹，目之所见。指圣人创造卦象，使万物可睹。

④本乎天者亲上：亲，亲近，依附。《尚氏学》：“天地者，阴阳。本乎天者亲上，谓阳性上升顺行……本乎地者亲下，谓阴性下降逆行。”

⑤各从其类：《本义》谓“本乎天者谓动物，本乎地者谓植物”，则同类之物本是相互依附的。

【译文】

九五的爻辞说“巨龙在天空自由飞腾，利于出现大人”，是什么意思呢？孔子说：“这是在譬喻相同的声音是相互感应的，同类的气息是相互吸引的；水向湿处流，火向干燥的地方烧；云随着龙吟啸而涌动，风跟随着老虎呼啸而出现；圣人创作卦的目的在于以类比的方式描绘和说明万物的情理，这样，万物就可以欣然呈现在人们的眼前。依附于天的东西本来就亲近于上，依附于地的东西本来就亲近于下，世间万物都是按照类别而相从相应的。

上九曰“亢龙有悔”，何谓也？子曰：“贵而无位，高而无民[①]，贤人在下位而无辅[②]，是以动而‘有悔’也。”

【注释】

①无民：九五为君王之位，上九则太高，已失去君王之位，故高贵太甚则脱离民众。正如唐李鼎祚《周易集解》引荀爽曰：“在上故贵，失正故失位。”又引何妥之言：“既不处九五帝王之位，故无民也。”

②无辅：即上九与九三均为两阳相对而不相应，故君不以臣为臣，臣也不知君在何处。如贤人在下位失意，君王则在朝中无人相助，故唐李鼎祚《周易集解》引荀爽曰：“两阳无应，故无辅。”

【译文】

上九的爻辞说“巨龙飞至极高之处，就会有悔恨之事发生”，这句话是什么意思呢？孔子说：“这就像一个尊贵的人没有实际的地位，爬得太高而远远脱离了民众，贤人居于下位，而朝中却无人辅佐君主，所以若是妄动，就会发生悔恨之事。”

“潜龙勿用”，下[①]也。“见龙在田”，时舍[②]也。“终日乾乾”，行事[③]也。“或跃在渊”，自试也。“飞龙在天”，上治[④]也。“亢龙有悔”，穷之灾也。乾元“用九”，天下治[⑤]也。

【注释】

①下：身处下位。

②时舍：舍，居。时舍，犹一时之居。

③行事：勤勉做事。

④上治：上，通“尚”。崇尚。孔颖达《周易正义》释此为“言圣人居上位而治理”，于理也通。

⑤天下治：“用九”由极阳转为阴，由刚转柔，故能治天下。

【译文】

“巨龙潜伏于水中，暂时不要施展才能”，说明它的地位处在低下。“巨龙出现在田间”，这是贤人暂时的居住之所。“整日勤勉健行”，这是君子勉励做事的精神。“有时飞起，有时又伏于深渊”，这是自我试验，展示自己才华的时候。“巨龙腾飞于天”，这说君王在上治理着国家。“巨龙飞得太高，就有悔恨之事”，这说明过极就会有灾祸。天有元德，天有善德，所以至“用九”则化刚为柔，由阳变阴，阴阳合和，天下大治。

“潜龙勿用”，阳气潜藏[①]；“见龙在田”，天下文明[②]；“终日乾乾”，与时偕行[③]；“或跃在渊”，乾道乃革[④]；“飞龙在天”，乃位乎天德；“亢龙有悔”，与时偕极[⑤]；《乾》元“用九”，乃是天则。

【注释】

①潜藏：时在夏历之十一月，阳气还在地中，故曰“潜藏”。

②天下文明：九二之爻象征着阳气已经冒出地面，这时草木萌生，万物欣荣，故曰“天下文明”。

③偕：俱，全。行：运行。

④革：变革，即改变。”

⑤偕：同。极：过度，过极。

【译文】

“潜伏在深渊中的龙，暂时不要施展才能”，这是因为阳气还潜藏在地下；“巨龙出现在田间”，天下就欣欣向荣，光辉灿烂，一片文明的气象；“整日勤勉健行”，就是为了随着时光不断进取；“有时飞起，有时又伏于深渊”，这是因为天道、阳气正处在改变之时；“龙腾飞于天”，这是“龙”之德性已上达天位；“龙飞得过高就有悔恨之事”，是因为它与时间一起推进到一个穷极过度之时；《乾》有出生万物之德，“用九”象征着大自然的法则。

“乾元”者，始而亨者也。“利贞”者，性情[①]也。乾始能以美利利[②]天下，不言所利，大矣哉！大哉乾乎！刚健中正，纯粹[③]精也。六爻发挥[④]，旁通情[⑤]也。“时乘六龙”[⑥]，以“御天”也。“云行雨施”，天下平也。

【注释】

①性：天之本性。情：天之心情。

②以美利利：前一“利”作名词，指有利、利益；后一“利”作动词，即“使……有利”。美利，即美好有利。

③纯粹：米不杂曰“纯”，谷不杂曰“粹”。纯粹，就是不杂不变。

④发挥：《广雅·释诂》曰：“挥，动也。”这里指六爻的变化运动。

⑤旁通情：即广通于万物。旁，广大。唐李鼎祚《周易集解》引陆绩曰：“《乾》六爻发挥变动，旁通于《坤》，《坤》来入《乾》，以成六十四卦，故曰‘旁通情’也。”

⑥时乘六龙：以四时之变、六爻之动来驾驭六龙。如《月令》所言：“盛德在木则行春令，盛德在火则行夏令，盛德在金则行秋令，盛德在水则行冬令。”

【译文】

“乾能出生万物”，就在于它具有创造万物的美德并使之亨通发展。“有利于万物，守正持固”，此乃天之本性、真情。乾一开始就能以美好有利的方法而利天下之万物，却不说出它所给予世间的恩惠，这是多么的伟大啊！伟大啊！您刚健中正，纯粹不杂，至精至诚。《乾》卦六爻的运动变化，通达于万物发展的情理。就像六条巨龙顺应时序，巡视着天空一样，云朵因此而飘动，雨水因此而下降，给大地万物带来安详和平。

君子以成德为行[①]，日[②]可见之行也。“潜”之为言[③]也，隐而未见[④]，行而未成[⑤]，是以君子“弗用”也。

【注释】

①成德为行：行，行动。唐李鼎祚《周易集解》引干宝曰：“君子之行，动静可观，进退可度。动以成德，无所苟行也。”

②日：副词，作状语，即每日。

③为：动词，作为。言：讲，谈论。

④隐而未见：隐，隐藏。见：出现，显现。

⑤未成：即事业、德行尚未达到显著。

【译文】

君子以成就美德作为自己的行为准则，每天都能使自己的道德有所增进。而初九爻“潜”的意思却是退隐潜伏而不显现，这是因为其德行尚未显著，所以君子暂时就不去施展才能。

君子学以聚之，[①]问以辩之，[②]宽以居之，仁以行之。[③]《易》曰：“见龙在田，利见大人。”君德也。

【注释】

①学以聚之：九二爻处上进之位，但仍然在田野之间，尚未启用，更需要积累自己的知识。

②问以辩之：辩，通“辨”。多问才能有辨，孔子“入太庙，每事问”，故君子之于学，学则有问，问则能辨，辨而能明。

③仁以行之：之，复指“仁德”，即用仁德来指导自己的行动。

【译文】

君子依靠学习来积累自己的知识，靠多向别人请教提问来辨明是非，靠胸怀宽广来居于适宜之位置，靠心存仁爱来支配自己的行为。《周易》说：“巨龙出现在田野之间，有利于去拜见大人。”因为大人有君子之德。

九三重刚而不中①，上不在天，下不在田，②故乾乾因其时而惕，虽危无咎矣。

【注释】

①重刚而不中：初九、九二均为阳爻，九三又是阳爻，故为“重刚”。《乾》下卦九二居中位，《乾》上卦九五居中位，九三位居三位，故失正中之位。

②上不在天，下不在田：上不在天，即不在九五之位，九五为人君之位；下不在田，即不在九二之位，故九三是悬于进退之间的位置。

【译文】

九三是重阳强刚之位，然而其居位不在正中，上不能通达于天，下不能立身于田间，之所以要强健，就是因为自身处在必须保持高度警惕之时，这样即使是面临危险，也没有灾祸。

九四重刚而不中，上不在天，下不在田，中不在人[①]，故“或”[②]之。“或”之者，疑之也，故“无咎”。

【注释】

①中不在人：九四爻上不在君位，下又不在田野之位，中不在百姓之位，而在人臣之位，战战兢兢，故失中正之位。《系辞下》曰“《易》有天道，有地道，有人道，兼三才而两之”，即指卦之六爻，上、五为“天”，四、三为“人”，二、初为“地”。

②或：疑惑，即疑而未决。之：指“上不在天，下不在田，中不在人”的情况

【译文】

九四也是处在多重阳刚之上，也不在正中之位，上不在九五之天位，下不在九二之田野之位，中不在九三人群之位，而且比九三还多了一层，即“中不在人”位。故感到“疑惑”。因为有“疑而未决”之警惕性，所以没有灾祸。

夫[①]“大人”者，与天地合其德，与日月合其明，与四时合其序，与鬼神[②]合其吉凶，先天[③]而天弗违，后天[④]而奉天时。天且弗违，而况于人乎？况于鬼神乎？

【注释】

①夫：发语词，此处无实际意义。

②鬼神：非真指鬼神。鬼，隐秘莫测之事。神，精灵幽妙之形。

③先天：指先于天地阴阳化物，这里指“道”。古人认为未有天地之前，先有天地之道。圣人能遵循“道”(即客观规律)，所以“天”也顺着他。

④后天：指后于天地阴阳化物。奉：遵循。虞翻曰：“奉，承行。”《说文》曰：“承，奉也。”故此处当解为“顺承”之意。

【译文】

九五之爻所称颂的“大人”，他的心灵能与天地万物沟通，能像日月的光辉一样普照大地，治理天下也能顺应四时之节序，而且还具有如“鬼神”一样隐秘幽妙的能力，揭示吉凶的预兆，因为他能行先天之道，故天也不违背他，后于天道而行事，却能顺应天时四序。天尚且不违背他，何况人呢？何况鬼神呢？

“亢”之为言也，知进而不知退，知存而不知亡，知得而不知丧[①]。其[②]唯圣人乎！知进退存亡而不失其正[③]者，其唯圣人乎！

【注释】

①丧：失去，丧失。此处指“亢”之过极，定难持久，必有所丧失。

②其：语气词，有“恐怕”“大概”之意。

③正：中正之位，中正之德。

【译文】

《乾》卦之上九所说的“亢”，是在譬喻某些人只知道进取而不知道及时隐退，只知道生存而不知道衰亡，只知道一味地去获得利益而不知道要舍弃一些。知道这些事情的人，恐怕只有圣人吧！因为圣人深知进取、引退、生存、衰亡之理，并因此不使自己的行为失去正道，这样明智的人，大概只有圣人啊！

坤

《彖》曰：至哉坤元，[①]万物资生，乃顺承天。坤厚载物，德合无疆[②]。含弘[③]光大，品物咸亨。[④]牝马地类，行地无疆，柔顺利贞。君子攸行[⑤]，先迷失道，后顺得常。[⑥]西南得朋，乃与类行[⑦]。东北丧朋，乃终有庆[⑧]。安贞之吉，[⑨]应地无疆。

【注释】

①至哉坤元：坤，为地。元，大。这里指生育万物的大地有至善的美德。

②无疆：地广博无边，长久无疆。

③含：包容。弘：《尔雅·释诂》曰："弘，大也。"

④品物：即万物。亨：亨通畅达。

⑤攸行：攸，助词，用于动词前，相当于"所"。攸行，即所往之地。

⑥后顺得常：常，经常恒久之道。《坤》为阴卦，其德为柔顺，其行应随从。若"先行"则迷，故曰"先迷"；若后随顺于阳刚之德，则能得其恒久之道。

⑦类行：类，类别，这里指同类之人。类行，就是与志同之

士共行。

⑧终有庆：庆，福庆吉祥之事。“先迷”而“后顺”，故“终有庆”。

⑨安贞之吉：安：安分，安心。贞：正直，正道。即安分守正就会吉祥。

【译文】

《彖传》说：美德至极的大地啊，万物的滋生依赖您，您顺承天道，厚实的土地上承载着万物，天地相合，阴阳相生的德性广大无边。您含育一切生命并使之发扬光大，使万物都能亨通和顺。牝马是地上的生物，它能驰骋在无边无际的大地上，以柔顺的性情安分守正。君子若争先前行则易于迷失正道，若能随顺人后就会走上正道。往西南方向前行，就会得到朋友，并且可以与朋友共赴前程。若向东北方向前进，则会失去朋友，但最终还是会吉祥福庆。安分守正的吉祥，应和着大地的美德而向无边无际的远方展开。

《象》曰：地势坤[①]。君子以厚[②]德载物。

【注释】

①地势坤：坤，下、上均为阴，为地，故地势有随顺之德。坤为顺，“坤”，古字作“巛”，而“巛”为顺的借字，自《周易正义》改作“坤”。

②厚：用如动词，在这里有增进、增厚的意思。

【译文】

《象传》说：广大无垠的大地包含着随顺安分的美德。君子从中悟出做人的道理，以大地之德来修养自己的品德，这样就能像大地一样包容、承载万物。

《象》曰："履霜坚冰"，阴始凝[①]也，驯致其道，[②]至坚冰也。

【注释】

①阴始凝：阴，阴寒之气。始，初六为"始"。凝，凝结。西汉刘向《五经通义》曰："寒气凝以为霜，从地升也。"古人认为寒气是从地中升起的。

②驯：犹言"顺"，《说卦》曰"坤为顺"，就是说坤有"顺从"之德。致：使之到来。

【译文】

《象传》说："踩着微霜即将迎来寒冬和坚冰"，从时间上说，已经到了阴气开始凝结的时节，顺从其中的规律看待事物，那么，结成坚冰的时候也就自然到来。

《象》曰：六二之动[①]，直以方[②]也。"不习，无不利"，地道光[③]也。

【注释】

①六二之动：六二变动于中正之位，顺从事物的规律性。

②直以方：直：值也，训为"持"。方：方正。即持以方正

之德。

③地道光：光，借为“广”，有广大之义。唐李鼎祚《周易集解》引干宝曰：“女德光于夫，士德光于国也。”地以厚德载物，又能生长收成万物，所以其德“光大”。

【译文】

《象传》说：六二的变动，是坚持方正的法则，“不学习，未必不利”，因为地有广大的道德。

《象》曰：“含章可贞”，以时发[①]也。“或从王事”，知光大[②]也。

【注释】

①以时发：以：介词，自，按照。时：时间，时机。发：发动。以时发即按照时机去做事。

②知光大：知，智慧。六三从王事则为“智”；事而“有终”，故能“光大”。

【译文】

《象传》说：“蕴含阳刚之美德，所占问的事情是可行的”。按照时机去发挥作用，“或者跟从君王去做事”，其智慧是广博宏大的。

《象》曰：“括囊无咎”，慎不害[①]也。

【注释】

①慎：谨慎，在这里是指慎于言，少说话。不害：无所害。

【译文】

《象传》说："束紧口袋，就会使灾祸之事进不来"，所以君子慎于言，就不会受到危害。

《象》曰："黄裳元吉"，文在中[①]也。

【注释】

①文在中："坤为文"，文，谓"温文"，与"威武"相对。五在《坤》上之中，故《象传》说："文在中。"

【译文】

《象传》说："身穿黄色裙裳，就很吉祥"，这是因为它以温和之性、中和之德处于中位。

《象》曰："龙战于野"，其道穷[①]也。

【注释】

①其道穷：道：即坤之道。穷：穷尽，至极。上六居《坤》之穷尽之处，故曰"其道穷"。

【译文】

《象传》说："龙在原野上交战"，这是因为《坤》之上六的纯阴之道已经走到穷尽之处。

《象》曰：用六“永贞”，以大终[①]也。

【注释】

①以大终：阳大而阴小，阴柔而阳刚。坤至阴至柔，故“无成而有终”。“大终”，就是阴极而转阳的结果。

【译文】

《象传》说：用六“能永远保持正直之心”，所以就能得到以阴之柔顺而归之于阳气的结果。

《文言》曰：坤至柔而动也刚，[①]至静而德方，[②]后得主[③]而有常，含万物而化光。[④]坤道其顺乎，承天而时行。[⑤]

【注释】

①坤至柔而动也刚：坤虽至柔，然动而有变，变则为刚。故唐李鼎祚《周易集解》引《九家易》曰：“坤一变而成震，阴动生阳，故‘动也刚’。”

②至静而德方：至静：即阴静而阳动。坤为纯阴之象，故曰“至静”。德方，谓坤之恩德因阳动而流布于四方。古人认为天圆地方，然此处含有“流布四方”之意。唐李鼎祚《周易集解》引荀爽曰：“坤性至静，得阳而动，布于四方也。”

③后得主：《坤》性阴而“先迷”，动而为《震》，《震》为主持祭祀之主，故曰“后得主”，“得主”实谓从其“阳”。

④含万物而化光：《说卦》曰“坤以藏之”，地道能藏，故曰“含万物”，《彖传》曰“含弘光大”，《系辞上》曰“坤化万物”，

化育万物，则其德光大，故曰“化光”。

⑤承天而时行：承：承接，顺应。而：犹言“以”。天行其四时之节，坤顺承天道，故曰“承天而时行”。

【译文】

《文言》说：象征大地的坤道虽然有至阴至柔的秉性，但它的运行是刚强的。它安安静静地将它的美好品德流布于四方。以他人为主，随从在后，顺从人君，所以能保持永恒之道。大地包容万物，化育万物，使万物弘扬光大。坤道是多么的柔顺啊！它顺承天道，顺应四时之序而运行。

积善之家必有余庆，积不善之家必有余殃。臣弑其君，子弑其父，[①]非一朝一夕之故，其所由来者渐[②]矣，由辩之不早辩[③]也。《易》曰“履霜，坚冰至”，盖言顺[④]也。

【注释】

①臣弑其君，子弑其父：下杀上，幼杀长，谓之“弑”。《坤》阴消阳至三成《否》，《否》，下坤上乾。《说卦》曰“乾为君”“坤为臣”，坤成而乾灭，故曰“臣弑其君”。《坤》阴消阳至二成《遁》，《遁》，下艮上乾，《说卦》曰“乾为父”“艮为少男”，即父之少子。艮成则乾灭，故曰“子弑其父”。

②其所由来者渐：渐：渐进，逐步发展。阴消阳非一日之事，实从初至二、至三，故曰“由来者渐”。

③由辩之不早辩：由：由于，因为。辩，通“辨”，唐陆德

明《经典释文》引马融曰:“别也”。即这是因为其辨之不早的缘故。

④顺：遵循。《说文》:“循，顺也。”故“循”与“顺”同义。

【译文】

积德行善的家族，必有很多福庆之事；累积了很多恶行的家族，必然留下许多祸殃。臣民杀害君王，儿子杀害父亲，并非一朝一夕的原因所致。其作恶的由来是逐渐形成的，只不过是君王和父亲没有及早地辨清真相。《周易》说“踩着微霜时，坚冰也就即将到来”，这句话可能是在譬喻阴险丑恶的事是顺着时间累积的。

“直”其正也，“方”其义也。[1]君子敬以直内，义以方外，[2]敬义立而德不孤[3]。“直、方、大，不习无不利”，则不疑其所行也。

【注释】

①“直”其正也，“方”其义也：直：正直，即存心要正。方：方正。义：适宜，合理。此句是说人做事要以原则性去适应其物理人情。

②敬以直内，义以方外：内：内心，指以恭敬之德而使内心正直，以“仁义”之德而形端方于外。故孔颖达《周易正义》曰，“内，谓心也。用此恭敬以直内心”，“用此义事以方正外物”。

③德不孤：谓美德传扬，众人响应。

【译文】

“直”是品性正直，“方”是指行为仁义。君子以其恭敬之德而使内心正直，行为仁义则使其外形端方。树立了恭敬、仁义的品德就会在道德上不孤立。“正直、端方、宏大，不熟悉也未必不获利”，这说明只要道德美好，就能应对自己的行为而无所疑虑。

阴虽有美，含之[①]以从王事，弗敢成[②]也。地道也，妻道也，臣道也，地道无成而代有终[③]也。

【注释】

①含之：内含其美，含藏不显。

②弗敢成：《坤》为臣道，虽内含其美，也要唯《乾》命是从，故虽有“成”而不敢自称为“成”。故《系辞上》曰：“《乾》知大始，《坤》化成物。”即坤道非无成就，只是不敢居功而已。

③代有终：代，代替，《说文》释为“更也”。地替代天道而终成结果。唐李鼎祚《周易集解》曰：“是凡之生，皆始于《乾》而终于《坤》，成物即终也。”

【译文】

阴柔的地道虽然含其内美之德、之才，“含”其美德、美才而跟从君王做事，即使是有所成就也不敢自居其功。因为地道就是妻道、臣道。故地道不将成就归之于己，却替代天道去成就万物。

天地变化，草木蕃[1]。天地闭，贤人隐。[2]《易》曰："括囊，无咎无誉。"盖言谨也。

【注释】

①草木蕃：蕃：繁衍。天地变化，阴阳二气交通，则草木繁衍。

②天地闭，贤人隐：闭：闭塞，闭塞无光、无道。此句指《坤》之六四，六四既不在乾，又不在坤。其在互卦则为艮，"艮为止"，"止"于中间则上下之气不得交流。其在上卦，阴消阳到六四时，上卦为巽，"巽"为绳，下卦有坤，"坤为囊"，绳在囊上，故六四爻辞曰"括囊无咎"。乾为君子，至于六四则为贤人。当此"止"而不通之时，六四既不在天，又不在地，无天无地，即为"天地闭"。此时，因六四之变又出现了上卦巽，互卦艮，按《说卦传》说"巽为木""艮为山"，于是贤人为了"无咎"，只好隐退山林。

【译文】

天体与大地运转变化，草木繁衍茂盛。而当天地闭塞昏暗时，贤人就退避归隐。《周易》说："束紧口袋，没有过错，也没有荣誉。"这大概说的就是要严谨处事吧。

君子黄中通理[1]，正位居体[2]，美在其中，而畅于四支[3]，发于事业，美之至也。

【注释】

①黄中通理：黄：地之色，其色中和，譬喻君子之德。理：文理。尚秉和《周易尚氏学》曰："理，文也；坤为文，故曰'理'。'黄中通理'者，言由中发外，有文理可见。"

②正位居体：六五虽居贵位之位，但以阴柔为用，故以"黄裳"之中和之色来饰其德才。

③支：通"肢"，即四肢。

【译文】

君子以中和之黄色通达于文理，端正地居于正义之位，使美德含于内心，舒畅四肢，并将这些美德发挥到事业之中，这是最美好的事。

阴疑于阳必战[①]，为其嫌于无阳[②]也，故称"龙"焉。犹未离其类也，故称"血"焉。[③]夫玄黄者，天地之杂也，天玄而地黄。

【注释】

①阴疑（nǐ）于阳必战：疑：通"拟"，比拟。朱熹曰："疑，谓均敌而无大小之差也。"王引之曰："疑之言拟也。"即阴气到了与阳气相抗衡时，阴阳二气就会有一战。

②为其嫌于无阳：唐李鼎祚《周易集解》本无"无"字，"嫌"作"兼"，即阴中有阳，《坤》之上六卦象兼阴阳二气。《说文》曰："嫌，疑也。"同上文之"疑于阳"之"疑"。

③犹未离其类也，故称“血”：上六虽已兼有阴阳二气，然仍属《坤》卦，故曰“犹未离其类也”。血，阴气之类为“血”。朱熹曰：“血，阴属。”因犹未离其阴类，故称“血”。

【译文】

当阴气强盛到与阳气相抗衡时，就会与阳气发生交战。这是因为阴气可与阳气抗衡，所以就可以与《乾》一样被称作“龙”，但是它仍然未脱离阴属之类，故称“血”。青黄之色，就是天地之色的相互杂合，天的颜色是青蓝色的，地的颜色是黄的。

系辞上

乾道成男，坤道成女。[①]乾知大始，坤作成物。[②]乾以易知，坤以简能；[③]易则易知，简则易从；[④]易知则有亲，易从则有功；[⑤]有亲则可久，有功则可大；[⑥]可久则贤人之德，可大则贤人之业。易简而天下之理得[⑦]矣。天下之理得，而成位乎其中[⑧]矣。

【注释】

①乾道成男，坤道成女：乾阳初至于坤则为震，正所谓初索得男为长男；乾阳二至于坤为坎，为中男；乾阳三至于坤为艮，为少男。坤阴初至于乾为巽，为长女；坤阴二至于乾则为离，为中女；坤阴三至于乾则为兑，为少女。此言乾得自然而成男，坤得自然而成女，故曰“乾道成男，坤道成女”。

②乾知大始，坤作成物：知：清王引之《经义述闻》引王念孙曰："知，犹'为'也，'为'亦"作'也。"大始，即最初创始，正如《乾·彖》所谓"大哉乾元，万物资始"。乾为造作天地万物的初始，故曰"乾知大始"。坤承乾道，形成万物，故曰"坤作万物"。

③乾以易知，坤以简能：易：平易，简约。知：通"智"。乾为首，光明正大，故能具有智慧，故曰"乾以易知"。坤因简约而有所作为，故曰"坤以简能"。《老子》所谓"天得一而清，地得一而宁"，"一"为世间平易、简约之极，所以才能有"知"有"能"。

④易则易知，简则易从：前之"易"字为平易之"易"，后之"易"字为容易之"易"。知：当作"知晓"之"知"。从：遵从。天道平易则容易为人所感知，地道简约则容易为人所遵循。

⑤易知则有亲，易从则有功：亲：亲近。功：建功，有为。易于为人所知则人感其亲切，容易为人所遵循则可以建立功业。

⑥有亲则可久，有功则可大：阴阳相和则有亲，有亲相得，则生生不息，故可以长久。阴阳相合则生成万物，载物众多，繁衍不已，故曰"功大"。

⑦易简而天下之理得：天地皆以"易""简"而有亲、有知、有化、有功，故曰"易简"。《列子》云："不生者能生生，不化者能化化。"简易之道实际上就是天地之道，若知"易简"则能通天下之理，故曰"天下之理得"。

⑧而成位乎其中：成：确立。位：定位。象成则阴阳、贵贱、

刚柔就可以定位其象于天地之中。

【译文】

对于人类而言，乾道演变成男性，坤道演变成女性。乾道的智慧在于它是万物的伟大创始者，坤道的作为在于她在大地上生成了万物。乾以其平易而充满智慧，坤以其简易而大有作为；事情只有平易才会使人容易明白，事情只有简易才会使人容易随从；容易为人所知就会有人亲近，容易随从就会建立功业；有人亲近则可以立身长久，建立功业就可立身宏大；立身长久是贤人的美德，立身宏大是贤人的事业。若能明白乾坤的平易与简约，那么，就会晓得天下的道理。晓得了天下的道理后，就能将刚柔、阴阳、贵贱安排在适宜的位置。

富有之谓大业，①日新之谓盛德。②生生之谓易，③成象之谓乾，效法之谓坤，④极数知来之谓占，⑤通变之谓事，⑥阴阳不测之谓神。⑦

【注释】

①富有之谓大业：圣人效法天地阴阳之道，广大悉备，万事富有，所以谓之“大业”。

②日新之谓盛德：圣人旁通变化，又日日增新其德，所以德能盛极，故谓之“盛德”。

③生生之谓易：生生：生而不绝之义。易：变易。前死而后生，新陈代谢，变化不已，生生不已，变化改易，此皆得之于阴

阳转变之中。

④成象之谓乾，效法之谓坤：此言易道在天成象，乾为天；在地成形，坤为地。天地之道皆可从“乾”象、“坤”法中得知。

⑤极数知来之谓占：极：极尽。占：古人用龟甲、蓍草等预测吉凶的方法。指易穷极蓍策之数，就可预知未来事，占问吉凶，故谓之“占”。

⑥通变之谓事：通晓变化之道，才能知吉凶，知吉凶才能做好事情，故曰“通变之谓事”。

⑦阴阳不测之谓神：阴阳变化，有必然性也有偶然性，有能测者也有不能测者，其不能测者，唯有神明可知。王弼注曰：“神也者，变化之极，妙万物而为言，不可以形诘者也，故曰‘阴阳不测’。”

【译文】

富有万事万物就可以称作是“大事业”，每日都能使事物有新的面貌，就是“道”育万物的盛大美德。生生不灭就是阴阳相互转化产生的“变易”，能呈现天象就称作“乾”，能效法地势就称作“坤”，能穷极蓍策之数预知未来之事就称作“占筮”，能通晓阴阳变化然后采取行动就称作“做事”；阴阳变化莫测、微妙难识就称作“神”。

夫乾，其静也专，其动也直，是以大生焉。[①]夫坤其静也翕，其动也辟，是以广生焉。[②]广大配天地，变通配四时，阴阳之义配日月，易简之善配至德。[③]

【注释】

①夫乾，其静也专，其动也直，是以大生焉：乾为天，其德刚健，宁静专一，其震动“大”而“直”，所以“大”生于天。

②夫坤，其静也翕，其动也辟，是以广生焉：翕：收敛，合拢。辟：打开，张开。这是指坤道阴柔，有静闭之时，有开动之时，动静之间，开合之中，才能生育万物。

③易简之善配至德：易：平易。简：简约。此指易道“平易”“简约”，仁善之性与“广生”之德相配，则可以达到配天地、日月、四时的“至德”境界。

【译文】

象征阳刚正气的“天”，当它静止的时候是宁静专一，当它发动起来则刚直正大，所以伟大的精神和力量就产生于“天”。象征阴柔的“地”，当它静止的时候就处于闭合隐藏的状态，当它兴然而动时就开通了生气，所以能广生万物于其中。易道博大可以与天相配，而其宽广可以与地合，阴柔与阳刚的变化与交通可以配合四季变化的规律，阴柔与阳刚所产生的作用和意义可以与太阳和月亮相匹配，它平易而又简约，其美善能与至高无上的美德相配合。

是故阖户谓之坤，辟户谓之乾，一阖一辟谓之变，[①]往来不穷谓之通，见乃谓之象，形乃谓之器，制而用之谓之法，[②]利用出入，[3]民咸用之谓之神。[4]

【注释】

①是故阖户谓之坤，辟户谓之乾，一阖一辟谓之变：阖：闭合。辟：打开。坤为地，此处“坤”指地阴之气。乾为天，此处“乾”指天阳之气。秋冬之时，万物入藏，地合如门之闭关，故曰“阖户谓之坤”；春夏之时，万物出生，天辟如门之开启，故曰“辟户谓之乾”。乾坤如万物之门，一闭一开，万物一入一出，是谓之变。

②见乃谓之象，形乃谓之器，制而用之谓之法：见：同“现”。器：器物。显现于天地之间的物质谓之“象”。具有形体的东西谓之器物。而人用其智慧与力量，制器形象而利用之，皆有方法可以遵循，故谓之“法”。

③利用出入：言圣人以利为用，或出或入，不能离开《易》道。宋朱熹《朱子语类》曰：“利用出入者，便是人日常都离他不得。”

④民咸用之谓之神：人们都使用易象成就的器物，却浑然不知这些器物从何而来，妙然如神。

【译文】

所以关闭门户包藏万物叫“坤”，打开门户生成万物就叫“乾”，一闭一开称作“变化”，来来往往地变化无穷叫作会通；将变化的情况表现于具体的事物就叫作“形象”，按照易理揭示的物象制作出器物就叫作“方法”，利用乾坤“闭合开启”的道理来出入于宇宙万物之中，民众都用易象造就的器物，却浑然不知这些器物从何而来，圣人对民众的教化和恩德真是奇妙如神啊！

乾坤，其《易》之缊邪？[1]乾坤成列，而《易》立乎其中矣。乾坤毁，则无以见《易》。[2]《易》不可见，则乾坤或几乎息[3]矣。

【注释】

①乾坤，其《易》之缊邪：缊：王弼注曰："渊奥也。"即精微深奥之处。乾、坤既象征天地，又为一阴一阳，天地能生万物，《易》象征万物；阴阳为《易》六十四卦的基本元素。故所问即所答，乾坤实《易》之渊奥。

②乾坤毁，则无以见《易》：如乾坤毁灭，则无以见阴阳之矛盾对立，也无以知阴阳变化之《易》道。故曰"乾坤毁，则无以见《易》"。

③乾坤或几乎息：或：或者。几：几乎，将近。乾，为阳，为天。坤，为阴，为地。承上句，此言阴阳变化之道不可见，则乾坤也就将近于灭亡。

【译文】

《乾》《坤》两卦，可以说是《周易》的精微深奥之处了吧？乾坤的创立与上下分列，其中也就象征着《周易》的基本原理。若是乾坤的卦象毁灭，那么也就无从发现《周易》的道理了。若《周易》的道理不被发现，那么，乾坤化育万物的道理也就大概要接近停止或熄灭了。

系辞下

夫乾，确然示人易矣；[①]夫坤，隤然示人简矣。[②]爻也者，效此者也；[③]象也者，像此者也。爻象动乎内，吉凶见乎外，功业见乎变，[④]圣人之情见乎辞。[⑤]

【注释】

①夫乾，确然示人易矣：确：坚定刚健的样子。唐陆德明《经典释文》引马融曰："确，刚貌。"易：平易。乾道平易，故能以刚健之德示人以平易。

②夫坤，隤 (tuí) 然示人简矣：隤：安然。唐陆德明《经典释文》引引马融说："隤，柔貌也。"简：简约。坤为地，地静而能安，故《系辞》曰"安土敦乎仁"。又天圆地方，地方则止，止则能安。坤虽然能载生万物，然从其爻象而言，皆为阴柔之道，阴而无杂，故曰"简"。

③爻也者，效此者也：乾之"确"而"易"，地之"隤"而"简"，皆从爻象得以体现。效此者，谓用爻象效法天地之道。

④爻象动乎内，吉凶见乎外，功业见乎变：爻象变动于卦内，吉凶表现于卦外，因人依据爻象之变采取趋吉避凶之措施始能成其功业，所以人之功业则见之于爻象之变。

⑤圣人之情见乎辞：情：谓思想感情。辞：指卦爻辞。圣人

的情感从卦爻辞中得以体现。

【译文】

乾的特征，是坚定刚健地将平易展示给人们；坤的特征，是柔顺安然地将简约显示给人们。卦之爻，就是仿效刚与柔变动；卦之象，就是模拟事物的形象。爻与象变动于卦体之内，吉凶则表现于卦体之外，功绩与事业表现于爻象变动之中，圣人的思想和情感则表现在卦爻辞里。

子曰："乾坤，其《易》之门耶？"乾，阳物也；坤，阴物也。阴阳合德而刚柔有体。①以体天地之撰，以通神明之德。②其称名也，杂而不越。③于稽其类，其衰世之意邪？④

【注释】

①阴阳合德而刚柔有体：天阳地阴，阴阳之德相配合。阳为刚，阴为柔，天刚地柔，各有其体性。

②以体天地之撰(suàn)，以通神明之德：体：体现。撰：唐李鼎祚《周易集解》引《九家易》训"撰"为"数"。此句意指依靠阴阳两德与大衍之数，则可会通创造万物的神明之德。

③其称名也，杂而不越；称名：指卦爻辞所称之物名。杂：指卦爻辞的辞理杂碎。越：乖越，混淆。

④于稽其类，其衰世之意邪：稽：唐李鼎祚《周易集解》引虞翻曰："稽，考也。"类：孔颖达《周易正义》曰："类，谓事类。"衰世，指殷纣之时。此句言考察《周易》卦爻辞所言之事

类，似有衰世之意味。

【译文】

孔子说：“《乾》《坤》两卦，应该算得上是《周易》的门户吧？”《乾》卦，是阳刚之物的象征；《坤》卦，是阴柔之物的象征。阴阳两种性质配合在一起，而刚与柔都有各自的体性。依靠阴阳两德与大衍之数，则可会通创造万物的神明之德。《周易》所称谓的六十四卦之物名，虽然具有一定的复杂性，但是它们都不相互逾越混淆。稽考卦爻辞表述的忧患警戒的事类，或许是作者处于衰危之世的缘故吧？

夫乾，天下之至健也，德行恒易以知险。①夫坤，天下之至顺也，德行恒简以知阻。②

【注释】

①夫乾，天下之至健也，德行恒易以知险：乾：为天。易：平易。知：知道。天创始万物，是宇宙中最为刚健的事物，然因其有正常之规律，其运行之道平易，故可以预知其艰难险阻。天险有久旱、久雨、暴雪、狂风等，皆因其“恒易”而能知。此句应与《系辞上》的“乾以易知”联系起来看。

②夫坤，天下之至顺也，德行恒简以知阻：坤：为地。地顺承天道以养万物，是宇宙中最为柔顺的事物，因其有正常之规律，其德行常是简约的。坤之德行，恒为简易至静，心中没有烦乱，所以能知其阻碍。唐孔颖达《周易正义》曰：“大难曰险，

乾以刚健，故知其大难；小难曰阻，坤以柔顺，故知其小难。”然地虽简易也有高山、峻岭、大川、巨泽，因简易而知其阻。

【译文】

乾，是天下最为刚健的象征，因为有正常的规律，其德行常常平易而又能在平易中预知危险的因素。坤，是天下最为柔顺的象征，其德行常常简易并能在简易中预知前面可能存在的阻碍。

说卦

昔者圣人之作《易》也，将以顺性命之理。是以立天之道曰阴与阳，立地之道曰柔与刚，立人之道曰仁与义。兼三才而两之，故《易》六画而成卦。分阴分阳，迭用柔刚，故《易》六位而成章。

【译文】

从前圣人创作《周易》的时候，是要通过它来顺从天地生成万物的性命之理。所以确立天的道理有“阴”有“阳”，确立地的道理有“刚”有“柔”，确立人的道理有“仁”有“义”。兼容天、地、人三才而将阴阳两种卦象两两相重，所以《周易》以六画形成一卦。六画之中又分为阴阳两种爻位，然后迭用柔刚之爻，所以《周易》是由六爻相互错综而形成文章的。

雷以动之，[1]风以散之，[2]雨以润之，日以烜之，[3]艮以止之，[4]兑以说之，[5]乾以君之，[6]坤以藏之。[7]

【注释】

①雷以动之：雷：震为雷。雷以震动万物。

②风以散之：风：巽为风。风以吹散万物。

③日以烜(xuǎn)之：烜：晒干。唐陆德明《经典释文》引京房云："烜，干也。"日热所以能晒干万物。

④艮以止之：艮：阳止于上。

⑤兑以说之：说：同"悦"。泽能润泽万物，故能"悦"万物。

⑥乾以君之：乾：阳居九五，象征着君临天下。

⑦坤以藏之：坤为地，地能生万物，也能藏纳万物。

【译文】

雷（震）是用来鼓动万物的，风(巽)是用来散布流通万物的，雨（坎）是用来滋润万物的，日（离）是用来晒干万物的，艮（山）是用来抑止万物的，兑（泽）是用来愉悦万物的，乾（天）是用来君临天下的，坤（地）是用来藏纳万物的。

乾，健也；[1]坤，顺也；[2]震，动也；[3]巽，入也；[4]坎，陷也；[5]离，丽也；[6]艮，止也；[7]兑，说也。[8]

【注释】

①乾，健也：乾为天，天道刚健，故乾有刚健之德，而能健

行。

②坤，顺也：坤为地，地道柔顺，能顺承天道，顺养万物，故曰“顺”。

③震，动也：震为雷，雷能自行震动，又能震动万物，故曰“动”。

④巽，入也：巽为风，风吹万物，无孔不久，故曰“入”。

⑤坎，陷也：坎之卦象是一阳陷于二阴之中，故曰“陷”。又坎为水，水自陷低洼之地，又能陷物于其中，也是“陷”。

⑥离，丽也：丽：附也，即附丽于物。离为火，火必附丽于可燃之物，故离为丽。

⑦艮，止也：艮为山，山为静止不动之物，故艮为止。又一阳止于上，止其二阴于下，也是“止”。

⑧兑，说也：说：同“悦”。兑为泽，水草生于泽，鱼游于泽，鸟飞于泽，兽饮于泽，人取养于泽，泽能使万物欣悦其中，故曰“悦”。

【译文】

乾，象征着刚健；坤，象征着顺从；震，象征着震动；巽，象征着潜入；坎，象征着险陷；离，象征着附丽；艮，象征着静止；兑，象征着愉悦。

乾，天也，故称乎父；[①]坤，地也，故称乎母；[②]震一索而得男，故谓之长男；[③]巽一索而得女，故谓之长女；[④]坎再索而得男，故谓之中男；[5]离再索而得女，故谓之中女；[6]艮三索而得男，故谓之少男；[7]兑三索而得女，故谓之少女。[8]

【注释】

①乾，天也，故称乎父：称，这里犹言“比”。天为万物之首，父为一家之主，故以天比父。

②坤，地也，故称乎母：地为阴之盛，母为众阴之主，故以二者相比。

③震一索而得男，故谓之长男：索：孔颖达曰：“索，求也。”也就是说，父母之交合为求其男女。震之第一爻为阳爻，阳爻象男，故一索而得长男。“一索”象征着父母的初次交合。

④巽一索而得女，故谓之长女：巽之第一爻为阴爻，阴爻象女，故一索而得长女。

⑤坎再索而得男，故谓之中男：坎之第二爻为阳爻，故再索而得中男。

⑥离再索而得女，故谓之中女：离之第二爻为阴爻，故再索而得中女。

⑦艮三索而得男，故谓之少男：艮之第三爻为阳爻，故三索而得少男。

⑧兑三索而得女，故谓之少女：兑之第三爻为阴爻，故三索而得少女。

【译文】

乾，是天的象征，所以称作父；坤，象征着地，所以称作母；震是阴阳二气第一次交合而得的男性，所以称作长男；巽是阴阳二气第一次交合而得的女性，所以称作长女；坎为阴阳二气第二次交合而得的男性，所以称作中男；离为阴阳二气第二次交合而得的女性，所以称作中女；艮为阴阳二气第三次交合而得的男性，所以称作少男；兑为阴阳二气第三次交合而得的女性，所以称作少女。

乾为天，为圆①，为君②，为父，为玉，为金③，为寒，为冰④，为大赤⑤，为良马⑥，为老马⑦，为瘠马⑧，为驳马⑨，为木果⑩。

【注释】

①为圆:《大戴礼记·天圆》曰:“夫子曰‘天道曰圆，地道曰方’。”天圆地方，天行地静，能行者圆，能止者方，故曰“圆”。

②为君：君：这里指君主，君王。乾之九五，以阳为尊，如君临天下，且天为万物之主，君为人世之主，故以天比君。

③为玉，为金：天道刚硬，其体清明。玉、金也性刚硬，体清明，故乾“为玉，为金”。

④为寒，为冰：以八卦配四时，乾为秋末冬初，此时天寒，水结冰，故乾“为寒，为冰”。

⑤为大赤：唐李鼎祚《周易集解》引虞翻曰:“太阳为赤。”天以太阳为主，太阳最红，盛阳之色，故天为大赤。

⑥为良马：天能行健，马也能健行，故乾为“良马”。瘠马以体肉言，驳马以毛色言。

⑦为老马：老马以齿显示年龄，此取其行健之久象。

⑧为瘠马：瘠：孔颖达《周易正义》曰：“瘠马，骨多也。”良马好在骨相，乾六爻皆阳，唐李鼎祚《周易集解》引崔憬曰：“骨为阳，肉为阴。”六爻皆阳，故曰“瘠马”。

⑨为驳马：驳：驳杂，混杂。这里指马的毛色不纯。驳马即花马。

⑩为木果：乾为圆，木果也是圆形，以圆比圆，故乾为“木果”。

【译文】

乾为天象，为圆象，为君王象，为父亲象，为玉象，为金属象，为寒冷象，为冰象，为大红颜色象，为良马象，为老马象，为瘦马象，为花马象，为木类果实象。

坤为地，为母，为布[①]，为釜[②]，为吝啬[③]，为均[④]，为子母牛[⑤]，为大舆[⑥]，为文[⑦]，为众[⑧]，为柄[⑨]，其于地也为黑[⑩]。

【注释】

①为布：布：古代指钱币。地广而能遍布万物于其上，若为钱币也能流通遍布使用，故曰“坤为布”。孔颖达《周易正义》曰：“为布，取其地广载也。”

②为釜：釜：锅。地生成物，也能使物成熟，以供人食；釜

之煮物也能使之熟，以供人食，故“坤为釜”。尚秉和《周易尚氏学》曰：“万物资地成熟，故为釜。”

③为吝啬：地生养草木，草木固植于一处，离地则死，有保守其财物之性。地又深藏金银铜铁之矿物，不以示人，故坤为“吝啬”。尚秉和《周易尚氏学》曰：“坤闭，故吝啬。”

④为均：均：平均。地之于万物无不载之，无不育之，故“坤为均”。尚秉和《周易尚氏学》曰：“不择地而生，故为均。”

⑤为子母牛：“坤为牛”，离也为牛，坤为离之母，故谓之子母牛。尚秉和《周易尚氏学》曰：“坤为牛，地生生不已，今之童牛，不日又生子而为母牛矣，故为子母牛。”或曰：子母牛，指子牛与母牛。如孔颖达《周易正义》曰：“为子、母牛，取其多蕃育而顺之也。”

⑥为大舆：舆：车。地载万物，大车也能载人载物，故坤为“大舆”。

⑦为文：地有草木文饰，如图画、文章饰于纸上，故坤“为文”。

⑧为众：众：三者为众，坤以三阴比物之众，故坤为“众”。又“众”指民众，与乾君相对。

⑨为柄：柄：根本。万物以地为本，故坤为“柄”。

⑩其于地也为黑：地：土地。坤为纯阴之卦，纯阴则为黑，天象阳明，地象阴暗，黑是阴暗之色，故曰坤“其于地也为黑”。

【译文】

坤为地象，为母亲象，为钱币象，为釜锅象，为吝啬象，为平均象，为子牛母牛象，为大车象，为文采文章象，为众多象，为根本象，对于大地来说为黑色土壤之象。

参考书目

（唐）李鼎祚著，王丰先点校:《周易集解》，中华书局，2016年。

（魏）王弼著，楼宇烈校释:《周易注校释》，中华书局，2012年。

（宋）苏轼著，龙吟点评:《东坡易传，吉林文史出版社，2002年。

（清）王夫之撰:《周易内传》《周易外传》，九州出版社，2004年。

（清）胡煦著:《周易函书》，中华书局，2008年。

尚秉和著，张善文点校:《周易尚氏学》，中华书局，2016年。

高亨著:《周易古经今注》，中华书局，1984年。

高亨著:《周易大传今注》，齐鲁书社，2009年。

黄寿祺、张善文撰:《周易译注》，中华书局，2016年。

谢祥荣著:《周易见龙》，巴蜀书社，2012年。

金冲及主编:《毛泽东传》，中央文献出版社，1996年。

（美）罗斯·特里尔著，胡为雄、郑玉臣译:《毛泽东传》，中国人民大学出版社，2006年。

逄先知主编:《毛泽东年谱》，中央文献出版社，2013年。

（英）迪克·威尔逊著，封长虹译:《周恩来传》，中央文献出版社，2000 年。

金景芳讲述，吕绍纲整理:《周易讲座》，广西师范大学出版社，2005 年。

李镜池著:《周易探源》，中华书局，1978 年。

张善文著:《周易开讲》，华东师范大学出版社，2013 年。

熊十力著:《乾坤衍》，上海书店，2008 年。

杨天才、张善文译注:《周易》，中华书局，2011 年。

丁四新著:《周易溯源与早期易学考论》，中国人民大学出版社，2017 年。

刘君祖著:《乾坤》，中信出版社，2016 年。

（宋）朱熹集注，陈戍国标点:《四书集注》，岳麓书社，2004 年。